U0527195

- 浙江省社科规划课题成果
   （编号：17NDJC334YBM）
- 浙江省高等学校国内访问学者教师专业发展项目成果
   （编号：FX2018094）

网络信息时代的学习联通与教学重构
——以外语教学为例

翁晓梅 著

浙江大学出版社
杭州

图书在版编目(CIP)数据

网络信息时代的学习联通与教学重构：以外语教学为例/翁晓梅著.—杭州：浙江大学出版社,2024.11
ISBN 978-7-308-23170-1

Ⅰ.①网… Ⅱ.①翁… Ⅲ.①信息技术—应用—外语教学—教学研究 Ⅳ.①H09-39

中国版本图书馆CIP数据核字(2022)第193814号

网络信息时代的学习联通与教学重构——以外语教学为例
翁晓梅 著

责任编辑	蔡晓欢　季　峥
责任校对	潘晶晶
封面设计	十木米
出版发行	浙江大学出版社
	(杭州市天目山路148号　邮政编码310007)
	(网址：http://www.zjupress.com)
排　　版	杭州星云光电图文制作有限公司
印　　刷	广东虎彩云印刷有限公司绍兴分公司
开　　本	710mm×1000mm　1/16
印　　张	16
字　　数	323千
版 印 次	2024年11月第1版　2024年11月第1次印刷
书　　号	ISBN 978-7-308-23170-1
定　　价	79.00元

版权所有 侵权必究　印装差错 负责调换

浙江大学出版社市场运营中心联系方式：(0571) 88925591；http://zjdxcbs.tmall.com

前　言

　　对学习的思考一直在推动着人们的学习。西蒙斯和唐斯提出的联通主义作为网络时代的学习理论，是一种基于网络时代对信息组织方式的重新考量，将人们对学习的思考又推进了一步。教师要做好教的工作，要更好地传授学科知识和技能，首先需要对学习及其本质进行思考，而对学习本质的思考应结合学习当下所处的背景和环境。

　　网络信息时代的主要特点在于，信息本体以各种网络节点的方式进行随时随处的联结。本书从网络信息时代的特色及学习特征出发，以网络时代的联通主义学习理论为理论原型，探究学习的发端、发展及变化，同时将对学习的发现应用到实际的教学中。具体来讲，本书以外语学科教学为例，把"网络信息联通中教学该如何开展"作为一个核心话题，以新的视角重审教学的原理，同时对如何重新组织开展教学进行思考，最后付诸实践。

　　如前所述，先知何为学，方知如何教。知道何为学指的不只是教师应精通所教学科体系，更是指教师应对不同环境背景下学习的本质和规律有良好的认知和把握。因此，本书的整体逻辑架构围绕着"学"和"教"这两个方面展开，在抓住了"何为学"的基础上，进一步针对"如何教"进行实际的应用。

　　在第一章明确新时代网络教育改革趋势和历史使命的前提下，我们在第二章从事物的现象入手，以外语教学为例，探讨网络信息化带来的外语学习在听、说、读、写等各种技能获得和知识获取等方面的改变，通过实际的案例，展示教师与学生作为教与学两端的用户其实际的学习和体验情况等，同时反思这一过程中存在的问题。

　　我们在第三章追根溯源，深入挖掘学习的本质。我们在联通主义学习理论原型的基础上，抓住学习的"联结"本质，基于网络信息时代的联通主义，追溯到亚里士多德时期的联想主义，划分出从经典联结观（包括从机能的联结观到认知的联结观，即从桑代克的联结主义到认知学科的新联结主义）到现代联结观（包括建构主义和联通主义）的不同发展阶段，最后上升到人本主义和生态学的高度，将网络时代的信息联通观发展到信息生态视角下的信息动态平衡观，注重学习过程中的信息动态平衡构建和资源的可持续利用创建等。

　　在第三章搭建的学习联结观的发展框架下，我们在第四章结合定性和定量研究的方法，以文献分析法为主，对联通主义理论的提出、形成、发展、现状及前景等进行了详细的阐述。我们主要在梳理西蒙斯和唐斯相关经典理论的基础上，围绕唐斯的最新研究成果进行探究，形成对整体发展现状的概述。在此基础上，我们进行文献数据可视化，基于联通主义历年相关的文献进行探究，发现联通主义不单是一种理论，更是一种实践教学方式，以慕课（大规模在线开放课程，massive open online courses, MOOCs）的形式出现。因此，我们把联通主义这种网络时代的学习理论的形成过程分成了生成期、转型期和稳定发展期，对应联通主义慕课、行为主义慕课和混合式慕课等不同形式的阶段，各阶段具备不同层面的学习和交互特征。

同样，在第三章学习联结观的发展框架下，我们在第五章主要围绕网络信息背景，从人本的和生态的视角，探究学习的过程是如何以信息联通的方式进行的，又是如何在其中构建信息动态平衡的。信息动态平衡的实现以信息不对称为根本组织运行机制。信息主体、信息本体和信息载体这三大信息生态要素总是时时处于特定的信息时间和信息空间这两个要素中，而我们的教学就是充分、合理地利用这五个维度的信息生态要素之间的信息不对称，创造不同的教学情境，带来教学能量场中不同的信息流。学习就是信息流动的过程，每一个学习行为的发生由一个或多个信息流构成。在教学中要善于利用不同信息生态要素之间的不对称引起的信息流动进行教学能量场域情境的创建，使学习自然发生。

因此，我们在第六章用了较大篇幅，以实际的案例设计和问题反思等方式，对外语教学中的信息流和信息动态平衡构建等方面的思考进行了实践。语言与信息的天然相关性决定了语言教学的过程即是信息节点的创建和联结过程。因而，我们从信息主体、信息本体和信息载体三个层面，结合信息的时空特性，以信息的微型构建为首要原则，利用信息不对称的根本机制，在对信息本体、信息主体和信息载体进行微型解构的基础上，充分调动和利用不同信息生态要素之间在不同层级的不对称，推动学习的自然发生和学习能力的发展，以信息动态平衡的创建重构外语教学信息生态体系。

本书作者就职于浙江工商职业技术学院。本书的撰写得益于浙江工商职业技术学院应用英语专业多年的建设和专业教学团队在人才培养信息化教学过程中的摸索和实践积累。感谢王维平老师、蒋轶阳老师、朱雷老师、钱律伟老师、邵健老师、顾飞飞老师、岳红利老师和曾琦老师等团队教师以及专业的其他教师。本书是浙江工商职业技术学院的科研成果，同时得到校应用英语教师教学创新团队和区域共富形象构建与传播研究科研创新团队的支持。此外，感谢上海外国语大学陈坚林教授及其团队对项目组在信息化教学和研究方面的指导。

本书主要面向外语教师、外语教育专业的学生、从事教学信息化改革的学者、其他教育专业的学生以及其他教育行业的从业者等。

浙江工商职业技术学院

目 录

第一章 导 言 ·· 1
    第一节 新时期高校网络教育改革创新的方向 ································ 1
    第二节 外语教育信息化改革发展从革命走向使命 ························ 4
    第三节 信息化教学的变革立足于对学习本质的探寻 ····················· 6

第二章 信息化带来外语学习的改变 ··· 7
    第一节 外语学习信息技术上的发展 ·· 7
    第二节 外语学习方式的改变 ··· 8
    第三节 改变中存在的问题及教学案例反思 ································· 22
    第四节 改变后的一些再思考 ··· 36

第三章 信息的联通与学习 ··· 37
    第一节 信息的联通及其发展 ··· 37
    第二节 学习的本质:什么是学习? ·· 41
    第三节 学习的联结观及其心理溯源 ·· 44

第四章 联通主义及其发展 ··· 67
    第一节 网络时代联通主义的提出 ··· 67
    第二节 联通主义的发展与研究 ·· 81

第五章 信息生态系统与信息联通机制 ··· 112
    第一节 信息生态观定义 ·· 113
    第二节 生态联结观发展及学习联结论 ···································· 115

第六章 外语教学信息生态系统及信息联通机制的应用 ················ 141
    第一节 语言的信息化本质 ·· 141
    第二节 信息环境下外语教学生态系统的理论发展与实践 ·········· 144
    第三节 外语教学中信息联通机制的应用 ································· 148

参考文献 ·· 241

第一章 导 言

党的十九大报告指出,时代是思想之母,实践是理论之源。根据马克思和恩格斯,一切划时代的体系的真正内容都是由于产生这些体系的那个时期的需要而形成起来的。党的十九大提出以习近平新时代中国特色社会主义思想为行动指南,意味着中国特色社会主义发展与建设进入了新时代,我们需要深刻领会"新时代"的丰富内涵,把握好国家、社会发展的新的历史方位,更好地肩负起新时代的历史使命(新华网,2017)。做到理论和实践相结合,全面深化改革,以良好的生态观和发展观推动实践创新和理论创新。

新时代意味着中华民族的进步和伟大飞跃,意味着中国的国际地位的提升和角色的转换,意味着要培养大批"具有引领能力的创新创业人才(雷朝滋,2018)"。"以教育信息化全面推动教育现代化(教育部,2016)",实现教育信息化历史变革下的历史使命——深化教育改革,"加快推进教育现代化,建设教育强国,服务中华民族伟大复兴(新华网,2019)"。这也是新时代教育发展的主题。

第一节 新时期高校网络教育改革创新的方向

2021年4月26日,致力于信息技术推动高等教育发展的全球非营利性协会EDUCAUSE发布的《2021地平线报告:教与学版》(EDUCAUSE,2021)描述了高等教育教与学未来的发展趋势,覆盖社会、技术、经济、环境和政治五个方面。同时,该报告详细分析了将对高等教育教学产生重大影响的六项关键技术和实践:人工智能、混合式课程模式、学习分析、微证书、开放教育资源和优质在线学习。该报告预见了信息技术和高等教育的进一步协同发展。

自20世纪90年代以来,信息技术随着计算机的普及而影响着人们的生活和学习。之后,随着更多便携式移动设备[如iPod、VCR、笔记本电脑、iTV(交互式电视)等]的出现,它对人们的改变越来越多。2007年,苹果智能手机问世,智能移动终端开始全面普及,推动信息技术融入人们的生活学习中。

在这一进程中,教学需要直面两个问题——信息技术能不能融入教学?融入后能否带来教学本质上的改变?这也是困扰许多教育界学者,同时让很多一线教师感到困惑的问题。有时候,教师花了大量的力气进行在线微课录制、在线互动,或者课后课前让学生在APPs上完成某些视频和音频的学习,却发现费时耗力还达不到预期的效果,甚至还不如一根粉笔和一块黑板来得吸引人。到底是谁改变了谁?或者谁不被谁所改变?这也引发了国内对于"乔布斯之问"的探寻,被概括为"为什么IT改变了几乎所有领域,却唯独对教育的影响小得令人吃惊?(桑新民等,2013)"。这是2011年5月乔布斯与比尔·盖茨会面讨论关于教育和未来学校问题时提及的一个相关话题,是对信息技术和教育之间关系的灵魂拷问,引发了技术专家、教育学者等对信息技术在教育变革中的意义的探寻。如今,十多年过去了,这个问题依旧发人深省。

以下列举生活中常见的例子来类比信息技术与教育的关系。用手抓饭吃和用筷子吃饭,哪种情况更让人感到饭好吃?用纸质书看书和用电子书阅读器看书,哪种方式更让人觉得书好看?以上两个问题的进阶版是这样:用手抓饭吃和用筷子吃饭,哪种情况更让人吃得更多、消化更好?用纸质书看书和用电子书阅读器看书,哪种方式更让人看得更快印象更深?这看似荒唐的问题其实非常值得人深思。信息技术和教育之间到底是什么关系?是不是只有工具性的关系?这种关系是不是一成不变的?对这些问题的思考体现了人们已加深了对信息技术的认知。根据余胜泉(2016)的观点,人们对信息技术的认知,将从"媒体观""认知工具观"转变到"信息生态观"。而教育技术自然融合于教育教学的过程,则构成了教育信息生态。教育信息生态是指在特定的教育环境下,由人、教育实践和技术化环境构成的自组织与自我进化的系统,人与技术化环境之间以教育实践活动为纽带,以信息技术为手段促进信息资源的传输、交流、反馈和循环,以最优化地实现系统价值而形成的一种均衡化的运动系统;"教育信息生态"这一概念的引入使教育信息管理活动不再局限于技术方面,而愈来愈重视人、信息、教育实践活动以及人与信息环境的相互关系(余胜泉,2016)。

十年树木,百年树人。教育是一件需要用心去做的事情,便捷不是教育最终的目的,也掩盖不了教育的本质。教育的特殊性决定了我们不能急于求成,更不能将教育流于工具化、形式化,本末倒置。所有的教育探索还应从根本上、从内容本质上进行深入的思考,只有这样才能对育人产生积极意义。

一、隐性化

信息化教育的重点在于教育,是运用信息化方式开展的教育。信息化教育不等同于教育信息化。前者是目标,后者是手段。作为教育者和学习者,我们最需要做的是利用教育信息化的方式和手段完成信息化教育。虽然教与学完全可以脱离信息化的形式存在,如传统教学那样,但是时代的车轮是向前的,正如工业革命势不可挡一样,我们也同样要去适应技术革命对教育带来的冲击和影响,并且尽可能去利用和完善它。

诚然,"使用信息技术工具进行教学的最大成功应该是学生关注教学内容与消隐教学工具,学习信息的载体越被'忽视',证明学习过程就越流畅,学生可以将注意力集中到学习内容上(李芒等,2017)"。信息技术融入人们的学习和生活中,需要以一种自然而然的方式进行。这种方式越自然,它对人们的学习和生活带来的作用也会越大。而要促成这种自然学习方式的发生,一方面需要整体环境的影响和带动,比如变成群体性的学习事件,即在或大或小的环境中,每个人都这样做,或者在前期进行学习方式的引导,促成其转变为个人习惯性事件或条件反射的行为事件;另一方面,需要从信息化专业技术开发角度尽可能提供友好支持的学习软件或工具等。

二、内涵式发展

"十二五"新一轮教育信息化的发展将不再单纯是技术上的建设与应用,将更多地侧重于教育技术与"人"的关系,构建教育信息化生态系统,促进技术、人、社会的和谐发展,建设具有创新意义的信息化教育文化(祝智庭,2011)。信息化教育关键要回归到内容本质。对于广大信息化教育的使用者而非技术研发者而言,在信息化教与学过程中,所有信息技术的关注重点在于信息而非技术。信息技术在教育中的应用经历了 CAI(computer assisted instruction,计算机辅助教学)、CAL(computer assisted learning,计算机辅助学习)、IITC(integrating information technology into the curriculum,信息技术和课程整合),再到深度融合(何克抗,2019),逐步从侧重于技术转变到侧重于课程和内涵式发展。

与此同时,我们注意到,随着大数据、人工智能的出现,技术也进一步优化,参与到信息的制作过程中。因此,我们不再追问"用筷子吃饭好不好吃"等问题,而是在设计"电饭煲参数"的同时,通过对用户行为数据采集和智能分析等判断"煮出来的米饭是否更香",从而做出参数调整等。现代化的教育信息技术便是发展到了这个层面,本质上变成技术对教育的植入或赋能。信息和技术两者更为融合。

三、规约化

要实现信息化教育全民化,需要对教育信息化进行更好的规约。一方面,在制度政策上要加强顶层设计和规划;另一方面,要制定教育信息化的一套规范标准、体系和资源。这样,教师和学生在操作的时候就可以很自然地在网络环境下接入学习。信息化教育需要有规模化定制的基本理念,出标准、建资源、批量生产。规约化其实就是约定俗成,就是标准化,从而方便教师和学生在信息化教与学时开展各项学习活动。

与此同时,规约化是为了更好地促进公开化、全面化和均衡化,促进均衡性发展,实现资源公平、教育公平。在这个层面上,MOOCs(慕课)、教学资源库等开放教育资源的建设和共享是规约化最好的产物,任何学生都可以随时随地通过多种渠道接入学习,没有门槛也没有限制。在规约化完全解决了操作层面的东西之后,所剩的除了内容建设还是内容建设。

根据《教育信息化2.0行动计划》(教技〔2018〕6号)提出的主要任务和基本目标,我们应通过继续深入推进和融合发展"十二五"期间提出的"三通两平台"(也就是"宽带网络校校通、优质资源班班通、网络学习空间人人通"和建设教育资源公共服务平台和教育管理公共服务平台)、持续推动信息技术与教育深度融合,以及构建一体化的"互联网＋教育"大平台等主要任务,到2022年基本实现"三全两高一大"的发展目标,即教学应用覆盖全体教师、学习应用覆盖全体适龄学生、数字校园建设覆盖全体学校,信息化应用水平和师生信息素养普遍提高,建成"互联网＋教育"大平台,推动从教育专用资源向教育大资源转变、从提升师生信息技术应用能力向全面提升其信息素养转变、从融合应用向创新发展转变,努力构建"互联网＋"条件下的人才培养新模式、发展基于互联网的教育服务新模式、探索信息时代教育治理新模式。又根据《中国教育现代化2035》发展战略,要加快信息化时代教育变革,包括加快建设智能化校园,统筹建设一体化智能化教学、管理与服务平台,利用现代技术加快推动人才培养模式改革,建立数字教育资源共建共享机制,加快形成现代化的教育管理与监测体系等(新华网,2019)。这些规约性的政策规划和文件直接引领、推动和促成了新时期高校网络教育改革的发展,将产生长远的影响。

第二节　外语教育信息化改革发展从革命走向使命

外语人才包括专业外语人才、行业外语人才等。外语人才的培养是我国高等教育人才培养的重要组成部分。外语教育的发展与国家、社会和环境发展紧密结合。中国的外语教育的发展史某种程度上也是一部中国社会经济文化发展史。在改革开放初始以来的三四十年时间里,中国与世界各国在政治、经济、科技、文化等领域的交往日益频繁,外语成为中国与世界沟通的桥梁,这一时期外语教育的主要任务是服务国家对外开放格局,推动国民经济加速发展(文秋芳,2021)。与此同时,中国2001年加入世界贸易组织后,外语人才逐渐成为中国改革开放建设发展的中坚力量。

在高校大规模扩招和中国加入世界贸易组织、急需更多外语人才的背景下,2003年4月,教育部启动"高等学校教学质量和教学改革工程",将大学英语教学改革作为该工程的重要项目,主要内容包括:①广泛采用先进的信息技术,推动基于计算机的英语教学改革;②改变单一的大学英语教学大纲,由过去的以阅读理解为主向综合实用能力为主转变,研究并制定适应各学科门类的大学英语最低教学要求;③进一步改革大学四、六级英语考试,充分发挥其引导高校英语教学改革的作用(吴鼎民和刘长江,2008)。2004年1月,教育部《大学英语课程教学要求(试行)》颁布(教高厅〔2004〕1号),强调培养学生的英语综合应用能力,特别是听说能力。课程设置上主张大量使用先进的信息技术,推进使用计算机和网络进行英语教学,把基于计算机外语学习软件的英语教学(软件以听说教学为主,也可以进行读写译教学)和教师面授辅导课结合,与传统课堂教学互补。这是早期我国外语信息化教学的尝试,提出将基于计算机和课堂的英语多媒体教学模式作为一种新型的英语教学模式。外语教育信息化改革成为外语教育改革和发展的重要领域和方向。

从技术设备层面而言,信息技术在外语教育中的应用至少经历了 CALL(computer assisted language learning,计算机辅助语言学习)、MALL(mobile assisted language learning,移动辅助语言学习)、MLL(mobile language learning,移动语言学习)或 MELL(mobile English language learning,移动英语语言学习)等阶段,整体是一个利用信息技术进行外语学习越来越便捷、两者越来越融合的过程。20世纪80年代早期出现了基于计算机的语言学习材料,对其的相关学习通常被称为 CALL,早期 CALL 主要要求学生对屏幕上给出的内容做出恰当的回应,或完成对应练习(迪德尼和霍克利,2011)。我国基于计算机的外语教学起步较晚,但发展势头异常迅猛。以计算机信息技术的出现为标志,我国外语教育信息化发展阶段[①]主要可分为计算机网络辅助教学阶段(1998—2011年)和信息技术与外语教育深度融合阶段(2012—2019年),前者以2004版《大学英语课程教学要求(试行)》的颁布为标志,可以分为单机助教期(computer assisted instruction,CAI)和网络助学期(computer assisted learning,CAL),后者以2018年正式实施的《教育信息化2.0行动计划》为标志,可以分为"互联网+外语教育"期和"人工智能+外语教育"期(胡杰辉和胡加圣,2020)。

《关于高等学校加快"双一流"建设的指导意见》(教研〔2018〕5号)提出,要深入贯彻落实党的十九大精神,加快一流大学和一流学科建设,实现高等教育内涵式发展,全面提高人才培养能力,提升我国高等教育整体水平。值得关注的是,外语教育正在经历从改革走向变革,最后走向使命的嬗变。外语教育要实现系统性变革,实现信息技术与学科教学的深度融合。而在实现系统性变革的同时,使命的认领也是外语教育不可推卸的责任和意义所在。外语教学必须从其历史使命和意义出发,牢牢把握住新时代外语教育的内涵,实现从革命到使命的转变,从改革成功转变到变革与特色创新。

---

① 根据胡杰辉、胡加圣发表的论文《大学外语教育信息化70年的理论与范式演进》(胡杰辉和胡加圣,2020[17]),我国外语教育信息化发展历程大致为三个阶段:外语电化教学阶段(1949—1997)、计算机网络辅助教学阶段(1998—2011年)和信息技术与外语教育深度融合阶段(2012—2019年)。其中,后两个阶段是随计算机普及发生的阶段。

随着我国进一步对外开放，在国内国外市场的推动下，我国的经济结构逐步转型，新的经济增长点出现，外语人才的培养与定位发生了改变。我们需要顺势而为，做出新的调整和改变，更好地培养各级各类外语人才。不管是"外语＋专业"的复合型外语人才培养，还是"一精多会（精通一门外语，会多门外语）、一专多能（懂专业，能多语种沟通协作）"的高素质国际化复合型人才培养，或者"语言＋技能"的国际化技术技能型人才培养，外语教育始终立足于社会、国家的层面，促进人、技术和社会的全面和谐发展。这也是外语教育教学信息化改革的意义指向。

第三节　信息化教学的变革立足于对学习本质的探寻

教学相对于教育是微观层面的。因而，信息化教学相对信息化教育也是相对微观的层面。信息化教学与教学信息化的关系和信息化教育与教育信息化的关系类似。信息化教学立足于教学，即通过教学信息化的方式和手段实现信息化教学。信息化教学改革的展开需要立足于探究学习的本质。关于教育教学原理，心理学界已经有非常多系统的论述。随着网络学习的发展和普及，加拿大学者西蒙斯和唐斯提出联通主义学习观。该理论的核心观点立足于网络时代的学习特征，强调学习节点的创建、厘清节点之间的组织关系等。"知道知识在哪儿比知道本身更为重要"是联通主义最具创新的核心观点之一。联通主义是非常切合网络时代学习的一种理论，它直接导致了联通主义慕课的诞生。而基于联通主义理论的联通主义慕课又进一步发展到如今流行的行为主义慕课。

因而，要理解和变革教育教学，我们需要从联通主义的联结本质出发，探究学习的联结理论，从其机能性、认知、社会建构等不同角度进行探索，并在此基础上阐释和进一步发展联通主义，从基于人本主义和生态主义的生态联结观出发，以信息节点之间的信息不对称作为信息联通机制，进一步挖掘和阐释学习所处的信息生态体系。

就外语教学而言，可以从信息联通机制和信息生态视角阐释外语教学的变革及其发展，厘清信息化教学变革背后的动因，探寻外语信息化教学发展的路径。可从构筑信息生态系统的三大节点类型（包括信息本体、信息主体和信息载体）出发，挖掘不同类型的节点在各个层面的多元联结方式，探寻不对称的主要表现形式。在对信息本体的创建、信息主体的调动以及信息载体的搭建等进行微型化细分和解构的基础上，重构这些节点类型的信息空间组织和运行机制，深入理解外语教学的发生、发展过程，从而推动外语信息化教学的具体展开和相关技术的进一步运用。

第二章　信息化带来外语学习的改变

现代信息和通信技术正在深刻影响着我们认知世界的方式、时空意识、人际交往乃至思维方式,进而塑造出一种全新的社会文化生态。信息化、数字化、虚拟化、快餐化、移动化、掌上化、微小化、碎片化便是这种塑造的具体、通俗的表现(吕公礼,2016)。现代信息和通信技术不断发展,其所带来的影响也不断加深。

第一节　外语学习信息技术上的发展

一、改革开放之后,外语电化教学的出现

在20世纪末计算机普遍使用之前,我国已经储备了大量的外事人才和翻译人才,外语人才辈出。改革开放之前,外语学习者主要通过纸质书籍进行学习。以英语为例,《西南联大英文课》(原名《大学一年级英文教本》)就是一本西南联大时期(1937—1946年)全校大一学生英文必修课的课本。随着各类音像出版资料的引进,基于电子设备和技术的外语电化教学时代开启,出现了磁带、电视节目等各类电子学习产品,例如中央电视台引进的 Follow Me(《跟我学》)、《走遍美国》等,出版界的《英语900句》《新概念英语》等。该阶段同时出现的还有能够播放英语音、视频的收音机、录音机、录像机,以及后来的掌上设备(文曲星、复读机、MP3播放器等),这些电化教学手段的变迁一直伴随着人们的外语学习和成长。

二、世纪之交,计算机等多媒体技术、数字技术、网络技术的发展

20世纪50年代,语言实验室在美国的语言教学中使用广泛;受行为主义的影响,60年代语言实验室逐渐被以操练为主的计算机辅助教学替代;而计算机辅助教学又在数十年后被更智能的、互动型的多媒体计算机辅助语言教学所取代;到了90

年代,互联网的盛行推动了基于计算机的信息通信的发展(Chinnery,2006)。20世纪末、21世纪初,随着计算机多媒体技术、数字技术和网络技术在我国的发展,机房、语音室、视听室成为学生学习听力、练习口语、口译等的固定学习场所。学校会购买专业的语言教学平台或网站使用权,供学生进行定时定点的学习。这些平台或网站主要用于锻炼学生的口语、听力等。

英国语言学者迪德尼和霍克利(2011[12-181])在 *How to Teach English with Technology*(《如何用现代信息技术教英语》)一书中提到了当下英语教学中可借鉴的各种现代技术和教学方式,包括文字处理软件(如 Microsoft Word 等)、网站(包括专门的语言教学网和非专门为语言学习者设计的原创网站)、电子邮件、在线聊天、社交软件(博客、维基和播客等)、在线参考工具(字典、翻译软件、语料库、百科全书)、课件(光盘、DVD、机考、电子档案夹和交互式电子白板等)、在线制作电子学习材料、在线教学和培训等。在我国,相应的技术也以类似形式的产品出现,并带动了外语学习的发展。

三、2010 年后,智能手机普及后的移动学习全面化

技术发展如此迅猛,十年便是一个大变革。一个新的产品一旦出现,旧的产品似乎很快就被取代和销声匿迹,但其实是旧的产品在新的产品中得到了延续,因为在新的产品身上总可以找到升级了的旧产品的相关功能。随着手机,特别是智能手机的出现,由于其富媒体特性,各种多媒体技术、数字技术和网络技术都可以应用在手机上,各种听、说、读、写、译的材料都可以在手机 APPs 上找到,手机理所当然地成为外语学习资源的集大成者。

四、2020 年后将如何发展?

随着大数据对学习行为的分析和有效干预,我们期待着在 5G、人工智能、扩展现实、物联网等技术的融合下创设出更加自然的外语学习环境。

第二节 外语学习方式的改变

智能手机出现之前,有学者对早期各种移动学习设备(包括功能手机、各种手持设备等)在语言学习上的使用情况进行了综述性研究(Chinnery,2006[9-16];Kukulska-Hulme & Shield,2008)。相关设备主要用于获取逼真的学习材料,以进行语言学习过程中的交流和完成学习任务等(包括词汇练习、测验、单词词组翻译、习语学习、听说训练、在线聊天、师生之间或学生之间会话交流等)。早期的移动设备在外语学习上的主要作用在于信息的传送,并且以师生单向传输为主,教学互动的设计

相对比较有限。此外,这些移动设备有一个共同的问题,由于网络传输速度的限制,随时随地的共享还是存在着难度。

随着移动互联技术和设备的发展,各种形式的实时交互式学习变得越来越多见。我国外语学习根据各类媒介方式和设备的发展大致可以概括为表2-1中的三个阶段,每个阶段不是完全孤立的,而是互相承接、有所重合、有所侧重的。现阶段主要以各类学习APPs的形式呈现。

表2-1 我国信息化外语学习所使用的媒介方式和设备(翁晓梅,2020)

第一阶段(功能手机出现前)	第二阶段(功能手机出现后)	第三阶段(智能手机出现后)
网络学习机	移动电话、QQ、短信、彩信	游戏类学习APPs
移动学习资源网	播客等移动设备技术和手段	社交APPs,如QQ、微信等
学习操作PDA[①]	校园彩信应用系统	自建移动学习平台、自主开发教学APPs平台(含情境感知软件、VR等技术)
自主学习中心		第三方交互英语学习平台

由表2-1可看出,手机是移动技术的主要载体,推动了人们的外语学习从计算机辅助语言学习向移动技术辅助语言学习发展。具体来说,功能手机出现之前,即第一阶段,人们主要通过特定的技术设备、PDA,展开基于学习资源库的学习;在第二阶段,出现了基于移动手机推送学习内容的学习;到了第三阶段,除进一步加强平台资源建设之外,人们开始注重情境感知类、可移动式学习互动以及协作式的教学设计,移动技术与语言学习进一步融合(翁晓梅,2020[59])。

下面,我们就信息化软件或平台及其功能对外语学习各个方面带来的影响和改变作进一步的分析和探讨。

在开展详细分析之前,我们先从自学软件入手,了解学生们选用自学软件满足自我学习动机以及完成具体学习行为的情况。自学软件的学习情况可以体现学习者的原始学习需求和学习表现,反映信息技术在自主学习中带来的差异化。我们通过对所教的英语专业47名学生就目前他们最常使用的语言自学软件进行问卷调查("你常用的英语学习APPs有哪些?分别用来做什么?")。

经过问卷调查,我们一共收到了47条有效回答,通过NVivo 12 Plus进行质性统计分析,根据词频形成下列词云图(见图2-1)。另外,在110多个相关词汇中,我们选取出现5次以上、加权百分比相对较高的词汇,通过合并近义词或同类词、删除无意的虚词以及纠正错误词,可列出17个词频较高的词汇(见表2-2)。

---

① PDA,personal digital assistant,个人数字助理。这里主要指手机出现之前的各类手持终端学习设备。

图 2-1　关于常见英语自学软件的问卷调查结果词云图

表 2-2　关于常见英语自学软件的问卷调查结果词频

序号	单词	计数/次	加权百分比/%
1	英语	47	6.76
2	听力	44	6.33
3	单词	31	4.44
4	每日	27	3.88
5	新闻	15	2.15
6	BBC	12	1.73
7	翻译	12	1.73
8	金山	12	1.73
9	练习	11	1.57
10	VOA	10	1.43
11	China	8	1.15
12	daily	8	1.15
13	词典	7	1.01
14	阅读	7	1.01
15	口语	6	0.85
16	查找	6	0.85
17	文章	5	0.72

学生们比较注重运用软件进行单词积累①(包括词句翻译等)、听力练习、文章阅读以及口语、发音等方面的提升，原始素材主要来源于各类新闻媒体，如 BBC、VOA、*China Daily*(中国日报)等，常见学习行为包括"练习""阅读""查找"等。就学习动机而言，调查中出现了包括"有趣、奖励、强大、帮助、视野、成就、完成、拓展、提高、进步、积分、积累、难懂、难点、薄弱"等词汇，可知学生运用 APPs 的主要动机在于 APPs 可以有效引导和帮助学生体验学习的过程，以一种肉眼可见的成长型学习模式推动学生的自主学习、提升其自我效能感。此外，根据调查中出现的"偶尔、时间、每天、空闲、有时、有时候、有空"等词汇，APPs 所提供的学习服务在时间上具有灵活性，这是确保学习发生的重要保障。

从 APPs 的选用情况来说，最常使用的 APPs 包括每日英语听力、百词斩、有道、BBC 英语、金山词霸、VOA 英语、扇贝阅读以及 *China Daily* 等。这些 APPs 最多用于单词查阅和积累，其次用于听力和阅读强化训练，然后是用于口语提高等，与上述词频显示结果一致。而一个 APP 如果可以提供多种功能，包括记录生词、练习听力、阅读双语文章等，则会增强其用户黏性。

一、词汇学习

信息化给外语学习带来的最主要的变化发生在词汇学习上。词汇作为外语学习的基石，传统的学习方式是通过纸质字典，后来逐渐发展到通过各类 PDA 设备，再到智能手机等学习词汇，学习工具的交互功能越来越强。

在没有各类电子设备之前，词汇的学习主要是通过查阅纸质词典，进行基于单词含义和用法的阅读、背诵、记忆，或者通过阅读、写作等其他方式对词汇进行运用和掌握。单词输入、输出主要以一种隐匿于头脑中的信息加工方式进行。比较常用的词典包括《牛津高阶英汉双解词典》(*Oxford Advanced Learner's Dictionary of Current English*)、《朗文当代高级英语辞典》(*Longman Dictionary of Contemporary English*)、《柯林斯 COBUILD 高阶英汉双解学习词典》(*Collins COBUILD Advanced Learner's English-Chinese Dictionary*)等，这些词典是国外的语言学家们以英语非母语的学习者为主要对象编写的。词典中每个词条的注解内容包括英文释义、中文释义、屈折变化、派生词、常见词组、正反义词、例句等，为学习者提供了关于该单词的较全面的语法知识体系，系统性拓展了学习者的心理词汇库，同时提供了各种应用的情境。

以文曲星为代表的便携电子词典出现后，查阅生词变得更为简便，但真正深度的学习过程并没有因此而简化；人们可以用早期电子设备查阅简单的中文意思，进行快速阅读或写作表达等，但是真正要理解一个单词并加深对其的认知仍旧需要

---

① "听力"计数虽然比"单词"高，但是其中有 22 个为"每日英语听力"，不是对学习状态和行为的描述词，因此不算在内。实际学习中还是围绕"单词"开展得更多。

专业的词典工具的帮助。智能手机和各类学习APPs的出现综合推进了这样的学习服务的提供。

常见词汇学习APPs包括百词斩、金山词霸、BBC英语、VOA英语、扇贝阅读、每日英语听力、百度翻译、可可英语、墨墨、不背单词、欧路词典和柯林斯等。我们发现,尽管词汇学习的载体从纸转变到了智能化电子设备,但内在的学习过程本质上没有发生改变,学习者们通过这些APPs开展的词汇学习行为仍是查单词、背单词、记单词、积累单词等,这些行为在使用纸质词典时期也同样发生。

此外,人们在开展纸质阅读时,一般会同时记单词、提升词汇量;有了磁带、光盘、MP3等设备后,会一边锻炼听力一边学习词汇;如今,使用各类学习APPs时,这种内在的能力的综合运用方式仍然没有改变。那么,到底是什么发生了改变?

人们对各种信息化学习方式是否能够带来学习的改变、提升学习效果等的疑问,始终推动着信息化教学的发展。为此,我们将从以下四个方面分析、理解信息化环境下的词汇学习与传统词汇学习的不同之处,从而将其更好地应用于教与学之中。

（一）易用性

基于APPs的外语学习可以随时随地进行,此外,电子查阅和搜索的速度往往比纸质词典要快。从技术接受模型①的角度而言,这些便利大大提升了外语学习中的感知易用性,并带来了人们对这种学习方式有用性的感知,自然提升了人们使用的意向性。移动学习提高了学习的便捷性。有研究表明,比起定期在纸上或其他网络上学习词汇,采用手机电子邮件可以学到更多,学生大部分更倾向于在移动端进行词汇学习(Thornton & Houser,2005)。这种以手机作为词汇学习工具的学习方式也被认为比某些传统词汇学习方式更为有效(Başoğlu & Akdemir,2010)。还有一些专门开发的词汇学习APPs,如大学英语词汇锁屏移动学习软件等一般操作简单,使学习英语单词更加轻松,省时高效,因而也被认为是比较有用的学习方式(詹海宝和张立国,2015)。

研究表明,基于泛在网络技术的泛在学习系统有助于学生开展系统化词汇学习,学生对于这种学习系统的接受度非常好,其中主动的学生更为关注的是是否有用,被动的学生更为关注的是是否易用(Huang et al.,2012)。有学者对16项用移动设备学习词汇和用传统方式学习词汇的对比研究进行元分析(共计986名研究对象),综合考量学习者的年龄、词汇学习类型(接受式还是产出式)、词汇学习的内

---

① 技术接受模型(technology acceptance model,TAM),是1989年由美国学者戴维斯提出的决定用户对信息系统接受情况的模型,包括感知有用性(perceived usefulness)、感知易用性(perceived ease of use)这两个决定因素,在外部变量的作用下,两者决定了人们想用的态度(attitude toward using)和行为意向(behavioral intention),并最终决定系统的使用情况。

容(词形、词义和用法)等因素发现,用移动设备学习词汇的学习效果各方面都更好,其中成年人用这种方式学习效果比年幼学习者效果好(Mahdi,2018)。

(二)人机交互

学习者学习外语从一开始借助纸媒,到后来有了手持电子设备后变成"文本＋音视频"的形式。而有了智能电子设备及各类APPs之后,外语学习变成"文本＋音视频＋交互"的形式。这种交互一开始是"人(教师)—机—人(学生)"式单向信息输送。这种单向的信息传输除了主要发送相应的学习内容(包括单词、文本等)(如Lu,2008;刘永权,2012),还可以在移动设备上进行词汇学习活动等(如Stockwell,2007)。

随着技术的发展,人机交互发展成为双向和交叉的模式。外语学习者除了用APPs来查询单词外,还可以将其用来背单词和积累单词,而这种背单词和积累单词的过程除了调动起个人内在的学习过程和信息加工过程外,还是一个人机多元交互的过程。学习者除了运用相应技术进行词汇学习打卡、闯关、复习及过程性评价,还可以进行基于情境的自我导向学习及其他自主性学习等。这种形式将学习的过程和阶段的成果可视化,较好地调动、激发了学生的学习积极性。

1. 互动一:智能推送

上述提到的,大学英语词汇锁屏移动学习软件基于VIP排队技术[①]提供英语词汇学习复习策略,该APP包括锁屏模块、设置模块、英汉词典模块、复习模块和微视频模块,通过开启锁屏,学习者可以学习屏幕上根据学习者自选词库按序推送的词汇(詹海宝和张立国,2015[45-46])。

2. 互动二:个性化学习

通过对香港某大学256名外语学习者使用移动设备在课外开展自主学习的研究发现,学习者们利用移动设备来增强学习的真实性和发展社会关系,但更多还是为了实现学习的个性化(Lai & Zheng,2018)。另通过对来自中国和瑞典共345名高校学生的调查发现,绝大部分学生(83%)对移动学习带来的个性化持最为肯定的态度,其次是协作性(74%)和真实性(73%)(Viberg & Grönlund,2013)。移动学习带来的个性化在词汇学习中也不例外。

在智能手机出现之前,个性化学习就已经在PDA中开展了。基于项目反应理论[②]和学习记忆周期而设计的个性化移动英语词汇学习系统可以根据个体学习者

---

① VIP(variable internal performance,变化间隔特性)排队技术是指当某个条目被学习者错误回答并予以更正后,应能在短时间内被再次发送给学习者作答的技术,从而起到重复作用,由此促进该条目从学习者的短时记忆进入长时记忆(詹海宝和张立国,2015[44])。
② 项目反应理论(item response theory)是一种广泛用于教学测量特别是计算机自适应性测试的理论,旨在根据个人能力为受试者选取最适合的考试项目(Chen & Chung,2008[628])。

的词汇能力和记忆周期提供合适的英语词汇用以学习,该系统以高效、灵活的英语词汇学习模式显著提高了学习者的学习成绩和学习兴趣(Chen & Chung,2008)。

借助智能手机,学习者可以通过词汇学习APPs把查询的生词建成生词本,同时通过配套的英译汉单选题等练习方式得到答案的即时反馈,以及该词汇的相关词条内容,包括意思、用途和例句等。如前所述,通过VIP排队技术,学习者如果答错,该词汇会在生词本里重复进行更多次的训练直到连续多次(次数由用户自己设置)都答对才从生词本里删除(詹海宝和张立国,2015[46])。

此外,学习者通过APPs还可以开展个性化的闯关巩固练习。例如,成人学位英语单词大冲关手机APP从历年高考英语题库中提取高频词汇,并根据词频的多少分星级,学习者可以选择"开始学习"模式对不同星级词汇进行自主学习,也可以通过"开始闯关"模式在规定时间内开展自定步调的训练(武丽娜和刘永权,2016)。

3. 互动三:学习过程成长型、可视化

交互很重要的一个组成部分就是学习过程和学习结果的实时可视化。例如,随时查看生词本里的词汇总数和学习者已掌握的词汇总数等,或每当选对一道题,屏幕右上角的钟表状指针就会显示完成的百分率。这种可视化可以增强学生对于掌握词汇的信心。学生的信心是建立在对词汇不断积累和看得到、感受得到的进步之上的(武丽娜和刘永权,2016[23])。除此之外,如前所述,系统还会根据艾宾浩斯遗忘曲线及相关技术自动重复未掌握的听说视频中的相关生词练习题等,错误次数越多,重复练习的次数也越多。

(三)内容更为全面、功能更为强大

第一,跨词典。以前只能一次查阅一部纸质词典,而现在通过一个APP就可以查阅多部词典,每部词典都包含了纸质词典的各项功能词条,并且可以对多部词典进行横向比较,从而加深学习。此外,英汉、汉英翻译可以在同一个APP内进行,方便母语和外语之间的转换学习。

第二,跨词库。电子词典可以容纳多个学习阶段、不同考试类型的词汇学习要求,方便学习者个人开展进阶式学习。

第三,跨语言单元。纸质词典一般只能查阅单词,而随着机器翻译、机器学习、深度学习技术的出现,电子词典和相关翻译工具发展到可以查阅句子甚至段落。根据上述常见英语自学软件使用情况的问卷结果,"用来翻译一些自己不太清楚的句子""查询一些自己不知道的生词,或者是帮助自己翻译一些难懂的句子"等反馈正是目前学习者对电子词典的使用写照,它可以满足人们对不同大小语篇的学习需求。

第四,学习内容关联性更强。电子词典APPs具有对每个单词的联想功能,不但提供音标、发音、中文释义和英文释义,键入单词还可以跳出搜索度较高的形近词、相近词组等,方便辨析各种形似近义或形似异义表达,加强了单词学习的相关性。有些单词学习APPs还提供了单词的固定搭配和形似、意近词的辨析,以及构词法记忆、联想法记忆、拆分法记忆、谐音法记忆等记辨方法(武丽娜和刘永权,2016[22])。

第五,跨媒介。比起纸质词典这种纯文本媒介,如今的电子词典的优势在于跨媒介性和富媒体性。以前文曲星等电子词典可以提供词汇的发音,而现在的电子词典除了提供文本学习和发音之外,还有根据学习者选择的词库推送微视频供在线或离线观看学习等功能。又如,百词斩软件为每个单词都配了图片,此外还提供单词视频和单词电台等单词学习拓展栏目,由英语老师原创趣味内容、深度解读个单词含义等。

第六,各类技能学习一站式、综合化。除了专门进行单词学习之外,学习者还可以通过相关APPs边听边学、在线摘录单词,也可以边读边在线记录单词,这增强了词汇学习的语境性。这样的APPs一方面提供了对单词的含义和用法的即时注解,另一方面可以将看到的生词即时放入APPs设置的生词模块便于后续学习。

(四)更具情境性

随着情境感知技术和移动技术的增强,词汇学习如果能够借助情境感知技术,则可以收获更好的学习效果。情境式学习方法认为语言情境即语境是语言学习过程一个重要考虑因素,可以提高学习者的学习兴趣和学习效率:一个个性化的语境感知式泛在学习系统基于无线定位的学习地点、学习时间、个人词汇学习能力和空闲时间等要素,可提供更加适合学习者的学习内容,开展词汇学习;研究表明,有语境感知技术的个性化词汇学习系统比没有语境感知技术的个性化词汇学习系统带来的学习效果更好(Chen & Li,2010)。

二、听说学习

学习外语时,要提高听说能力相对比较困难,因为缺少自然的听说环境,也缺乏使用语言的自然环境。根据上述常见英语自觉软件使用情况的问卷调查结果,"听力太薄弱了"是当前英语学习者的一种写照。从学习者常见学习行为和学习动机可见,提升听力的迫切性和必要性仅排在单词学习后面。通过一些APPs可以开展听力训练,部分APPs还可以进行口语的训练等。基于APPs的听说学习也同样具有词汇学习的四大特征,即易用性、人机交互性、内容全面功能强和更具情境性,下面我们就这四大特征中几个主要方面进行详细论述。

(一)听说训练更为沉浸式

听说训练质量的提升关键在于学习环境的创建,因而在英语非母语国家,信息技术在很大程度上可以营造一个更逼真的学习环境,虚拟空间进一步融入现实空间,学习者可以在虚实融合的环境中完成听说训练。这主要体现在两个方面。

第一,获取第一手的学习资源,包括各种丰富的听说训练素材,以及博主上传的不同生活场景的短视频等。除此之外,还有实时直播、公开课等,让学习内容更为直观、新颖。

第二,信息技术带来的人与人的交互也让学习者有身临其境之感。学习者可以观看视频,进行跟读、复述或扮演,与外国人直接对话,或以游戏方式增强学习情境和趣味性,等等。

移动技术支持下的游戏化学习活动可以大大提升学生的口语表达能力,让学生有更多机会锻炼口语,同时加强对自身口语的关注,能够在真实的语境中锻炼口语,表达出有意义的句子,精确度和自信度也更高(Hwang et al.,2016)。另外,在英语听说课程中加入泛在式游戏会带来学习结果和学习动机的改变,例如把一种叫作"HELLO(handheld English language learning organization,手持式英语学习体)"的可感知情境的泛在式学习系统融入英语学习过程,与非游戏化的学习相比,可以达到更好的学习效果和更高的学习动机,且学习结果和学习动机显示出正相关关系(Liu & Chu,2010)。

(二)听说学习考评实时可视化

基于特定的APPs,学习的过程和学习的结果可以得到及时的反馈,方便学习者进行自我纠正。这种人机交互主要利用AI语音动态识别人声输入,判断每一个单词是否读准,根据学习者发音进行打分,把发音不准确的音进行红色标注,使学习者可以根据评价及时做出改进和提高。这种对学习评价的反馈有助于学习者快速了解自己的学习状况,从而及时做出调整,还能增强学习的趣味性。

有的听说APPs,还会有各种教师辅助线上学习。有的平台提供免费配音课,还会有教师直播教授如何配音、进行在线纠音等。

(三)学习社区的形成

虚实空间融合的一个重要表现是网上学习社区的构建。在网上可以形成这样的学习共同体。社交成为学习的一部分。许多在线听说类APPs提供了在线学习语言社区,把世界各地的人轻松地联系在了一起。学习者可以加入小组、建立聊天室,还可以开展主题分享会等,平台会对学习者的各种打卡和学习过程与情况进行社区排名。每个人既是学习者,又是指导者,把自己的学习材料或作品供给别人学习,在互相学习借鉴中得到激励。

(四)成长型学习档案的建立

各大APPs在学习者首次进入时,一般会有一个对学习者当前外语知识水平和应用能力的智能诊断,系统会根据学习者自身的目标和需求量身定制课程并根据其英语水平推荐不同的资源。学习者的学习记录可以在 APPs 上轻松查阅,有的还会针对学习者个人学习情况进行曲线图分析或者针对每次学习测试情况提供学习报表等,这是一种改进版的更为直观的成长型电子学习档案。

(五)听说能力学习的细分及交叉一体化

在外语学习过程中,能力的训练也应该是一体化的,听说能力尤其如此。听说能力的提升主要在于发音、听力和口语表达等方面。

APPs 除了提供常见的基于不同技能的分类和交叉学习内容外,还提供基于不同社会用途的分类和交叉学习内容,涉及日常用语、职场用语、旅游用语、少儿英语、休闲娱乐、留学英语等各类主题,还有根据考试和学习用途的内容分类(包括大学英语四六级考试、词汇语法、经典教材等)等。在每一项训练活动下面又细分和交叉其他相关活动和技能,如在口语聊天活动中包括视频通话、文字聊天、发送音频与图片,以及在线文本校正等。

三、阅读(语法)、写作、翻译等文本学习

文本学习是外语学习的重要组成内容,常常以文本阅读的形式出现。如果说词汇是构建外语知识、培养外语能力的基石,那么阅读则是通向语言学习进阶的必要阶梯。对于外语学来说,不管是听、说还是译,一般都需要学习者构建基本的阅读能力。某种程度上,词汇为基,阅读为母。词汇是阅读的基石,阅读则是通向其他能力的根基。阅读能力的提升会同时带来写作和翻译能力的提升。下面我们从文本学习的角度思考信息化教学带来的改变。

通过对 2010—2014 年 K-12 学生使用移动设备进行科学、数学和阅读科目学习的 14 项研究的元分析发现,不管哪个科目,使用移动设备教学都比传统教学获得了更高的成绩,其中,在阅读科目上取得的效果要明显高于数学科目(Tingir et al,2017)。通过移动设备学习推送的阅读和语法材料能为学生带来有益的学习体验,但同时要明确相关的标准,例如提供的学习材料难度的合理性、老师的适度监管、学生的参与度、措施的激励性、隐私的保护性以及安全有保障的移动学习技术环境(Wang & Smith,2013)。而移动设备带来的学习改变必须在能够保证阅读体验感的同时有更多与纸质阅读不一样的体验,促进学习者的能力提升。

试想在阅读纸质文本时,我们总可以在上面涂涂画画,对于作文可以直接进行批改或批注,看到生词进行查询翻译并直接在上面做笔记,是一个动手、动笔和动脑的过程。随着信息化教学的发展,在纸质书上阅读和在手机屏幕上阅读,两者体验有何不同?哪种能带来更为深刻的阅读感受?这些疑问不断推动着用户阅读体验的优化和人机交互升级。

（一）细分内容和难度等级

提升阅读和文本学习能力，尤为需要充足又恰当的学习资源。首先，资源要丰富。文本学习能力提升的关键在于多读。信息化学习APPs让资源的获取变得更为简单。学习者可以用各种各样的新闻APPs（如 China Daily、BBC英语、VOA英语、英语日报等）看外语新闻。除此之外，还可以从专门的阅读软件（如扇贝阅读、薄荷阅读等）获得不同类型和不同主题的文本资料。每一类文本又可分为初阶、中阶、中高阶、高阶、精通等不同等级，学习者可以根据自身情况或自测词汇量的方式选取适合的阅读材料进行学习。

（二）基于文本单元的人机交互

有的APPs文本本身自带对某些生词含义的注解，用下划线或加粗等不同形式标记，类似于教科书上的文本注解，且有同时显示（在文本左右栏显示或嵌入文本中等方式）和隐藏显示（只要点击界面中的任意单词即可显示）两种显示方式。学习者也可以基于平台技术（以链接或浮动提示框的形式）在线把自己的注解直接添加到文本相关地方（Lee & Lee，2013）。学习者遇到生词时可以将其加入生词本，读完文章后立即做题巩固，同时，部分APPs还根据艾宾浩斯遗忘曲线安排复习巩固等。有些APPs还有对于文本相关语法的讲解，这些注释和讲解可以减轻学习者阅读时的认知负荷，从而更好促进阅读理解的效果。

同时，学习者还可以在APPs中对读到的好词好句、难词难句以及段落等进行标记。例如长按即可进行划线标记，会出现对话框（进行复制、查词或翻译等），或者对某些句子进行收藏等。而这些笔记、标记或收藏的内容都可以在个人学习档案里找到，方便回顾和复习。读完整篇文章后，学习者还可以写下该文章的读后感，保存到个人学习档案里面。有的APPs会在每一课后以阅读理解的形式提出几个问题，或者在文章看完后要求结合相关话题进行写作或口语练习等，达到精读的效果。

对于支持外置手写笔的平板设备如iPad等，下载Notability、GoodNotes等笔记软件便可直接在平板的文档上进行书写、记录等，实现屏幕书写，和实际纸质书写效果接近，同时又可以做到无纸化。

对于写作练习文本，可将撰写好的文本贴到APPs中或者直接用APPs进行写作。"批改网"会对相关文本自动给出一个评分且提供详细的修改建议，进而拓展写作过程中的学习：先对作文总评，指出强项、薄弱环节，提出语篇、结构、句法、词法等整体性的修改意见，然后，按句对文本拼写、语法、搭配、词法进行点评，还有对于近义词、易混词汇、推荐表达、拓展辨析的学习提示等，学习者在修改之后重新提交，分数会相应提高。有些文本批改网站设定了不同的文体标准，针对学习者选定的不同作文体裁给出不同的评估标准。又如Grammarly等批改软件有类似Word

软件的拼写和语法检查功能。

(三)个性化、成长型、可视化

一些学习 APPs 可以进行阅读累计打卡。学习者在第一次进入 APP 之后一般会有一个自测,APPs 根据自测结果会为学习者量身定制学习计划或推荐知识学习模块,安排学习时间,持续跟踪学习进度,激发学习者的学习动力,帮助其学习和成长。由于内容和难度等级的细分,学习者在学习时可以选择适合自己的内容,根据所学内容进行自定步调的文本学习。所有学习内容都可以在学习历史或学习记录以个人电子档案的形式得到记录。而根据学习者个人偏好和知识水平推送阅读材料可以起到更好的学习效果(Hsu et al.,2013)。

(四)互动学习社区

学习者对文章做的阅读笔记和读后感开放共享,可供其他学习者学习查阅,形成互动交流学习社区。学习者上传的练习作品有分数排名,便于其了解自身学习情况。有的 APPs 可提供让其他学习者或英语母语者对自己练习作品进行修改的功能,形成较强的互动性。例如 Busuu(博树)就有学习型社区,学习者选择自己最擅长的语言,比如中文,就可以反过来帮助学习平台上的中文学习者,进行互帮互助,形成学习共同体和共同学习社区。还有些 APPs 会定期举办线上线下主题学习交流会或者各种类型的比赛等。

四、语言课堂学习

通过对 2010—2016 年移动学习在高校教育中的研究回顾发现,相关研究中 74% 和本科阶段学习有关,而 54% 又发生在正规教学场所;语言教学是移动学习研究中最为常见的主题领域;高校教师应被鼓励利用移动学习增加学生在课堂外的学习机会(Crompton & Burke,2018)。移动技术被越来越多应用在了语言课堂内外的教学上,成为课堂结构、课堂学习过程的重要组成部分,甚至代替了某些线下课堂学习。技术赋能下的语言课堂具体有以下几种形式。

(一)在线课程

这里的在线课程指的是课程教学全部在线完成。这种情况主要见于各种慕课平台课程的学习。课程学习内容和学习活动全部都在线完成,完成视频观看、在线讨论、作业、单元测验以及通过期末测试之后就可以获得相应学分。这也是目前高校教学的一种发展趋势,课程学分不再全部从跟随在校教师学习中修得。中国大学慕课平台上①外语听说类的课程大约有 48 门,涉及口语、演讲、听力、语音、辩论、口译、交替传译等课程;语法与阅读类课程至少有 14 门,涉及通用英语、综合英语、学术阅读、语法与写作及其他专门用途类英语阅读等课程;写作与翻译类课程至少有 61 门,涉及实用英语写作、商务英语写作、大学英语写作、基础英语写作、英语学术习作、科技论文写作、口笔译②等课程。按不同用途分类则有大学英语、大学英语四六级考试、考研英语、雅思(IELTS)、专升本英语、英语专业四级/八级考试、实用英语、跨文化交际、专门用途英语、文学与语言学等。学习者不必各处奔走就可以获得各高校优质的教学资源。高校的围墙只会变得越来越隐形,公平和均衡化的教育是未来发展趋势。

(二)混合式课堂

除了在线课程,目前被更多教师和学习者接受的是线上线下混合式课堂,包括利用网络平台进行课堂翻转式教学,或者开展课堂内外学习活动、评价活动等。

人们会在个人电脑、手机等设备上加载或上传播客音、视频材料进行听说训练,这是比较早期的听说类课堂翻转的形式,学习效果得到肯定(如李艳平,2012;张洁和王以宁,2011)。随着智能终端移动技术的发展,如今教师可以利用超星、职教云、雨课堂、云班课、U校园或其他自主开发平台等发布微课等学习内容,与学习者进行在线互动和开展在线考评等。教师可以基于平台自主设计教学内容让学习者提前预习和课后复习,课内通过平台开展签到、讨论、问卷、抢答、投票、随堂练习、分组任务等学习互动,进行知识巩固、训练各项能力。除了学习过程的互动之外,后台的数据统计功能也非常有利于进行整体课程和个人学情分析。其中,成绩管理模块让学习评价变得简单、直观,已发布任务点、章节学习次数、章节测验、讨论、课堂活动、作业统计、考试统计、课程积分、教学预警等版块让学习过程、学习行为更加可视化。

随着移动技术的发展,高校的教师和学习者对移动学习的感受和接受度也发生了变化。对中国台湾各高校 52 名教师和 319 名学生的调查研究发现,教师与学生用移动学习方式进行外语学习的感受性好、接受度高,这两者呈现正相关关系,而教师越年轻,这种感受性和接受度也越高;此外,外语教师有责任将移动学习融入课堂,让移动学习更好地发挥对学生外语学习的作用(Chen,2017)。基于APPs的大学英语翻转课堂教学模式较传统的课堂教学模式更有利于知识的理解和深化,同时更能激发学生学习兴趣,调动积极性,培养自主学习能力,增强师生、同学交互,提高其信息素养等(窦菊花和文珊,2015)。

目前,还可依托虚拟现实技术(virtual reality,VR)进行无缝式大学英语翻转课

---

① 相关数据截至 2023 年 4 月。
② 同一门课程如口译等可能归属在多类课程下面。

堂教学。例如,利用云技术构建桌面式 VR 系统(桌面式 VR 系统用设备屏幕呈现三维虚拟环境,通过鼠标等进行交互,主要用于微课的学习),并将分布式 VR 平台(分布式 VR 平台将分散的虚拟现实系统通过网络联结起来,采用协调一致的结构、标准、协议和数据库,形成一个在时间和空间上互相耦合的虚拟合成环境)加载于带有情境感知功能的移动英语学习 APPs 中,根据用户地理位置、英语水平和当前时间三种情境信息推送个性化学习资源(李晓东和曹红晖,2017)。实践效果表明,VR 学习可将英语社会情境和背景环境较为真实地呈现在学生面前,虚拟情境带来的高度拟真的临场感可帮助排除干扰,使学生全身心地投入语言学习中去;另外,这种基于情境感知的智能推送非常符合现代年轻人的日常阅读习惯,推送的内容兼具知识性和应用性,可以在零散时间学习知识(李晓东和曹红晖,2017[72])。依托 VR 的无缝式大学英语翻转课堂教学模式除了注重 VR 教学环境设计之外,还注重无缝式翻转教学过程的设计和多维度数字化学习档案评价指标设计:以微课视频、课堂教学活动等在线上线下呈现知识内容,采取课下有计划有目标的自主学习与课上任务驱动式教学方法,同时优化语言技能训练内容,融入通识、文化和交际策略的训练,再结合多维度的数字化学习档案评估体系,为每个学生建立数字化电子档案,记录学生的学习过程和学习成果,保存学生观看记录、测验成绩、课堂表现,以及自评、教师评估和同伴互评记录,引导学生自主学习和自我构建(李晓东和曹红晖,2017[71-72])。

(三)传统课堂＋学习 APPs 打卡

以传统课堂教学为主,辅以学生个人选择或老师推荐的学习 APPs 打卡学习,是目前被许多教师采取的一种增强课外各项能力训练的教学形式。教师还是按照教材进行授课,但同时会鼓励学生进行课外平台打卡,同时把打卡情况作为过程性考核的组成部分。有些 APPs 还有专门的教师通道,教师可以开设自己的线上小班。除此之外,这种形式还可以把平台打卡、课内的知识点和学习活动结合起来,相对比较松散、灵活。

(四)混合式课堂＋学习 APPs 打卡

以线上线下混合式课堂为主,辅以学习 APPs 打卡学习也是一种常见的教学形式。这种形式把教师主导的混合式学习和学习者个人的自主学习结合起来,发挥教师主导作用的同时也鼓励学习者自发学习,保证学习者学习自主性,保证线上线下学习空间的拓展延伸和有机融合。学习者课外对学习 APPs 的自主选择和使用是设备可用功能、内外环境下的个人使用习惯、学习者对学习任务的理解,以及任务开展的时空情境等因素相互作用的结果,因而教师在基于学习者自主选择的 APPs 设计课外学习活动时要将这些因素考虑在内(Lai & Zheng,2018[299])。

（五）传统课堂＋常见社交软件

还有种常见形式是以传统课堂教学为主，辅以 QQ、微信等社交软件进行学习内容发布、课后作业的推送，以及通过建群完成小组交流和线上线下学习活动等。结合社交软件进行学习是最早期也是最简便的一种移动学习方式。因其简便性，也常常与前几种课堂学习方式结合使用。具体来说社交软件在学习中有如下应用。

①可供小组群体交流或一对一交流，利用文字、图片、音频、视频、网络电话等多种形式完成各项学习交流活动；

②QQ 的"文件"应用可充当学习资源库（上传文本、图片、音视频等）；

③QQ 的"作业"版块可供上传作业，教师可进行批阅、再次批阅和多次批阅等；

④可通过发起 QQ 电话、视频通话、群课堂、直播间等开展在线课堂，可进行"分享屏幕"和"演示白板"等；

⑤微信公众号可用于发布学习资源、构建学习群体，可以自由定制菜单进行学习模块细分等，深度开发过的微信公众平台还可以实现更多功能，如实时教学、分组教学与互动、小组抢答等，提升课堂活跃度等（翁晓梅，2016）。

第三节 改变中存在的问题及教学案例反思

一、轻型化不等于碎片化

信息技术的发展使得硬件越来越轻型的同时软件也越来越轻型。从一开始的台式电脑到手提电脑，再到移动手机，学习的设备越来越轻便。与此同时，学习软件也从一开始的博客、播客转向微博、各类学习 APPs、社交软件等，变得越来越轻型化。而这些软件的功能和应用也经历了一种越来越轻型化和集成化的设计改革。例如微信从一开始的订阅号、服务号、企业号到后面的小程序、视频号等，用户利用微信自带的一些功能和应用，或者以微信为接口，就可以实现工作、生活和学习等所需的日常功能，不需要重新下载安装别的软件。软件轻型化的一个重要特征就是各种应用功能变得越来越集成、内容设计越来越微型化。

（一）功能集成化

集成化其实是缩减时间和空间距离以提高效率。例如我们在一台轻型的手机上就可以完成以前电脑上才能完成的办公、学习、生活等方面的各种事务。简单说来，集成化指的是在一个应用下就可以实现多样性的功能，或者在一个功能中挖掘各种各样的素材和内容达到效率最大化的目的。人们总是希望在一处实现跨时空的学习过程。不论是常见社交软件自带的轻型应用，还是各类学习APPs对学习功能一站式、综合化的开发，都体现了信息化社会的简约和整合。

(二) 内容微型化

综观各类APPs推送的内容发现，不管是文字、图片还是音视频，都对流量有所限制，要求各种内容精致、简短、有效，这就要求对内容进行有效的细分。而对学习内容的细分也一直是信息化教学设计的重要组成部分。如何细化和分解知识点历来都是教学设计的重要环节，只是在有了信息化手段之后，这种要求会更加严格，也对教学设计提出了更大的挑战。

微课是信息化时代内容微型化诉求直接的产物。微课的设计要求小而精，在短短数十分钟甚至更短时间内要呈现教学重难点、知识点和技能点、在线评价等。这也导致微课时间虽然不长，但是内容却足够丰富。微课由课堂实录和课堂视频演变而来，从一开始仅在时长上进行缩减，慢慢发展到内容的精简和表达形式上的简约。微课因其灵活精巧而具有较强的黏附性和传播力。

微课发展可划分为三个主要阶段：关注微课资源构成阶段、关注微课教学活动阶段、关注微型网络课程(微型视频课程)建设阶段(胡铁生等，2013)。微课可以带来慕课的课程形式和翻转课堂等教学方法的变革。微课渐渐发展成为线上教学的主要单元，它既可以作为线下课堂教学的课外学习内容，也可以以慕课在线课程等形式直接用于线上学习。将其载入学习平台后可以在微课视频上面设置答题互动，平台对学习者观看、答题情况都有比较直观的记载。围绕微课视频可以开展各项学习活动，包括讨论、作业、测试、练习等。应该说，微课作为一种新的学习形态带动了全新的学习形态的变革。

(三) 碎片化对学习提出了巨大挑战

轻型化、微型化符合人类的认知过程，如果人们要完成深度学习，根据大脑知识体系的构建过程，大脑要完成信息加工，那么信息内容如何呈现是一方面，关键还在于建立知识之间的连接，即新输入知识能和原有知识之间发生联结。

根据奥苏贝尔对有意义学习的解释，学生学习新知识的过程是以已有知识经验为基础的，新旧知识相互作用完成对语言文字所表述的知识内容的理解，或称为"同化"，从而掌握新知识的实质性意义，这种有意义言语信息学习揭示了知识学习的最本质的特征之一。要实现真正的学习，需要将新旧知识联结以及将新知识同化。轻型化可以让知识连接的单元变得灵活，易于知识点灵活重组，但轻型化、微型化容易走向另一个极端——碎片化。一旦知识碎片化，将不利于知识点重组和建立新的知识联结。

1. 碎片能否重构？

外语学习是一个构建知识体系的过程,从发音、单词、句子、段落到语篇,是一个知识单元层级递进的过程。对于外语学习者来说,这样的层级体系是其认知体系的一部分。我们发现,不管是主动的还是被动的学习,随着信息化的发展和其在学习生活中的渗透,网络中的学习资源变得非常丰富、层出不穷,我们总可以从网络语言环境中轻而易举地找到很多语言学习的资源。然而,这样的学习过程到底如何？这样是不是真的能够构成一个学习的过程,形成有意义的学习？这个过程是行为主义所主张的被动的刺激—反应过程,还是认知心理学认为的主动构造完形或形成认知结构的过程？而我们会发现很多的知识会以前一种情况呈现,其中,信息多以碎片化的形式出现,形成一种被动接受的学习过程,无法真正构建知识体系。然而学习的实质在于主动地构建知识体系,其中各个知识单元虽微小,却是整个知识体系不可或缺的有机组成部分。因此,有益的信息系统能够使信息以知识体系中的微小模块形式呈现,而非碎片化。

2. 碎片化与深度学习

深度学习的关键在于知识的联结和转化,是一种培养高级认知和思维能力、构建学科知识体系的过程。碎片化意味着大量的时间被分解,甚至会使人们的注意力涣散,难以集中,难以达到与已有知识的联结。真正的学习需要时间,更需要持久的专注力。有意义的学习在碎片化的时空难以发生。文本篇幅的限制、图片数量的限制、视频长度的限制等似乎同时也限制了学习者想象的空间,信息接受更加窄化,无法达到对完整信息的理解。

3. 碎片化与信息冗余

信息碎片化之后,容易带来信息干扰的问题。信息大爆炸的时代,充斥在我们周边的信息以前所未有的速度增长或更新。然而,真正对于学习有用的信息有哪一些？在学习时,学习的边界也似乎变得不再清晰。

首先,其他干扰信息太多,正式学习和非正式学习边界模糊。学习信息、娱乐信息、个人信息、他人信息,各种消息、图片、视频等充斥着我们学习的过程,各种信息杂糅在当下的学习空间里面。特别是用手机进行移动学习时,由于很多学习需要联网进行,因此我们学一会儿,总是忍不住看一会儿微信、微博等其他网络应用软件,甚至一看就很久,这与正式学习产生了冲突。

其次,有学生认为在线课程太多,根本顾不过来,学习起来非常累。信息化拓展了学习时空,线上线下的学习确实让学习得到了课内课外的延伸,但是学习的内容却因此重复叠加而非取舍有度。学习者精力有限,无法兼顾。上课打卡、线上按时提交作业等也带来了随时空延伸而来的压迫感。

另外,信息碎片化会最终导致学习效率的低下。信息冗余易导致繁琐、高重复,也许这样便捷的信息生产方式和手段对于初学者或者初次使用者来说还具有一定的吸引力,但是使用久了之后同样的模式和套路就容易让人产生倦怠。因为真正有效的学习在于积极地思考,而不是依赖大量的图片、图表、音频、视频、VR等来产生刺激,却无法真正转化成内在的知识。太过注重外在的形式丰富容易让学习者无法向内探寻,反而干扰自己思考、发挥的空间,因而无法实现知识的迁移。学习真正需要关注的不是外在的热闹或交互,而是理性思维下的学习本身,即以抽象思维的形式建立与已有知识的联结,而非过多诉诸外在的信息呈现形式。

因此,为促使真正的学习发生,我们要抵制碎片化信息或者说抵制碎片化信息的诱惑。因为真正能够发生知识重构的其实是系统化、模块化学习,碎片化带来的瞬间刺激没有用。碎片的信息更多时候带来的是一种收割,用户被收割了时间、精力、金钱等。大部分碎片学习是被动学习,而能够带来益处的模块化信息往往是自己挑选而来的经过主动思考的东西。信息化时代的学习不应该是被动的知识灌输,否则可能反而是一种倒退。

二、课堂教学改变中存在的问题及教学案例反思

(一)课堂内容呈现方式的改变:重回乔布斯之问[①]

从最早教师、学生翻阅纸质书籍进行课堂学习,到后面PPT课件、立体化教材、多媒体教室、智慧教室的出现,信息化技术的发展在课堂教学内容的呈现方式上带来了改变。我们以PPT为例来看信息化为课堂教学带来的改变。PPT作为最广泛应用的多媒体课件形式,已经成为课堂教学一种隐性教学手段。而我们的授课教室也基本建成多媒体教室,除了黑板、讲台,还配备了电脑、投影仪等设备,用来播放各种多媒体课件。大部分教师应用PPT多以内容展示为主,那么这和传统的板书式教学展示有何不同?

PPT等课件确实可以提供更加丰富的媒介形式(包括可以在计算机上展示文字、声音、图像和视频等),但是其大部分的功能还是在于内容知识点的展示、各种提问、作业布置等。在这个层面上,PPT不见得比传统的板书式展示更有优势。在黑板上写板书的学习过程性更强,学生的参与性因而也会更强,教师和学生之间更容易形成一种共鸣。除此之外,分步写板书,学生可以更加跟得上进度,信息的负荷和时间长度呈现等比例关系。

而PPT等课件,由于它的展示是一帧一帧的画面,信息量一般比较多,且由于其为教师事先准备好的,有时候不利于形成一种现场参与的,或者是启发式、渐进式的学习过程。或者说,人文的温度在现场教学中无法得到充分的体现。有很多

[①] 乔布斯之问被概括为"为什么IT改变了几乎所有领域,却唯独对教育的影响小得令人吃惊?"(桑新民等,2013[31])。具体内容参考第一章第一节。

教师有体会:"学生喜欢用手机对着PPT拍摄各种知识点或作业等"。这一方面是因为一次展示内容太多很难快速做笔记,另一方面是为了方便课后整理复习等。但是学生课后是否会去整理复习、知识点是否真的能掌握,这些问题最终还是要落到教师和学生当中,落到教学本身,而不是光靠学生拍几张照完事。也就是说,学习的责任和教学的责任最终还是要回到人上面,而不能以技术来替代,课堂教学尤其如此。这里我们也许可以部分回答乔布斯之问。乔布斯之问并不是让我们质疑并摒弃技术,人类也不可能从技术革命带来的信息浪潮中脱身,而是要去迎接它、拥抱它;但是同时,教师作为教学实施者,要特别注意将人这个教学和学习主体也作为重要的考虑因素,不能让技术喧宾夺主。诸如PPT此类的信息化教学呈现当然也有自己的优势,包括信息量大,方便快速学习,提高学习的速度,加快课堂的进度,方便课前课后自学等。技术是好的,但是要为人、为课堂所善用,其他技术也是如此。

(二)课堂教学方法的改变及案例反思

1.2020年初发生的被迫转型:在线教学暂时替换线下课堂

在2020年初,新冠疫情初起,我国几乎所有的大学课堂都必须要采取线上授课方式。这在当时对于每位教师都是一个巨大的挑战。然而实行下来之后却发现,线上授课并非不可行。每位教师各司其职,各展身手,通过各种线上平台开展在线授课,或在平台自己录制课程授课,或借用平台已有课程授课;或通过常见的QQ、微信等社交软件进行授课,或借助腾讯会议、钉钉直播、腾讯课堂、ZOOM会议软件授课,或几种方式结合进行,实现了全线上授课。

我们可以从这次情势所逼的转型中发现一些当下的问题。平时这些教师大部分都只是精通线下面授课,不管他们对于信息化有何异议,或者对于技术使用是否熟悉,事实证明了课堂教学确实是可以完全转为线上授课的。而教师对具体信息化教学方式的选择与自己平时信息技术使用习惯、使用偏好以及自身的信息素养有关。综观某高校英语专业23名教师转型线上授课前拟定的课程在线教学实施方案,和其中18名教师授课期间的线上交流分享报告发现,大部分教师选择的教学方式大致可以归为三种类型。

(1)在平台建过课、信息素养比较高的教师会选择平台新建课程或使用已有自建课程辅以社交软件、会议直播软件等进行授课。

(2)平时虽未在线建过课但是对于各类平台比较熟悉了解、信息素养相对较高的教师会直接选择平台已有课程辅以社交软件、会议直播软件等进行授课。

(3)平时一直以传统教学为主的老师则会选择比较容易上手的会议直播软件和平时一直有在使用的社交软件进行授课。有的老师学习能力很强,会发掘社交软件如QQ等的诸多教学功能满足授课所需。

正如教师们对线上教学的体会中所总结的,"疫情防控期间的线上教学是挑战,更是迫使自己更新教学理念、利用信息化技术改进教学效果的一次机遇。"根据18位教师们各自的线上教学体会,罗列、概括和提炼的主要内容见表2-3和表2-4,包括在线教学工具使用情况和线上教学体验情况。

表2-3 教师线上教学部分在线教学工具及使用情况

课程名称	在线教学工具与使用情况		
	以超星平台为例的在线学习平台	以腾讯会议为例的视频直播软件	QQ群/QQ群课堂
大学英语/综合英语/高级英语/英语阅读/英语听力/英语口语/中级笔译/中级口译/跨境电商实务/服装外贸英语/幼儿英语教育	①利用"章节"版块布置学习任务点,设置时间节点,培养学生的自主学习能力,上传课程内容包括音、视频或文档材料,供学生学习; ②发布"作业/练习""测试/考试",用于检测学习效果,设置时间节点,同时形成电子学习档案; ③基于"活动"版块的各种功能(如分组任务、主题讨论等)引导学生进行团队合作和积极参与,一定程度上形成师生互动和生生互动	①教学直播,讲授新课内容; ②教学直播,解决某一阶段学生学习和考评检测过程中发现的普遍和共性问题,用于复习和总结; ③便于教师现场提问,在线交流和辅导,讲解重难点,检查学生的作业,了解学生掌握情况,形成实时互动,增强课堂的直观感受; ④每个人能够共享自己的想法,参与者不仅可以自己开麦,还可以分享自己的屏幕	①利用QQ可采用双机上课(即一手机和一PC端机),其中,手机QQ群课堂用来做语音、文字讲解,PC端QQ群可作为电子白板,用于教学板书。另外可将PC端QQ群用于教学互动,主要用于讨论或烘托气氛等; ②上传课程内容包括音、视频或文档材料,供学生在直播课前或课后学习; ③QQ群课堂作业功能; ④临时通知、接龙签到、作业反馈或者扩充材料; ⑤是增进师生了解和情感沟通的一个渠道,可以鼓励、鞭策学生,是交流学习时的疑问、困难,甚至"吐槽"的平台

从表2-3可以看出,教师所承担的英语课程涉及公共英语、基础英语、技能英语、行业英语等,涵盖英语听说读写译能力和专门用途英语相关知识和能力的培养。使用各类在线学习平台上课的教师一般会同时以直播软件和社交软件为教学辅助工具,形成"平台为基,直播助力,社交沟通"的教学模式,当然,也有教师充分使用其中某个社交软件的各项功能实现所有教学活动。具体应用情况概括如下。

(1)在综合学习平台(或含有教学功能的社交软件平台)开展学习,主要包括学习资源的共享、线上章节任务点的创建、在线练习、在线测试、在线个人或小组活动的布置等。

（2）利用直播软件实现面对面授课，内容包括知识点的传授、练习及展示、讲评等。

（3）利用社交软件的社交功能随时随地进行临时性的沟通、交流等。

表 2-4 教师线上教学体验情况

在线教学的意义	相对传统教学优势	相对传统教学劣势	在线教学问题与反思
①重在培养学生的自律意识和自主学习能力； ②促进学生个性化学习； ③实现远程线上合作学习； ④完成多样化在线考核	①根据教学需求，集合平台功能，让各平台发挥各自不同优势，综合运用，整体效果更好； ②平台的"作业""考试"和"统计"功能强大，可继续适用于"线上线下混合式"教学； ③节奏更紧凑，如果认真学习视频，相同学习时长会比面对面教学获得更多有效知识； ④新课介绍之后设定任务时间让学生进行练习，学生的完成质量有所提高，效率也较高； ⑤平台发布与课程内容相关的测试，能够检测学生的掌握情况，且平台的统计数据有助于教师直观了解教学时所需加强的内容； ⑥作业布置与批阅可以实时进行，给予学生即时的学习反馈	①不同于面对面课堂教学，师生间没有实际接触，教学效果也有待检验； ②在线教学并不是万能的，比如有些内容需要进行实训，有些内容需要教师手把手地一个过关，但在线教学有时没有办法实现； ③在线教学很难保证互动，师生、生生互动效果没有线下好； ④教师无法实时观察和准确把握学生学习状态，不能做出很好的监督； ⑤教师不能得到来自学生的即时课堂反馈	①学生之间差距拉大，自觉、自律、懂得使用合理学习方法的部分学生会脱颖而出，学习能力得到提升，而一部分自觉性较差的学生则会掉队； ②教师在课前和课后花费更多时间，查找资源、设计测验，课后作业特别是音、视频作业的批改量大； ③如何避免学生在屏幕的另一端开小差，加强他们的课堂参与度； ④如何使视频软件在线授课达到面对面课堂授课的效果，更多提升临场感

大部分教师认识到线上教学有其存在的意义，主要体现在能更好培养学生的自主学习能力，使学生做到更好的个性化学习，实现远程线上合作学习，完成多样化的在线考核。经过一段时间的授课，教师认识到在线教学的优势体现在其及时性、高效性和直观性，学习内容更为凝练，功能更为集合。网络学习空间的交叉叠

加,可以较好实现以空间换取时间,以空间的集合换取学习的时效性。但学生似乎变得更加忙碌了,明显感觉到作业量和学习负荷的增加。而对于教师来说,他们更多时候会感受到来自机器的冷漠,与学生难以真正互动或者互动效果欠佳,无法开展实训,无法得到来自学生的及时反馈,很难监督到每个学生,教师的作业批改量也明显上升。因此,如何监督到每个学生、兼顾学生公平,如何提升教师对在线平台的利用效率,如何提升学生学习参与度,如何提升教学临场感,这些都是一线教师在疫情防控期间临时转型线上教学之后所面临的问题。

以上是初转型阶段的一些教学情况。相信随着学生和教师越来越适应相关的线上远程教学模式,一些问题和困难也会得到解决。未来最重要的是对线上授课进行规范化,制定技术标准、考核标准等,实现线上教学模式标准化,从而提升线上授课的质量,以统一规范的流程和标准推动师生两端的教学质量,避免线上教学质量参差不齐。

2. 与课堂共生的案例剖析

这种外在形势和客观环境确实带来了课堂教学的改变,课堂教学从内容到实现手段上都发生了变化。然而,回到师生课堂、回到学校之后呢?上述的改变其实是线上教学对传统课堂的替代,传统课堂本身已经不存在了。我们可以说线上教学完全可以替代传统课堂,正如远程教育普及几十年间实际发生的情况一样,但是它是否可以改变课堂本质,又是另外一个值得我们接下来探讨的问题了。

之后随着疫情有所缓和,师生开始回到课堂,教学从线上重新回到线下,上述问题的答案,除了在教师的手里,更多的还是在学生的手里。

从教师的简单反馈中可以看出,教师还是倾向于回到传统课堂,而有些教师回到传统课堂之后马上调整回原有的授课模式,但是这次全体线上教学带来的影响并没有因此而结束。在18名教师所授课程中,因此而建成线上教学平台的有5门课程(新建4门,完善1门,其中3门为在建市级慕课)。另外,教师们利用之前线上授课时创建的教学资源等共同建立了专业教学资源库,涵盖18门课程,推动专业教学信息化的进一步发展,为将来信息化教学活动的进一步开展奠定了良好的基础。

我们再来看一下学生回到学校课堂后对不同授课方式的反馈情况。表2-5~表2-9是来自所授课2个自然小班共计47名英语专业学生的反馈汇总。这些学生回到学校后继续接受传统教学或者混合式教学等。反馈的内容包括对混合式课堂活动的接受度、线上练习和任务点的完成情况、对纯线上学习(远程学习)内容有用性和难易度的感知、对在线直播课堂学习态度和学习体验的自我感知、线上线下学习偏好等。

表 2-5　学生对混合式课堂活动(线下课堂开展线上学习活动)接受度情况

问题 1. 你觉得课堂在线抢答、在线测试、在线小组活动有趣吗?会积极参与吗?为什么?	
参与情况	具体表现
兴趣度	①大部分学生(33 名,占比 70.21%)对于在线抢答、在线小组活动等线上活动比较感兴趣,原因:话题吸引人、调动积极性、更生动、更能集中精力、有竞争性、有刺激性、激励斗志、有时气氛活跃、让人放松、不会很焦虑、可以和同伴一起思考、检测自己、比传统教学有趣; ②还有少部分同学(4 名)认为有时候有趣、有时候无趣,取决于话题是否吸引自己、内容可接受度以及组员积极性等; ③其他学生认为一般(4 名)或无趣(6 名),原因有:压力太大,太紧张了;内容不会;不喜欢以这种方式表达;不喜欢课后组织小组活动;等等
参与度	①绝大部分学生都会积极参与在线各种活动; ②个别同学虽兴趣不足,却会积极参与;也有个别同学兴趣足,但不会积极参与
合作度	对于在线小组活动来说,小组成员可以更好地分享和交流,组员一方面可以帮助转移话题压力,另一方面可以互相监督、共同学习
偏好度	与在线抢答和在线小组活动不一样,在线测试这种课堂活动因具考核功能,带来更多的是紧张感,又因为受网速、技术等影响,会突发情况较多,因而学生更偏好在课堂中开展线下测试
常态化心理倾向	有学生认为这种在线活动就是常态化的学习任务,是正常课堂学习流程的一部分,因此也是以平常的心态来参与这样的任务和活动

根据表 2-5,我们发现,作为教师,在设计混合式课堂、在线下课堂开展线上学习活动的时候,需要了解以下几点。

①学生对线上活动接受度和参与度都比较高,认为在线下课堂开展线上学习活动能够带动课堂气氛,使学习更为有趣,有时候也能调整线下课堂学习的节奏。

②线上活动时话题的设计非常重要,要对话题进行充分的举例或演示,使内容更清晰、可操作性更强,从而让所有学生都能参与进来。

③小组这个主体是开展课堂在线活动最重要的因素,教师应事先对各小组和小组成员有较好的了解,在课堂中要进行深入观察,对小组任务进行分解,充分带动主体角色,分解活动压力,创新小组活动等。

④混合式课堂中要慎重使用在线测试,要评估在线测试的难易度、网络环境等要素。

⑤使线下课堂在线活动常态化,变成课堂规约性动作,从而实现真正的混合式教学。

表 2-6　混合式课堂学生线上练习或(章节)任务点完成情况

问题 2.平台上要求的作业你都会按时提交,不会超过规定时间节点吗？为什么？
几乎所有学生都会按时在线提交作业,汇总原因如下。 ①时间节点带来的紧迫感 ②考核要求 ③自我激励 ④自我约束感

线上教学带来最突出的特点是时空约束,而时间节点是开展线上活动非常有利的时间杠杆,这点不管是对纯线上学习(远程学习)还是线上线下混合式课堂都同样适用。通过分析学生的反馈,我们梳理出主要因素(见表 2-6),其中最重要的因素是①和②,结合起来即时间杠杆下面的考核要求,其次是自我激励和自我约束感。前两者是外在动机,后两者是内在动机。因此,让学生按时完成作业,某种程度上,只要把作业放上平台,然后基于平台设置时间节点,或者设置章节为任务点、开通闯关模式等。平台基于时间节点的这种设置和环境为学生创造了充足的外在动机,可以基本保证在线练习和在线章节学习任务的完成。这是因为学生的自我认识、自我价值和自我目标都比较明确,教师可以利用平台的优势激发他们的学习动机。以上是针对混合式课堂线上练习或任务点完成情况的调研。相对而言,混合式课堂任务完成情况要好于纯线上学习,这应该和混合式课堂存在线上线下双重监督有一定关系。

表 2-7　学生对纯线上学习(远程学习)内容有用性和难易度感知情况

问题 3.平台的内容学习对你有否帮助？有难度吗？为什么？	
比例	原因
(1)有帮助(34 名,占比 72.34%)	①培养自主学习能力 ②满足认知需求 ③学习资源可持续、呈现方式灵活
(2)没有帮助、不太有帮助或帮助一般(13 名,占比 27.66%)	①环境改变带来的自我约束力缺失 ②先前知识储备不足、个人动机缺失 ③自我满足感缺失
(3)有难度(32 名,占比 68.09%)	①环境改变带来的自我约束力缺失 ②挑战自主学习能力 ③学习负荷大 ④先前知识储备不足、内在动机缺失 ⑤感觉内容、作业枯燥
(4)没有难度或者难度一般(15 名,占比 31.91%)	①先前知识储备充足 ②学习资源可持续、呈现方式灵活 ③自主学习能力强

表 2-7 为学生对纯线上学习内容有用性和难易度感知情况汇总。结合学生对该问题的具体回答,学生对远程线上学习内容有用性和难易度感知情况分析如下。

(1)有助于培养自主学习能力

大部分学生(72.34%)认为纯线上学习(远程学习)方式下的学习内容对自己有帮助,认为最主要的原因在于这种学习方式可以培养自主学习能力,这一点与表2-4中教师认为的在线教学的意义是一致的。因此,培养学生自主学习能力和开展个性化学习是线上学习持久发展的重点。

自主学习能力至少包括两个方面:在线上学习时的专注力、学习的自觉性或内在动力。教师要从课程内容的时间长度、内容精炼度以及学习过程的互动和学习效果等方面加强设计,从而维持学生专注力。而自主学习能力又和学生的知识储备、学习能力水平等有关,特别值得注意的是,信息素养即自我查阅和搜索资料的能力已经是学习能力的重要组成部分,是影响一个人自主学习能力的重要因素之一。

(2)有助于满足认知需求

从学生反馈可以看出,线上教学在培养自主学习能力方面的作用最为明显。而第二个主要作用体现在线上教学丰富充实的学习内容可以满足学生对新知识的需求,即满足他们对知识的渴望、好奇心和探索欲,帮助他们实现学习的意义等认知需求。

(3)学习资源可持续、呈现方式灵活

线上学习的学习时间灵活,且可以弥补空间距离带来的不便,随时随地满足学生的学习需求。

这三个方面能给大部分学生带来较高的有用性感知。而 27.66% 的学生感到没有帮助、不太有帮助或者帮助一般,是因为和线下课堂学习相比,个人学习环境没有群体学习环境更有团体约束力,学习任务变得直接,过程被简化,人与人之间的联结变成了人与机器的联结,学习环境在这种情形下被无限虚化,自我学习满足感不真实、不强烈,不利于个体能力的激发。此外,先前知识储备、个人学习动机也是影响学生内容有用性感知的因素之一。

正如学生所认为的,"有帮助,也有难度,在适当难度中得到提升"。68.09% 的学生认为纯线上学习有难度,最主要的原因是学生对纯线上学习的不适应,这种学生在家自学的方式使得学习空间窄化,无法与他人产生实际接触,个人学习空间处于独立和封闭的状态,一些懒散、懈怠的本性容易暴露,对自控力、约束力和注意力要求更高,这就对学生自学能力提出挑战。

此外,纯线上学习难度还体现在传统课堂学习替换为线上学习之后,由于大部分教师没有经验或者对内容的处理上仍旧参照传统课堂,学生感觉学习任务量明显提升,学习负荷大。这与表 2-4 在线教学问题与反思中教师认为线上教学自身工作量加大是对应的,教师和学生都感觉更忙了。究其根本原因,是网络学习空间交叉叠加,学习内容和学习效果的呈现以秒计,却大大延伸了师生对内容的双向加工和互相理解的过程,增加了学习难度和复杂度。

个人先前知识储备、自主学习能力、个人学习动机对于难易度有一定影响,缺乏互动等原因带来的枯燥感也是让学生产生畏难情绪的因素之一。

表2-8 远程教育在线直播课堂学习态度和学习体验自我感知情况

问题4.你在在线直播课堂也学得很认真吗?和平常课堂学习有区别吗?为什么?			
比例	(1)没有区别(4名,占比8.51%)	(2)有区别(43名,占比91.49%)(下面按认真程度划分)	
原因	认真的自我学习状态没有变化;都是为了学习新知		区别(优势)	区别(劣势)
^	^	①态度较认真(12名,占比25.53%)	可以更好发挥和培养自主学习能力,如在线资料的反复自我学习,宽松的学习时间和学习环境等	a.互动缺失(6条) b.易受网络因素干扰(3条) c.学习效率下降(2条) d.专注度下降(2条) e.学习动机减弱(1条) f.对自主学习能力要求高(1条)
^	^	②态度一般认真(5名,占比10.64%)	—	^
^	^	③态度稍欠认真(19名,占比40.43%)	—	a.学习动机减弱(13条) b.专注度下降(10条) c.易受网络因素干扰(2条) d.互动缺失(1条)
^	^	④态度不太认真(7名,占比14.89%)	—	^

调查中,只有4名同学认为在线直播课堂和线下课堂没有区别,这和他们学习时自我感知的稳定的学习状态以及不变的求新知的学习目标有关,用自我的主观感知和学习目标替代了对学习环境等差异性的评价。43名同学(91.49%)认为在线直播课堂和线下课堂有区别。在学习态度上,这些学生自我感知的学习态度可以分成四种:态度较认真(25.53%)、态度一般认真(10.64%)、态度稍欠认真(40.43%)、态度不太认真(14.89%)。在叙述在线直播课堂学习体验时,态度较认真的同学能够感受到直播授课的一些优势,包括可以自主学习、学习资源可持续、学习更加放松等。但不管持哪一种态度,大家普遍感受到了直播授课的一些明显劣势,主要包括互动缺失、专注度下降、学习动机减弱、易受网络因素干扰、学习效率下降等。汇总学生具体体验反馈的条目数(见括号内数据)发现,态度还算认真的同学(表2-8中①和②)认为直播授课主要问题在于互动缺失(6条)、易受网络因素干扰(3条)、学习效率下降(2条)、专注度下降(2条)、学习动机减弱(1条),以及

对自主学习能力要求高(1条);态度存在偏差的同学(表2-8中③和④)认为直播授课主要问题在于学习动机减弱(13条)和专注度下降(10条),其次是易受网络因素干扰(2条),互动缺失(1条)。在内容分析上,我们把每个学生的回答都作为一个独立的词条,把每个词条归纳入某一类问题下面,但事实上往往一个词条可能体现多个问题,比如专注度下降这个问题下的几个词条中也能找到互动缺失等其他问题,因此这里我们针对每个词条一般只是归纳其最为凸显的问题,个别会归纳出并列的两个问题。而对这些问题的界定也是相对的,问题之间并不一定存在非常绝对的界限,往往一个问题由另一个问题引起,但我们仍可以从这些大致的数据概括中看出一些更深层次的问题。

上述数据表明,对于态度还算认真的同学,在线直播课堂学习主要的问题是互动不够、受网络因素干扰,带来效率的降低等,以外在的因素居多。而对于态度存在偏差的同学,主要问题在于自身,即内外学习动机减弱、专注度下降等。其中,学生学习动机主要包含外在学习动机和内在学习动机,外在学习动机在于课堂、教师等带来的学习压力和推动力,内在学习动机则是内在的学习欲望和驱动力等。

具体来说,自主学习能力高、学习态度更认真的同学感受到在线直播课堂的劣势在于课堂教学中信息环境建设存在不足,例如平台本身带来的互动缺失等,而互动的缺失会带来效率的下降、专注度的下降、学习动机减弱等。此外,沉浸式的不被干扰的网络学习体验也很重要。对于这部分同学来说,如何增强平台互动以及提升网络学习体验才是最重要的。而对于学习态度存在偏差的同学,根本问题在于学习动机减弱以及专注度下降。外部学习动机减弱会直接导致学生内部学习动机的减弱,从而专注度下降,难以参与其中。对这部分同学来说,平台的智能监控非常重要,学生个人实时学习情况的可视化和透明化将会提供更强的环境约束力,让他们受到类似在课堂学习的监督。要实现这些不应该只依靠教师监督或考核等传统手段,最终还是应该依靠信息技术的发展和普及,在直播授课时让师生双方更多感受到学习的情境等。因此,对不同学习态度的同学,需要在教学技术和教学方法等方面采取不同的策略,例如加强基于情境感知和人工智能识别的人机交互、增强学习互动,或是开展基于深度学习的对学生学习行为与学习效果的实时可视化分析与评价,从而提升学生的学习动机和专注力等。

还有一点值得一提,学校这种临时转型的直播授课并非完全意义上的远程教学,远程教学往往时间灵活,但是疫情初起时出现的直播授课规定了几乎和平时线下课堂一样的学习时间表,这对于学生造成了比较大的时间压力。综上,直播授课在改变传统课堂授课过程中面对着巨大的挑战。

表 2-9　学生对线上线下学习方式偏好

问题 5.请将下面三种学习方式按偏好由大到小排序(…＞…＞…),并说明为什么。
A. 仅通过平台进行视频学习
B. 在学校,线下课堂＋线上平台的学习方式
C. 不借助平台,仅线下课堂学习

偏好	原因列举
B＞C＞A(21人,占比 44.68%)	①适当的线上学习有一定的自由感,仅线下课堂学习会显得枯燥; ②完全不使用平台的方式很无趣,但全部使用平台会令人松散; ③在学校效果最好,一方面借助平台学习可以更好地理解知识,另一方面线下课堂学习比较有学习氛围,学习效果超过纯粹的平台学习; ④线下课堂学习能加深对学到知识的印象,线上学习效率太低; ⑤线下课堂和线上可以结合,使学习效果更好,课堂学习约束力大,积极性更强,视频学习如果不反馈无法检测出来有没有认真学习,可能会存在没有学的情况
B＞A＞C(11人,占比 23.40%)	①线下课堂和线上结合有时候可以省去很多不必要的步骤,更方便快捷,仅线下课堂学习会有点枯燥; ②线上线下结合的方式更有利于巩固知识,线上的学习能有更充足的理解知识和记笔记的时间,线下课堂学习有时候老师讲解知识点过快,容易跟不上; ③不借助平台,有些死板,而靠平台学习,没有太好的学习效果,综合考虑,B 是最好的; ④线上线下结合,很多线下课堂没有明白的知识可以在线上课中复习; ⑤两种方式结合可以更好学习,一种方式很难跟上,没有平台会显枯燥
B(3人,占比 6.4%)	课堂中会有一些知识遗漏,平台上的线上学习就可以让没吸收的知识更好地吸收
C＞B＞A(11人,占比 23.40%)	①线下课堂学习更加直接,而线上学习自己平时都能够做到; ②在平台的学习很多时候比较散漫,内容容易忘记,而线下课堂比较高效; ③已经习惯了线下课堂学习模式
A＞B＞C(1人,占比 2.1%)	—

从表 2-9 中可以看出,优先选 B 的同学有 35 人(BCA、BAC 和 B,74.47%),优先选 C 的 11 人(CBA,23.40%),优先选 A 的 1 人(ABC,2.1%)。在体验了纯线上之后又重新回到线下课堂接受混合式学习或传统课堂学习,绝大部分同学认为"线下课堂＋线上平台"的混合式学习方式最优,而大部分学生(BCA、CBA,32 人,68.09%)认为仅线下课堂学习方式要优于纯线上学习,另有 12 人(BAC、ABC,25.53%)认为纯线上学习优于仅线下课堂学习。根据学生的反馈,仅线下课堂学习的劣势主要包括形式单一、单调,无法兼顾个体等,而纯线上学习的劣势主要包括纪律松散、效率低、有效反馈缺失等。特别值得注意的是,学生反复提到,"借助平台学习可以帮助我们更好地理解知识""线上的学习能让我有更充分理解知识和记笔记的时间""很多线下课堂没有明白的知识可以在线上课中复习"以及"可以让

没吸收的知识更好地吸收"。线上平台的最大优势在于提供个性化的学习,个体得到尊重,利用平台可以通达每一个人。而线下课堂学习的优势在于较好的学习氛围、内外学习动机联动等。因而教师可以利用平台激活课堂,为课内外学习带来更多的活力。因此,采用混合式学习方式,可以在保持线下课堂学习带来活力的同时,利用线上平台使学习更为个性化、更为自主,更重要的是,线上平台与线下课堂结合,可以规避掉仅线下课堂或纯线上学习的不足,达到更好的学习效果。

第四节 改变后的一些再思考

2020年初新冠疫情暴发期间,教师和学生从传统课堂转型到了某种形式的远程学习,这是一次有意义的转型,而教师和学生的反馈给我们提供了进一步改进外语学习、反思外语教学的契机。随着信息化技术和手段的发展,学生的外语学习方式也发生了改变,从词汇学习、听说训练、文本学习到课堂学习等,从信息内容的呈现到信息在不同主体间的转化等都带来了很大的变化。教师和学生对线上学习做出了艰难却也积极的转型,接受度、完成度和有用性感知度整体良好。在态度和偏好上面,课堂学习有其不可替代的魅力和生命力,线上学习也有其特有的跨时空优势,而课堂学习加在线学习的混合式学习模式是相对较为折中的一种模式。

外语学习者和外语教师作为外语学习的主体,在信息化冲击过程中不断接受、改变和适应着信息的浪潮。语言即信息,语言的信息化本质决定了我们要找到语言学习过程中信息发生、传播和转换的适切点。信息不再是黑箱,甚至人也不再是知识的主体来源。只要有信息,哪里都可以成为信息节点,而如何连接这些节点,促进外语学习以一种更好的融通方式出现就显得非常重要。

某种程度上,传统课堂和在线学习都有其不同魅力,但如果把两者混合在一起则存在一个兼容性和排斥性的问题。王竹立(2014a)就微课在课内教学的兼容性提出怀疑,教育变革可能不是通过改造课堂而实现的,而必须通过发展网络教育与在线学习才能取得突破,微课可以作为良好的在线教学形式,但是不能主导课内。我们发现,如果只是以一种形式去替代另一种形式还相对简单,正如2020年初疫情暴发期间在线授课替代传统课堂那样。但是,重回课堂之后,如何更好地把在线学习优势和课堂学习优势综合利用起来,始终是我们要面对的问题。不能简单地把微课等在线学习方式简单嫁接到面授课上,而是需要以外语学习、信息的转化和设计为出发点进行思考。无论如何,信息化的环境下,外语学习过程中的信息生态系统必然发生变化,不管是个人学习还是课堂学习,不可避免会经历变化、失调又重新建构的过程,而不管是短暂的替换还是简单的嫁接,都是在这个寻求信息动态平衡过程中种种可能出现的形态,从而朝着更为优化的方向发展。

第三章 信息的联通与学习

第一节 信息的联通及其发展

一、从"教育＋互联网"到"互联网＋教育"

  网络教育的本质,正从"教育＋互联网"逐步向"互联网＋教育"转变,网络教育发展已经从教育系统改良发展到教育系统变革的新阶段(高欣峰等,2018)。过去人们习惯于把互联网作为一种手段,用来改进教学,因此产生了一种"＋互联网"的网络辅助教学形式,它是对教育教学课程、教材、教学等各个要素的改良。而随着互联网技术的发展,互联网已经逐渐融入教学的各个方面,人们把注意力转向了互联网与教育的整合以及如何进一步深度融合,在这个意义上,也即如何以"互联网＋"的视角来变革教学。根据教育部《教育信息化2.0行动计划》,教育信息化作为教育现代化的基本内涵和显著特征,其发展创新关键在于"坚持融合创新,即发挥技术优势,变革传统模式,推进新技术与教育教学的深度融合,真正实现从融合应用阶段迈入创新发展阶段,不仅实现常态化应用,更要达成全方位创新。"

  从信息化辅助教育到两者整合再到融合的过程也即互联网的演变过程。要了解教育信息化需要我们从互联网发展的视角进行探索。信息技术最终以互联网的形式到达用户,和用户发生关联。互联网是架在信息技术和用户之间的桥梁,人们可以通过互联网实现信息的联通,满足学习和生活所需。"互联网＋教育"需要我们从互联网及其内在逻辑规律进行探索,从而实现教育的深层次变革。从根本上而言,网络教育是以互联网为媒介基础的教育形态,其演变是互联网发展在教育领域的映射,遵循互联网发展的基本内在逻辑,即不断创造新的连接,而互联网通过不断创造新的连接,促进教育与互联网在各个维度的深度融合(高欣峰等,2018[84])。

二、信息的连接方式及其发展

互联网即信息的连接。要了解教育信息化以及信息联通的实质,我们有必要对互联网及其发展有所了解。互联网(internet),又称因特网(音译)或网际网络(意译),即网络和网络之间以一组通用的协议互相连接而成的巨大国际网络,它以信息资源的交流为目的,集合了全球最大化的信息资源,具有信息交流的开放性、实时性、交互性、非中心性、低成本以及信息海量的特点。互联网的应用服务范围包括了万维网(world wide web,WWW)、电子邮件、文件传输、网络论坛、远程登录等。

自20世纪90年代万维网出现,整个网络开始向公众开放。这种超文本网页浏览器的运用点燃了互联网的热潮。万维网是一个资料空间、信息集合,储存着海量的资源,为人们提供查找和共享信息的手段,常常被当作互联网的同义词,它改变了人们观察和创建信息的方式,因此也被称为现代互联网。由此,整个互联网的发展可分为Web 1.0、Web 2.0、Web 3.0和Web 4.0等阶段,而阶段的更迭伴随着信息连接特性和方式的演进。

根据方兴东等(2019)、高欣峰等(2018[85])、Chun-ming Leung(2012)以及其他不同专家学者对互联网不同阶段的划分,汇总信息见表3-1。表中所列时间仅为起始时间,意味着从这个时候开始有较为明显的转变,而每个阶段真正的发展成熟可能需要10~20年甚至更久,整个发展是一个连续体,阶段与阶段之间存在着传承和发展,有替换、更新,更多的是共存,并非一个个割裂开的独立的阶段,且每个阶段在不同的国家和地区会有不同的表现形式。

表3-1 互联网不同阶段信息的连接方式及其发展

阶段	Web 1.0	Web 2.0	Web 3.0	Web 4.0
起始时间	20世纪90年代开始	21世纪开始	21世纪10年代开始	21世纪20年代开始
信息形态	浏览器、门户网站、电子商务等简单web页形式	博客、社交媒体等社会化网络	APPs应用平台等	互联网+
信息生产	PGC/PPC	UGC/UCC	UGC/UCC自由、有效整合	万物皆为信息源
信息连接	信息超链接	人与人的连接	人与人、人与物的连接	智能物联
信息交互	网站对用户为主	P2P(peer to peer,个人对个人)为主	智能推送	万物连接
用户的角色	信息单向接受者	信息接受者、生产者和传播者	移动和智能化信息的接受者、生产者和传播者	全面智能化信息的接收和泛在式共享

Web 1.0 阶段是指 20 世纪 90 年代万维网出现和在商业化浪潮的推动下，互联网走向大众，以浏览器、门户和电子商务等简单网页形式启动互联网发展的热潮。此时信息以超链接的连接形式出现，只要在浏览器上输入想要访问的网页或点击链接，即可到达网页获得相关信息资源。此阶段的信息生产和提供者以 PGC(professional generated content)，也称 PPC(professionally produced content)，即"专业生成内容"的模式进行信息生产，即信息内容由专门的机构或网络公司专业生产，用户是信息的单向接受者。Web 1.0 至今仍然具有很强的影响力和推动力，在人们的学习生活中起着重要的作用。

　　Web 1.0 阶段出现了比较专业的外语学习门户网站，例如诞生于世纪之交的沪江网，以及搜狐网、新浪网等门户网站的英语教学专栏等，网站提供丰富的视听说学习内容，学习者可以登录这些专门的学习网站开展在线学习。另外，还可以直接登录一些报纸杂志网站等外语门户网站进行外语学习。同时，学习者常常需要通过各种搜索引擎查找各类知识，进行知识的搜索学习。另外，电子商务英语这块学习内容则包括了学习阿里巴巴、eBay、亚马逊等电商平台的运营和管理等。

　　Web 2.0 是指步入 21 世纪之后，包括博客(日志)、维基百科、SNS(social network services，社交性网络服务)等在内的互联网新形态。在这一阶段出现了 UGC(user generated content)，也称 UCC(user created content)，即"用户生成内容"的信息生产模式，用户开始成为信息内容生产的主体。Web 1.0 阶段，互联网的信息内容是由少数专业人士定制的，互联网是"阅读式互联网"，而 Web 2.0 阶段，互联网成了"可读可写互联网"。用户既是信息的接受者，同时也是信息的生产者和传播者。PGC(或 PPC)和 UGC(或 UCC)这两种信息生产模式交叉进行，极大丰富了互联网的内容，在内容生产上实现了去中心化，使用户既可以获得专业的知识和信息资源，同时也可以发表自己的看法、提供自己的见解。维基百科就是这样一个以自由内容、自由编辑为特点的网站，该网站由用户创建和贡献词条，而其专业性、全面性上不亚于专业的资源库和百科全书。同样，我们也可以在国内的百度知道、知乎、豆瓣等上面查找到自己想要的内容，而这些内容大多是用户所提供的。不管信息是何种形式，PGC 和 UGC 让信息的交互变成了人与人的交互，信息的连接以一种合作化和社区化的社交网络的形式出现。

　　Web 2.0 阶段，学习者可以通过外语教师或者外语学者开通的博客(日志)、播客等学习，也可以在门户网站或 IM(instant messenger，即时通信软件)的网络社区空间进行交流、上传和下载资料等。社交网络内容成为学习资源的重要来源，学习活动成了社交网络活动一部分。在这个阶段，学习者可以是信息的使用者，学习教师或其他专业人员为他们提供的学习材料，同时，学习者也可以是学习内容的创建者或发布者，将文本和音、视频等学习内容提供给其他学习者学习。

　　21 世纪 10 年代至今，随着移动智能手机全面普及，移动互联网成为互联网的新形态，互联网发展步入移动互联阶段。移动互联阶段出现了大数据、云计算、人工智能等新兴信息技术,用户的学习、生活等各方面信息都可以经由各项技术进行数据采集并智能推送,人们将其称为 Web 3.0 阶段。这个阶段信息以各类移动终端的 APPs 的形态呈现。Web 3.0 建立在 Web 2.0 基础之上,实现了"智能化的人与人和人与机器的交流"的互联网模式,Web 3.0 的核心内涵就是信息的高度整合和高度智能化的服务。继 Web 2.0 解决了个性解放的问题之后,Web 3.0 解决了提供基于不同需求的信息的社会机制问题,从而实现最优化信息聚合,提供个性化搜索和智能推送服务:首先,在 Web 3.0 阶段,UGC 这种信息生产模式变得更加便捷,人们通过手机移动 APPs 即可随时随地完成信息生产,数据信息也更具有情境性和时效性,大大满足了人们对各种信息资源的获取、服务需求和猎奇心理等;同时,UGC 信息内容和标签得到了整合,信息内容得到了筛选性过滤,提高了信息描述的精确度和可信度等,从而能更好地优化信息和资源配置;各种终端的用户都可以轻松联网,智能手机、电脑、机顶盒、专用终端等不同终端可以实现兼容;另外,通过记录分析用户的地理位置、使用习惯和行为特征等,各类 APPs 可以准确、快速地推送用户感兴趣的信息资源,提供更好的个性化服务等。简单说来,Web 1.0 是"文件网",Web 2.0 是"人际社会网",Web 3.0 是"数据网",Web 3.0 是基于语义网技术发展起来的具有人工智能、集体智慧、聚合个性化需求等特征的新一代网络技术(刘琼和任树怀,2011)。

  Web 2.0 和 Web 3.0 造就了目前外语学习的主流模式,主要指利用各种移动学习软件和工具进行线上线下的翻转学习、混合式学习以及个人自主学习等,涵盖了 PGC 和 UGC 信息生产模式,同时学习内容更为细分,交互更为多元,推送也变得更加智能化和精准化。

  21 世纪 20 年代开启了智能物联即 Web 4.0 阶段,进入万物互联新阶段(方兴东等,2019[7])。随着人工智能的不断发展和智能设备的研发,可通过相关标识等把物品及其信息纳入网络,达到对物品的实时定位、跟踪、监控等智能化管理。因此,万物互联阶段不但可以实现人与人,而且能实现物与物、人与物的信息沟通。其技术体系一般可以分成感知层、网络层、平台层和应用层,首先通过芯片、传感器、无线模组等对各类物体进行智能感知产生各类信息数据,并应用通信技术接入网络层对信息数据进行传输,再汇集到相关云服务平台上进行数据信息的集中处理和计算,最后实现面向用户不同服务需求的各类应用服务。在智能物联阶段,人、机、物和环境的状态信息都通过信息互联的方式在互联网上得到了存储和传递,因此,我们可以将其理解为不同的信息源或信息节点。而智能化过程旨在实现"人、机、物、环境"状态信息的全面采集、智能处理、实时分享以及智慧管理与应用,实现"人—机—物—环境"深度智联,交融共生(杨现民和赵瑞斌,2021)。

  由此,外语学习在经历了从计算机辅助语言学习、移动辅助语言学习之后,技术和外语教学进一步融合,发展到移动语言学习,再发展到技术和外语教学深度融合的智慧语言学习,也正体现了互联网发展的不同阶段。Web 3.0 和 Web 4.0 阶段创建的智慧学习环境包括智慧校园、智慧教室、智慧实验室、智慧课堂等,这些教学环境利用物联感知技术到达互联网层面,开展各种教学应用。如,借助物联网、云计算等技术,实现智慧实验室的"环境监测实时化、设备管理自动化、资源获取信息化、实验管理高效化"(张丹和崔光佐,2019)。而基于大数据、人脸识别、物联网、人工智能等信息技术的智慧教室是与传统课堂深度融合的智慧教学环境,其建设评价指标包括基础设施、环境与布局、智能录播、教学与资源平台、智能管控与感知、软硬件工具与移动终端和培训方案(尹合栋等,2020)。这种技术间加速融合、协同创新所形成的智能技术生态是驱动未来教育发展的关键,智能技术生态以教育信息的全面感知为基础,从教育环境、教育资源、教学活动、教育组织和教育管理等多个方面系统性、结构化地重塑未来教育样态(杨现民和赵瑞斌,2021[13])。人在这个过程中可以达到信息全面智能化的接收以及实现对这些信息的实时的、跨时空的泛在式学习共享。

第二节 学习的本质:什么是学习?

如上所述,互联网即信息的连接,其发展带来了信息连接方式的变化和人们学习方式的变化。变革外语学习和外语课堂,需要我们牢牢抓住"互联网+"时代的核心——信息的联通,以此为方向和着力点,创新外语信息化教育教学改革,探索适切的教与学方式。在了解信息的联通及其在学习上的意义之前,我们先来思考:什么是学习?我们又是如何认识学习的?信息和学习之间是什么关系?

学习是人类进步的阶梯,也是人类的一种本能。然而什么是学习?我们需要学些什么以及如何学?学习的目的是什么?这三个问题贯穿各类学科教学的始末。以外语学习为例,英语初级、中级学习者需要知道外语学习学什么以及如何学,而对于中级、高级学习者来说同时还需要知晓外语学习是什么以及为什么学习等本源问题。应该说,对于大部分学习者来说,终其一生只需要思考第二个问题,并在对第二个问题答案的追寻中完成自己的学习成长。然而要理解学习的本质,需要我们对第一个和第三个问题同时进行思考。到底什么是学习?学习的目的是什么?只有理解了学习的本源,才能够在学习的实践和应用中产生实际意义,更好地寓教于学、寓学于成。下面我们基于各种对学习的不同定义进一步理解学习的本质。

①学习(百度百科网络释义):分为狭义与广义两种。狭义的学习是通过阅读、听讲、研究、观察、探索、创新、实验、实践等手段获得知识或技能的过程,是一种使个体可以得到持续变化(知识和技能,方法与过程,情感与价值的改善和升华)的行为方式。例如,通过学校教育获得知识的过程。广义的学习是人在生活过程中,通过获得经验而产生行为或行为潜能的相对持久的方式。

②学习(教育大辞典)：作为结果，指由经验或练习引起的个体在能力或倾向方面的变化。作为过程，指个体获得这种变化的过程。与成熟、适应、疲劳、药物等引起的变化的不同点是：第一，能相对持久保持，而非短暂保持；第二，由后天的经验或练习引起，不包含由生理成熟引起的变化。

③学习(施良方，2001)：学习者因经验而引起的行为、能力和心理倾向的比较持久的变化。这些变化不是因成熟、疾病或药物引起的，而且也不一定表现出外显的行为。

我们再来看一下英文资料中对学习(learning)的定义：

④learning（新牛津英汉双解大词典）：The acquisition of knowledge or skills through experience, practice, study, or by being taught; knowledge acquired in this way;

（通过经验、实践、学习或传授对知识和技能的获取；通过这种方式获得的知识；）

⑤learning（柯林斯英语双解大词典）：Learning is the process of gaining knowledge through studying;

（学习是通过学习行为获得知识的过程；）

⑥learning（韦氏大学英语词典）：The act or experience of one that learns; knowledge or skill acquired by instruction or study; modification of a behavioral tendency by experience (as exposure to conditioning);

（学习者的行为或经历；通过教学或学习获得的知识或技能；（特定条件下）通过经验改变行为倾向；）

⑦learning（Schunk, 2016）：Learning is an enduring change in behavior, or in the capacity to behave in a given fashion, which results from practice or other forms of experience. And there are three criteria of learning：Learning involves change; learning endures over time; learning occurs through experience.

（学习是一种持久的行为改变或特定的行为能力的改变，由实践或其他体验而来。学习有三个标准：学习需要改变；学习需随时间而持续；通过体验而学习。）

⑧learning（Olson & Ramirez, 2020）：Learning is a relatively permanent change in behavior or in behavioral potentiality that results from experience and cannot be attributed to temporary body states such as those induced by illness, fatigue, or drugs. These might include, for example, reinforced practice, contiguity between a stimulus and a response, or the acquisition of information.

（学习是一种来自经验的相对持久的行为或行为潜力的变化，它不是那种由疾病、疲劳或落物带来的短暂性的身体状态变化。比如，它可能包括强化练习，一连串的刺激与反应，以及信息的获取。）

根据上述各类定义，汇总学习的概念见表3-2。

表 3-2　学习的概念

学习本体	不同维度	相对狭义(人/学习者)	广义(人/动物)
学什么?	学习对象	知识与技能,方法与过程、情感与价值等	人和动物在生活过程中,通过经验而产生的行为或行为潜能的相对持久的变化
如何学?	学习方法	经验或练习(阅读、听讲、研究、观察、探索、创新、实验、实践)	
为何学?	学习目标	使个体在能力、倾向方面可以得到持续变化(知识和技能,方法与过程,情感与价值的改善和升华)	
什么特点?	学习特征	在社会实践中,以语言为中介,自觉地、积极主动地掌握社会和个体经验的过程	

广义而言,学习是一种行为方式,是通过经验而产生的行为或行为潜能的相对持久的变化。狭义而言,学习是一种使个体在知识、技能、行为习惯、理想信念、态度或意识等方面得到持续的变化的行为方式。因此,学习的根本目的是得到自我潜移默化的或者持续的改变和提升。为了这个目的,我们以语言为媒介,自觉、主动地去学习各种社会经验和个体经验。这些社会经验和个人经验以知识和技能、方法与过程、情感与价值等为主要类型形成了具体的学习内容,通过阅读、听讲、研究、观察、探索、创新、实验、实践等学习方式,人们变得通晓知识,习得技能,能够解决问题,思想品德得到提升。

如果从动物的本性而言,可以将人类的行为分为先天行为和后天习得行为。前者指一种生来就会且随着年龄的增长自然表露或体现的行为,如婴儿一出生时的吸吮行为,后来逐渐出现的微笑、咿咿呀呀、蹒跚学步、各种大动作、精细动作,对自我的意识、方位感、时间观、运动感以及随着生理成熟不同阶段出现的行为等,这一部分行为生来就有,随着时间推移会自动增长或自动消亡。而后者需要后天的经验或通过练习得来。学习一般就是指后者。但是两者也不是完全割裂,如果能够在后天继续发挥先天的能力,通过创设成长的环境、积极的互动等,先天行为则会发展得更加顺利。

根据 Schunk 对学习的定义,学习行为具有改变性、一定的持续性以及体验性。这构成了学习的三个标准。任何不同时具备这三个标准的信息的接收不是真正意义上的学习,只是消遣或娱乐,具有一过性和短暂性,无法带来真正的改变。当然,学习和其他概念一样,其原型和非原型之间是一个连续体,同时也存在一个动态转变的过程。在网络时代,当学习和娱乐在同一个手机上互相交叉甚至相互干扰时,学习和娱乐的边界变得模糊,这对学习也是提出了很大的挑战。然而,我们归根结底还是要把握其典型性,抓住学习的本质。

我们如何认识学习?从上述对学习的定义可以看出,行为主义对学习理论的研究影响深远,体现了行为在学习认识过程中的核心角色,因为行为是一种最可以观察和衡量的东西。然而行为又只是一种外在的表现,究竟是什么带来了学习中发生的变化、又是如何变化的呢？历史上对学习的认识的不断加深推动着学习观和学习理论的不断发展。

第三节　学习的联结观及其心理溯源

从人类开始思考，联结就已经发生。人们在探索其所处的物质世界和精神世界的过程中，形成了对事物的概念、知识、技巧、方法等，我们将其称之为知识。因此，早在信息化网络出现之前，人类对知识的认知就已经很成熟了。人类对物质世界以及精神世界探索结果的总和形成了知识，在对知识的探究中使得物质世界和精神世界之间、精神世界内部发生了不同的联结，从对心物关系、心身关系的思考中形成对世界和人的本质的认识。我们把信息化出现之前的联结观称为经典（古典）联结观，它为哲学、心理学、认知科学、神经科学等学科的诞生和成熟奠定了基础。

从最早亚里士多德时期的联想主义（associationism）开始，我们知道人们的知识通过由经验而来的各种观念之间的联结发生。达尔文的生物进化理论让人们开始从人的动物性和适应性去研究人类如何通过学习适应环境，由此出现了机能主义心理学，研究生物在环境适应过程中心理（意识）工具的机能或功用。随后又出现了行为主义学派，从环境条件刺激和行为反应两者联结的视角去探究心理的功用。后来随着认知学科发展，人们开始把注意力又放回到意识的本体上，只是这次是从感知觉、信息加工和神经生理学等角度来研究学习。人本主义兴起后，学习成为一种自我的实现与发展。

随着互联网技术的不断发展，万事万物的信息化和连接促成了信息一体化和网络信息生态的形成，人们对学习的认识也发展到信息的联通和信息的动态平衡构建。因此，从广义上讲，我们认为人们对学习的认识大致经历了从机能主义的联结观、认知心理学的联结观、人的自然联结观、信息的联通观再到信息动态平衡观的演变。

每个阶段的联结观并非割裂。例如，机能主义的联结观和认知心理学的联结观在方法论上都倾向于经验主义，而认知心理学的联结观又可以发展出以个人建构主义为认识论的信息（符号）加工理论，和以神经网络理论为核心的新联结主义，随后又发展到以社会建构主义为认识论的联通主义学习观。人本主义注重"人和"，从人的自然性角度来分析学习，而生态主义理论下的信息动态平衡观某种程度上是对人和人本主义的进一步系统化发展和升华。

因此，以网络学习的盛行为标志，我们将人们对知识的联通和学习的认识过程分成三个发展阶段（见图3-1），即经典联结观、现代联结观和生态联结观。这三个阶段共由五次革命形成颠覆或改变，这五次革命中穿插了两次认知革命。

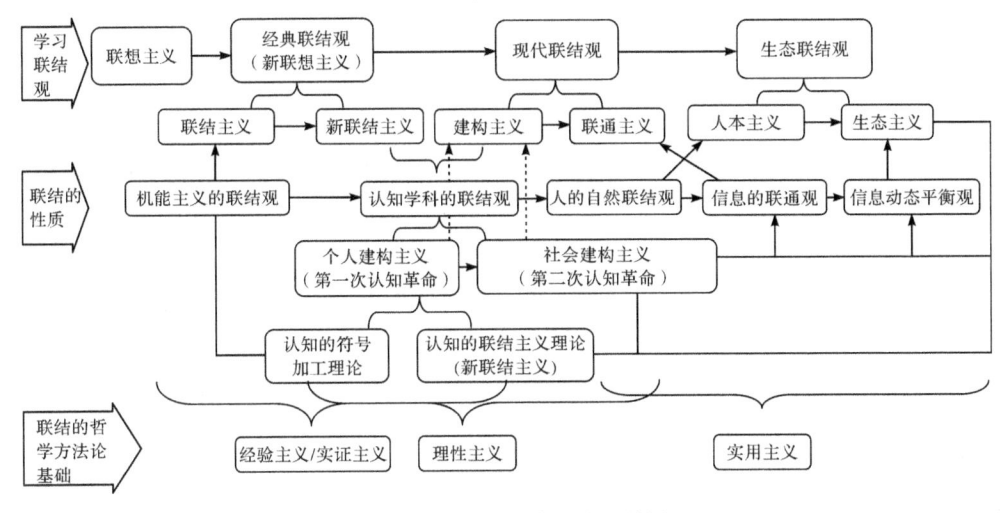

图 3-1 学习的联结观发展导图

1. 第一发展阶段：经典联结观(联结主义)

网络学习盛行前，人们对知识的联通和学习的认识过程经历了从联结主义到新联结主义的发展，即从反映意识活动的刺激—反应之间的外部联结，发展到模拟大脑的神经网络模型的内部联结。第一次认知革命在这一阶段诞生，即从关注行为到关注认知机制，包括信息的串行加工机制(符号加工理论)和并行加工机制(新联结主义)。因此，从认知论和方法论而言，这一阶段经历了两次革命。

第一次革命：从注重感觉经验的经验主义转向注重内部认知机制的理性主义，这一次革命产生了认知心理学，即从关注有机体的感觉印象(包括刺激和反应等经验)及事物之间的因果关系发展到关注个体刺激和反应行为背后的信息加工或认知机制，即符号加工理论。符号加工理论关注的仍旧是事物前后的因果关系。从认知心理学发展的角度而言，这次变革可以被视作第一次认知革命，即从关注外显的行为转向关注内部的认知过程，提出了符号加工理论，即信息的线性(串行)加工机制等，导致了认知心理学的产生。值得注意的是，第一次认知革命所产生的认知心理学关注的目标是心理机制，是理性主义的，但是"在方法论和认识论方面仍旧是行为主义和经验主义的(叶浩生，2003)"。

第二次革命：从认知的符号加工理论到认知的联结主义理论(新联结主义[①])，即从关注信息符号在大脑中的线性加工，到关注信息的并行加工以及非线性的动态神经网络的构建，从对因果关系的探究转移到对相关关系的探究。

[①] 认知科学中基于神经网络系统的联结主义理论(connectionism)，也被称为新联结主义(new-connectionism 或 neo-connectionism)，或直接称为联结主义，它是一种认知的联结主义，和机能的联结主义不同。全书上下文中可根据不同的语境判断是哪种联结主义。

2. 第二发展阶段:现代联结观

网络学习盛行后,经历了从(社会)建构主义到联通主义(新建构主义[①])的发展。这一阶段经历了两次革命。

第三次革命:从个人建构主义到社会建构主义的转变。认知的符号加工理论强调个人的认知构建(individual construction),个人建构主义一般可以理解为认知建构主义,强调的是通过个体新旧知识的相互作用或联结带来认知结构的改变。而社会建构主义强调的是在社会文化参与中个体与个体之间相互作用及个体的自我认知构建,注重学习共同体和学习情境等要素。社会建构主义是对社会化相关关系的探究。从认知心理学发展的角度而言,从个人建构主义到社会建构主义的转变构成了第二次认知革命。

第二发展阶段还经历了一次革命。随着网络信息技术的发展,人们的学习已经从传统学习转变到了网络学习的状态,催生了联通主义学习观的出现即第四次革命。

第四次革命:从社会建构主义到联通主义(新建构主义)的发展。在这个阶段,神经网络模型和社会建构主义得到进一步融合,由于信息爆炸和信息革命,大量的信息被储存在网络中,个人内化的知识构建和神经网络激活被映射到社会化的网络之中,学习成了一个不断建立社会连接的过程,对学习能力以及对学习的要求也发生了改变。人们对学习的关注点又开始转移到了个体的外在的环境,学习成为一个与各种节点或信息源等外在环境建立各种联通的过程。

3. 第三发展阶段:生态联结观

随着 Web 3.0 的发展和智慧化学习的出现,学习者的信息化学习已经深度融入信息生态环境中,学习成为信息生态环境构建的自然组成部分。

第五次革命:随着万事万物互联发展,学习的联结已经不只存在于大脑内部,或者个体与个体之间,而是存在于人、机、物和各种环境之间,在网络中以信息节点相关关系的形式呈现。学习的节点被进一步泛化。学习是一个超越个人或主体的信息生态平衡构建的过程。这一阶段的主要变革在于从信息的联通观到信息动态平衡观的发展,从人本主义到生态主义的升华。学习的过程由各个类型、各个层级的信息节点之间的不对称引发,是节点之间信息从不对等到对等的动态平衡不断

[①] "新建构主义"是王竹立老师于2011年在联通主义学习观基础上提出的网络时代的学习理论,核心理念包括"情境、搜索、选择、写作、交流、创新、意义建构"七个方面(王竹立,2011),而新建构主义教学法的关键在于分享、协作、探究和零存整取(知识之间的连通与重构)(王竹立,2014b)。

而在本书中,"新建构主义"泛指网络时代人们在网络环境下学习发生的过程,体现的是人们在网络时代学习过程中的个人建构和社会建构,是与非网络时代的学习个人构建和社会构建相对的概念。联通主义作为对社会建构主义理论和人工智能的联结主义理论的传承,某种程度上是一种新型的建构主义,因而这里将其简称为"新建构主义"。

构建的过程。每个节点在这个信息动态平衡系统中都以特定的节点类型(功能)或节点层次出现,即生态位。我们要明确节点之间的关系,知道节点在哪里、节点之间如何联结、如何创建节点之间的联结等,在信息动态平衡的不断打破和建立中实现新的平衡,从而实现学习的创新。

从第一阶段的经典联结观发展到后面两个阶段的现代联结观和生态联结观,从哲学层面而言,是一个从统一了的经验主义、理性主义到实用主义的发展过程。从注重行为背后抽象的原理、机制、知识性的经验等,发展到围绕人、建立在人的实际经验和活动上,强调从如何行动和发挥人的能动性出发,注重经验的实用性。因此,我们的学习联结观从理论探寻开始,发展到后面,实操性和指导意义也越来越强。

下面我们来详细阐述每一阶段的发展历程与特点,以更好地理解学习的联结本质,以及现代化网络学习的联结特征,从而指导我们的教学实践。

一、经典联结观的起源:来自经验的联想主义

根据 Olson 和 Ramirez(2020[31-34])的研究,对学习的认识最早源于古希腊时期的认识论,即对知识(knowledge)本质的认识,主要代表人物为柏拉图和亚里士多德。柏拉图认为知识是人类心智的自然组成部分,是生而具有的,人们因反思而产生思想内容,形成知识;感觉信息仅仅提供意见,抽象观念本身才是真正知识的唯一来源。亚里士多德则认为知识本身并非先天,而思考、推理和演绎等这些心智能力才是天生的,这些天生的心智能力可以把经由感觉经验而来的感觉信息抽象成知识,因而感觉信息是所有知识的基础。因为两者都诉诸心智,强调通过思考才能发现事物内在的规律,所以两者都显示了理性主义,不同在于:前者侧重的是内在的思想,认为知识是先天的反应,而后者认为感觉印象和体验是知识的第一步,同时还要诉诸理性思考将其抽象,最后成为知识;前者更多是先天论者,后者更多是经验主义者。由此,亚里士多德在详述其经验主义知识观时提出了联想的三个原则——邻近的原则、相似的原则、对比的原则,即时间或空间上邻近的、相似的和相反的东西更容易同时出现在头脑里,一件事物的出现容易联想到另一件事物。感觉经验会引起观念,而一个观念会激发另一个观念,例如母亲发出的"狗狗"这个音会激发孩子大脑的听觉皮质层、感觉皮质层和视觉皮质层,产生相互联结,从而在头脑里面形成或重新唤起关于狗的接近的概念或知识。

现代心理学的开端意味着亚里士多德的经验主义的再次复兴,也意味着对心物关系、心身关系的进一步探讨,这一时期的代表人物有笛卡尔、霍布斯、洛克、伯克利、休谟、康德、穆勒等(Olson & Ramirez,2020[30-40])。笛卡尔进一步把思想和身体分开,认为意志自由流动,和感觉经验两者都可以决定身体的行动,引起特定的行为。因此,心理意识或物质环境可以引发行为。同时,笛卡尔认为观念包括自我

意识、几何学原理、空间观、时间观、动态观等,是心智的重要组成部分,是天生的,并非来自经验。然而后续心理学家大多不赞成观念先天论这一观点。他们认为感觉印象是所有知识的来源(霍布斯),心智由观念组成、观念来自经验(洛克),感知即存在(伯克利),所有的知识都是基于对主观经验的理解、不管外物还是由体验而来的观念都存在着不确定性(休谟)。康德重新把经验主义和理性主义做了统一,认为我们有意识的体验同时受到由经验世界引起的感觉经验和天生的心智能力影响,心智使感觉经验结构化、意义化,要了解知识的本质需要把活跃的心智成分考虑在内。统一性、整体性、现实性、存在性、必然性、对等性和因果性等先天心智能力让来自物质世界的感觉经验变得有意义。康德的理念被公认为是现代信息加工心理学和认知科学的早期理念。

这一阶段的联想主义可以说是联结主义的起源,人体感觉信息和经验在心智中以各种联想律进行联结,从而产生复杂程度不一的各种概念或知识体系等。我们可以把联想律理解成各种心智能力或心理联想能力。继亚里士多德之后,很多科学家进一步探索发展了联想主义,并提出不同的联想律。洛克第一次明确提出联想(association)这个概念后,许多学者认为,人类是通过经验而获得知识,学习是由观念联想构成的(施良方,2001[28])。哈特莱建立了联想主义心理学理论,对心身关系和心物关系做了完整的研究,认为是感觉神经在受到刺激时产生振动并传导至脑神经发生振动,产生观念,心身同时又具有相互独立性,经由联想把感觉和观念联系起来,他把传统的三大联想原则(邻近律、相似律、对比律)归结为一条接近律作为根本律,提出基于接近律原则的同时联想和相继联想这两种联想的基本形式。穆勒提出了类似律、接近律、频因律和不可分律四条联想律。

二、经典联结观的发展

综合国内教育心理学、国内外学者(施良方,2001;Olson & Ramirez,2020;Pritchard,2008;Schunk,2016)对现代学习理论的常见分类,对经典联结观的发展历程进行汇总(见表3-3)。从各流派学习理论中我们大致提炼出以下学习的经典联结观,包括从联结主义到新联结主义的发展。

1. 联结主义

联结主义由机能主义联结观发展而来。从刺激引发的行为反应及两者之间的联结关系来探究学习发生的内在过程与本质,把人的行为看作是为了适应环境的一种活动或反应,强调在情境与反应之间建立联结,联结的形成意味着人类的学习也就发生了。且联结存在着特定的规律或联结律,也即学习律。

2. 新联结主义

要了解新联结主义,我们要先了解随着计算机技术出现的现代认知心理学的两大研究取向——认知主义和联结主义(新联结主义):前者指用计算机来比拟心智模型,外界信息在与学习者个人已有知识或心理结构(心理图式)发生相互联结的过程中,展开各种信息加工,包括信号的刺激、编码、储存、提取、转换、使用等,来揭示学习的认知本质,也称为研究的符号范式(symbolic paradigm);后者指用计算机模拟人脑的神经网络系统,不同于符号范式的串行加工,它强调网络的并行分布加工,网络是一个由单元或节点(类似于神经元)构成的整体活动的动态系统。后者即新联结主义,或称研究的网络范式(network paradigm)。

表 3-3 经典联结观发展及各流派学习联结论

联结观	机能主义的联结观	认知学科的联结观	
	联结主义→		→新联结主义
学习理论流派	刺激—反应学习理论	认知学习理论	神经生理学学习理论
代表及其理论	桑代克的联结——试误学习理论	惠特海默、苛勒、考夫卡、勒温等人的格式塔——场论学习理论	赫布法则
	巴甫洛夫的经典性条件反射学说	布鲁纳的认知结构学习理论	
	华生行为主义学习理论		
	格斯里邻近学习理论	奥苏贝尔认知同化学习理论	
	埃斯蒂斯刺激抽样理论		麦克莱兰和鲁梅尔哈特并行分布加工模型
	赫尔驱力还原学习理论		
	斯金纳操作学习理论		
学习理论流派	折中理论(认知—行为理论)		
代表及其理论	托尔曼认知—行为观		
	加涅信息加工学习理论		

下面我们就联结主义的出现和新联结主义的发展分别展开详细论述。

(一)联结主义的出现

我们从经验主义学习论者的联想主义和联想律发现,外在刺激生成感觉,感觉产生观念,联想带来观念之间的联结,形成更多更复杂的观念,完成学习。可以说,联想主义为后来刺激—反应学习理论和行为主义学习理论奠定了基础,因此后者又被称为新联想主义。但其实两者是不同的。桑代克在自己的理论体系里提出了学习的联结主义理论,把联想主义改变成了联结主义(connectionism)(施良方,2001[29,39])。他首次正式把感觉印象和行为冲动相联系,并把这种联系称作一个结合或联结,即动物或人这类有机体(organism)在某一或某些相同或相似的情境下,会在不断可能错误的尝试中修正自己的行为。与早期各种联想主义试图说明观念是如何结合在一起不同,桑代克首次正式尝试把感觉事件与行为相联系,把感觉印象与行为冲动之间的联系称作一个结合或联结,关注刺激的条件或情境以及产生的行为倾向,且认为刺激与反应靠神经联系联结在一起,联结是刺激(S)与反应(R)之间的神经联系(赫根汉和奥尔森,2011)。这意味着联结主义心理学的出现。桑代克通过实验的方法提出了三个主要学习律,包括准备律(law of readiness)、效果律(law of effect)、练习律(law of exercise),还提出了一些附律或称学习原则,包括多重反应律(multiple responses)、定势律(set)、选择性反应律(selective response)、同化律(assimiliation)、联想性转换律(associative shifting)、类比反应律(response by analogy)等。这些学习律探究了学习行为的本质以及学习过程中对情境刺激作出的不同反应的原理。

根据巴甫洛夫的经典性条件反射学说(赫根汉和奥尔森,2011[147-148]),大脑是兴奋点与抑制点的嵌合体,会根据不同的事件出现不同的兴奋与抑制模式,从而决定行为;这一过程中有两种联结,一种是在无条件刺激与其反应(UCS→UCR[①],又称本能反应)之间,还有一种是在条件刺激与其反应(CS→CR[②],即后天形成的条件反射)之间,前者是永久的,后者是暂时的且随环境改变而改变的。把无条件刺激(如食物)多次匹配到条件刺激(如铃声)之后可以引起反应(如唾液分泌)从而建立起条件反射,条件刺激起到的是信号的作用。这种条件反射具有获得、消退、恢复、泛化、辨别等特征。此外,巴甫洛夫还把抽象的语言符号刺激从具体的其他刺激如生理刺激中分离出来,称为第二信号,而后者为第一信号,对不同信号作出的反应分别对应第一信号系统和第二信号系统。人们通过第二信号系统反应对现实进行抽象化、概念化,并发现事物的规律。

行为主义奠基人华生主张心理学的研究对象应该是人的行为而非感觉、情感、情绪、思维等意识,人类的行为是身体为适应环境作出的各种身体反应的组合。心理或意识也可以归结为一种内隐、轻微的行为形式。华生也曾提出过频因律(frequency)和近因律(recency)作为学习律,但之后又做了否定。他提出用S-R(刺激—反应)的基本原理来分析所有的行为。行为被分解为刺激和反应两个要素,行为是受到刺激的反应。他是坚定的环境决定论者,认为个体的行为是由后天的环境决定的,人的行为、个性和情绪都可以通过后天习得。

刺激和反应之间的联结规律即学习律,构成学习理论的核心内容。桑代克、巴甫洛夫和华生都提出过不同的学习律。格斯里则把它们简约为一条学习定律,即接近律(law of contiguity)或称邻近学习理论(contiguity theory of learning),即伴随某个动作的一组刺激再次出现时,仍旧会产生这个动作,例如当一个人在一个特定的情境中做了什么,那么下次该人处于这个情境时往往会做出同样的事情(Olson & Ramirez,2020[212])。当有机体对某种刺激作出某种反应时,便已充分达到了它们之间联结的力量,当这种刺激再次出现则会再次作出这种反应;只要有机

---

① UCS→UCR 全称 unconditioned stimulus→unconditioned response
② CS→CR 全称 conditioned stimulus→unconditioned response

体对一组刺激要素作出一个动作，便在它们之间形成了联结，学习也就完成了，从这个意义上，学习是一次性完成的，而下一个动作形成的是一个新的联结，发生的是新的学习（施良方，2001[58-59]）。受格斯里的影响，埃斯蒂斯提出了刺激抽样理论，用概率论来预测和描述刺激反应联结的学习过程。大量的刺激要素构成刺激情境，有机体对其作出反应的却是刺激要素的随机样本，不是整个刺激情境，因此学习是一个随机抽样的过程，不同学生会有不同抽样，且特定时刻只能知觉有限的刺激要素，要尽可能排除干扰的刺激要素（施良方，2001[80-81]）。

伍德沃斯反对华生机械性的"S-R"，在1929年提出建议用"S-O-R"替代"S-R"，在刺激和反应中间加入了有机体（organism）的作用；另外他将心理动力引入心理学，提出了动力心理学，将思想和行为的因果机制分成了内驱力和机制两种心理成分，前者涉及一件东西为何活动，后者涉及这件东西如何活动。某种意义上，赫尔的驱力还原学习理论体系可以被看作是对伍德沃斯"S-O-R"这个公式的进一步加工；他的学习理论体系中包括驱力（D）（即与需要相关的动机状态）和习惯（H）（即通过强化产生的刺激—反应之间的联结）两个基本概念（施良方，2001[85,87]）。驱力还原又称驱力降低，可以理解为人们的需求得到满足之后驱力的还原或降低。赫尔坚持学习的联结观，他把传统的"S-R"公式修改成为"S-s-R"的公式，假定外在环境刺激停止后仍持续存在几秒钟的刺激痕迹。该公式又发展成为"S-s-r-R"公式，即"外在环境刺激—刺激痕迹—运动神经兴奋—外部行为反应"，表示外在环境刺激消失后仍续存刺激痕迹，导致运动神经兴奋和外部行为反应。刺激与反应之间联结的强度称为习惯强度（$_sH_R$）。引起学习发生的必要条件包括接近和强化，刺激与反应在时间上的接近会提升习惯强度，加强该刺激引起该反应的可能，与此同时，强化（通过加强次数、质量等）也是影响习惯强度的必要条件。习惯强度由接近和强化而得到加强。他把在某一特定时刻作出一个习得反应的可能性称为反应势能（$_sE_R$），是习惯强度和驱力的函数（$_sE_R = {_sH_R} \times D$）；为了使习得反应得以发生，习惯强度必须由驱力激活（赫根汉和奥尔森，2011[110]）。另外，他认为行为很少是单个刺激的函数，而是在某一特定时间聚集在有机体上的许多刺激的函数，这许多刺激及其相关痕迹彼此相互作用，综合起来共同决定着行为，s表示此刻作用于有机体的五种刺激的综合效应（赫根汉和奥尔森，2011[108-109]），见图3-2。

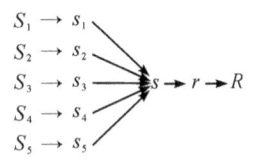

图3-2 赫尔刺激反应公式
（赫根汉和奥尔森，2011[108]）

他的最终理论体系含有三种变量：自变量——由实验者系统操纵的刺激事件；中介变量——发生在有机体内部但又不可直接观察的过程；因变量——为了确定自变量是否具有效应而由实验者测量的行为的某一方面（赫根汉和奥尔森，2011[118]）。赫尔主张通过分析由环境提供的客观刺激（自变量）和由有机体作出的行为反应（因变量）来推导制约环境与有机体的相互作用的各种因素（中介变量），并把驱力还原作为理论体系的基础，这样，有机体就成了环境中的一个自动化的学习系统(施良方，2001[100-101])。

与赫尔不同，斯金纳认为中介变量是无效的且常常是有害的，认为中介变量把焦点放在想象的构成上而不是放在现实上，因此他致力于发现因变量与自变量之间的各种特定关系，从而可以加强对因变量的控制，斯金纳学习理论体系基本要素概括见表3-4，该理论探究自变量(强化的类型和强化的安排)如何影响学习(施良方，2001[117])。

表3-4 斯金纳体系基本要素

自变量	因变量
强化的类型 强化的安排	习得的速度 反应的速度 消退的速度

斯金纳提出要注意区分由刺激引发的(elicited)反应即应答性反应(respondents)和有机体发出的(emitted)反应即操作性反应(operants)，前者指由特定的、可观察的刺激引起的较为被动的反应，后者指在没有能观察的外部刺激的情境下的有机体发出的行为，是对环境的主动适应，且他认为生活中大多活动都属于操作行为(施良方，2001[116])。因此他提出两种学习形式即刺激反应的两种联结：S-R联结和R-S联结，前者是刺激条件控制下带来的反应即经典式条件反射学习，后者是行为的结果所控制的操作式条件反射学习，两者结合起来就是S-R-S，某种刺激引起反应或者是有机体作出了反应，在这种反应之后再以某种反应结果来刺激或强化，就会反过来增强反应概率，以对某种行为进行控制(施良方，2001[116]；赫根汉和奥尔森，2011[65,72])。

源自刺激—反应学习理论的联结主义由亚里士多德时期的联想主义衍生而来，然而两者并不相同。联想主义注重经验的同时也注重心理、意识的等心智层面，刺激—反应学习理论特别是行为主义学习理论则注重外在刺激情境的创设，通过特定的刺激产生特定的学习反应，或者通过强化刺激等方式加强学习的反应或频率等。有机体的行为包括学习行为都是刺激与反应之间的一种联结，刺激—反应学习理论强调的是外在环境因素带来的学习反应的过程，是一种注重外部的联结主义。我们把这一阶段出现的学习联结理论特征列表，见表3-5。

表3-5 刺激—反应学习理论中的联结主义源起与发展

代表人物	联结主体/联结点	联结律/学习律	联结的应用	联结特点
桑代克	S-R-S′	准备律、效果律、练习律	动作的发生、观念的形成、分析、抽象、选择性思维或推理等	强化刺激
巴甫洛夫	UCS→UCR ↕ CS→CR	—	习得(aquisition)、消退(extinction)、泛化(generalization)、辨别(discrimination)、高级条件作用(higher-order conditioning)	无条件刺激匹配
华生	S-R	频因律、近因律	习惯(包括语言)、遗传(包括情绪)等反应	环境决定

续表

代表人物	联结主体/联结点	联结律/学习律	联结的应用	联结特点
格斯里	S-R	接近律	泛化与辨别、消退与遗忘、奖励、惩罚、动机、破除习惯	全或无的一次性联结
埃斯蒂斯	S-R	接近律	泛化与辨别，消退、遗忘与自发恢复，强化	
赫尔	S-O-R	强化［习惯强度（$_sH_R$）］、驱力还原	习惯、驱力、动机等	$_sE_R = {_sH_R} \times D$
斯金纳	S-R-S	强化的类型、强化的安排	习得速度、反应速度、消退速度、塑造（shaping）、渐退（fading）	反应结果强化行为

学习的联结主义认为学习的过程就是直接的刺激和反应的联结，抓住刺激和反应这两个最外显的东西来分析有机体的学习行为和心理适应过程，通过科学的实验观察法和实证主义来分析学习的发生过程，刺激和反应成了学习联结的两端节点，或称节点。知识来源以一种外显的形式出现，相关研究通过外在行为的分析来侧面探究意识、心灵和大脑的黑箱。对于刺激和行为这两端，不同的学习理论者提出了不同的联结律，其中最重要的就是效果律、强化律以及接近律等。要达到好的学习效果，不能终止于刺激条件这一端，也不能终止于学习行为这一端，而是要进一步拓展到对学习行为这一端伴随的结果进行即时的反馈或强化，从而使情境条件刺激这一端更好地激发学习行为。

在刺激和反应之间，赫尔等学者还加入了有机体的作用，主要包括个人的心理驱动力等，这与桑代克联结概念中的情境有类似之处。情境不只是大脑受到的外部环境刺激，也是内部的，包括思想、感情等。心理驱动力或者可以理解为大脑在外部环境刺激下产生的内部状态，引起包括观念、意象等内部反应，继而驱动有机体的外部行为表现。刺激和反应经由有机体得到了联结，这是与行为主义注重外部环境刺激不同的地方。从这个意义上，刺激或情境不仅指有机体受到的外部环境刺激，还包括有机体的思想意识、情感、需求的心理驱动，在行为学上表现为动力或习惯等。

刺激—反应之间的联结律或学习律可以用来解释多种学习行为和现象。动作的发生，观念的形成、分析、抽象，选择性思维和推理等都是因为产生了情境或心理状态与动作反应之间的联结，产生动作之间、观念之间以及动作与观念之间的联结等。另外，不同的联结律还可以用来解释习得（条件反射形成）、消退（条件反射减弱）、泛化（相似刺激引发类似条件反射）、辨别（选择性条件反射）、高级条件作用（用其他刺激替代原来的条件刺激引起同等条件反射）等。此外，还可以基于各种联结律，以刺激或强化等方式进行奖励、惩罚、习惯的养成或破除，达到塑造行为或通过渐退刺激使有机体作出有区别的行为反应等目的。

（二）新联结主义的发展

刺激—反应理论强调刺激、行为反应之间的联结，以及通过反应的结果（或称伴随反应而来的强化物）加强刺激与反应的联结或通过各种强化物使反应更容易发生，理论整体是通过观察外在的反应或行为表现来探究学习发生的本质。刺激—反应学者强调的是外部的联结，体现的是人在环境适应过程中的学习和成长。赫尔等人把有机体的驱力等作为中介变量，也是从自然科学角度关注驱力还原带来的行为反应，强调的是行为在特定环境刺激下的激活，从环境刺激这个自变量和有机体反应这个因变量之间的联结，推导出制约两者相互作用的各种中介变量或因素，包括驱力、习惯、动机等。而斯金纳等人就直接屏蔽掉中介变量，认为刺激—反应的直接联结才是最值得关注的具有现实意义的东西。整体而言，刺激—反应理论的联结注重的是外部的联结，相关研究也承认意识的存在，但是不把意识、人脑等作为研究的核心点，而是研究人的外显的行为反应、引起反应的各种环境刺激和加强反应的各种强化物等。

随着认知科学的发展，人们认识到这种基于生物进化论的、与动物同源的刺激反应理论似乎并不能够说明人类与动物的区别，即相较动物，人的大脑和认知的特殊性。从这个意义上，人们对自身生物性和动物本能的认识逐渐发展到了对于自身人性的认识，与动物逐渐区分开来，探究人之所以为人的特殊构造和原理，进而认识人类学习的本质。联结主义逐渐发展到了新联结主义，体现的是人类对自我认识的不断进步和改变。因此，在理解新联结主义之前，我们先梳理一下认知心理学及其学习观的发展。

格式塔学习理论和认知—场学习理论可以说是早期的认知心理学学习理论。惠特海默、苛勒和考夫卡被认为是格式塔心理学的创立者，他们对完形心理学的观点一致且都做出了较大的贡献。与刺激—反应学习理论注重加强每次刺激不同，格式塔学习理论强调的不是孤立的刺激，而是聚集为有意义的完形的刺激（赫根汉和奥尔森，2011[217]）。与行为主义者不同，格式塔论者认为大脑不是被动的感觉接收器，其能够主动作用于各种输入的刺激或信号使其产生特定的组织和意义。外部刺激及信息在大脑完形趋向原则下得到转化，是外部刺激与大脑中场力的交互作用决定了人们意识经验的产生（赫根汉和奥尔森，2011[221]），即学习过程的发生。因此，格式塔论者是理性主义者，强调先天的大脑、心智本身的力量和作用。与行为主义把意识行为化、以行为方式的变量来研究心理过程不一样，格式塔心理学理论关注的是意识。机能主义心理学也关注意识，但是并不将意识作为独立的现象来研究，而是研究意识与环境的关系，主张对心理过程的研究应该总是在它与生存的关系中进行（赫根汉和奥尔森，2011[37]）。格式塔心理学则是从整体上关注和研究意识，其关注的是在外界的刺激下意识如何自组织和联结。它有一套自己的心理组织规律即完形法则，包括接近律（law of proximity）、相似律（law of similarity）、闭合律(law of closure)、连续律(law of continuity)和成员特性律(law of membership character),体现的是对外界刺激的加工方式和自组织原理。由此,人们知觉的对象在大脑中以各种不同完形的方式进行组合,组合那些知觉具有接近性、相似性、闭合性、连续性、(与其他部分关系中显现出来的)成员特性的刺激要素等。种种知觉过程强调的是组合的完整性。在这些完形法则下,学习成为一个感知事物内在结构和性质的知觉重组或认知重组的过程,有时候也以对事物本质顿悟的形式呈现。

场论最早源于物理学中的磁力场现象,物理学中的场的理论也被运用到了心理学中。格式塔心理学家们试图用场论解释心理现象及其机制,为了说明行为经验的整体性提出了现象场的概念,将人的经验与环境看作是具有一定结构和有限域的整体存在,这就是现象场;考夫卡又将现象场进一步区分为"物理场""环境场""行为场""生理场""心理物理场"等(高峰强,1997;秦金亮,2009;姜永志,2013)。勒温进一步发展了格式塔心理学,提出了心理场系统。他同样关注人和环境的关系,但是他反对行为主义的 S→R 公式,认为同样的物理环境下面,每个人对环境的感知是不同的,行为展现也是不同的。因而他提出行为公式 $B=f(P,E)=f(LS)$ (B=Behavior,行为;f=function,函数关系;P=Person,个人;E=Environment,环境;LS=Life Space,生活空间),认为一个人的行为是个人和环境相互作用的结果,即行为随人及其环境的变化而变化,随生活空间的变化而变化,从而将行为主义对物理环境和各种情境刺激的关注转到对心理环境和整体情境的关注上来。生活空间指的是决定个体在某一时间里的行为的全部事件的总和,体现了格式塔心理学中的完形理念。也就是说,是个人、环境以及两者相互关系的总和决定人们某时的行为。勒温从完形心理的角度关注人与环境的关系,以此来解释人的行为,由此提出了动力论和团体动力学。他认为,个体行为之所以发生,其动力来自个体在与环境相互作用过程中产生的心理紧张系统。他认为这种心理紧张系统是个体心理与行为的动力本质,个体在与环境的相互作用中消解这样的心理张力,达到内外的平衡状态,是一个从心理失衡不断调整自身的身心状态、认知理念、动机水平、行为意愿等从而构建平衡的过程。此外,勒温还提出团体动力学。根据勒温的观点,团体动力学认为团体心理或团体生活是一种准稳态平衡的过程,遵循"解冻—流动—重冻"的社会变化模式(申荷永,1996)。团体成员之间相互依存,个人和团体相互依存,因此可以利用团体动力来塑造个人的行为表现等。勒温作为格式塔理论的主要代表人物之一,发展了格式塔心理学的完形趋势,以"场论"这个发展了的完形概念,解释了心理动力与人的行为、人与人之间的团体动力关系和相互依存关系等,它们在心理上的联结特点在于从整体的心理环境上强调人与环境的相互心理作用和联结,包括团体关系中人与人的相互心理作用和联结。这一时期的学习联结是在信息加工的认知主义和以神经科学为基础的新联结主义出现之前的感知觉或心理环境中产生的联结。下面我们进一步阐述认知学习理论中相关的学习联结特征及其发展。

布鲁纳主张从人类内在思维即认知建构或心智发展的角度来探讨学习的过程。学生通过与周围的环境相互作用获得信息,对这些信息的认知加工离不开学生头脑中的知识结构或心理框架,包括基本概念、思想或原理等,知识结构涉及一套储存信息的内部系统,包括对信息的编码(归类)、信息的表征(呈现)等。学习就是这样一个头脑中的知识结构不断组织和重新组织的过程,过程中通过归类、推理的分类系统找到事物的相关性,从而获得新信息(acquisition)、改造旧信息(transformation)和评价信息处理是否得当(evaluation)。

布鲁纳对刺激—反应理论始终持怀疑的态度,他认为人们并非被动接受信息,而是在与环境相互作用过程中头脑中运用相关知识结构主动加工信息,因而每个人得到的信息表征也是不同的。关于思维的表现形式,即头脑中信息的再现表征,他将其分成三种模式(model of representation):动作表征(即动作性模式,enactive model)、肖像表征(即映像模式,icomic model)和符号表征(即象征性模式,symbolic model)。他认为刺激—反应理论只能说明动作表征,即人们的动作学习,而格式塔理论的确强调认知结构的变化和重建在学习中的必然性,但其可以较好地说明肖像表征,即知觉世界在头脑中以图像的形式呈现,而他认为语言符号表征应处于核心位置;其中,信息符号的认知加工过程需要提取信息符号,而提取信息符号的关键在于如何组织信息、知道信息储存在哪里以及怎样提取信息(施良方,2001[210,217])。应该说,布鲁纳的观点大大促进了认知学科中信息加工理论的发展。

奥苏贝尔发展了认知结构和已有知识在学习中的意义,且对认知结构中新旧知识的组织进行了系统的阐释。他根据引起的认知结构变化和信息加工方式的不同,通过两种分类方法把学习分成了不同的类型:接受学习和发现学习、机械学习和意义学习。接受学习即把所传授的知识信息内化融入原有的知识结构中,发现学习是指由学习者自己去发现所要学的信息内容,然后将其内化到自己的知识结构中。如果说接受学习和发现学习是从大脑认知建构的角度出发产生的两种不同学习建构方式,一种是接受内化型,一种是发现内化型,那么机械学习和意义学习的区分在于两者在学习建构时产生的意义不同。机械学习是指新知识与已有知识没有发生联结,没有与已有知识融会贯通、得到更多理解的知识,这类知识一般需要生硬记住。意义学习是指新知识与已有知识产生了联结或可能产生联结,从而能够更好地理解其意义,因而,意义学习可以帮助实现最佳学习效果。机械学习与意义学习并非完全割裂,机械学习的内容可以转化为意义学习,如某些生硬记住的东西有时候也会产生与其他知识的联系,此时就可以转化为意义学习。应该说,接受学习和发现学习、机械学习和意义学习这两种分类方法都是从认知结构的变化、重组的角度做出分类。从教学的角度,一方面教师要去引导学生进行发现学习,但不管是引导学生自己发现的内容还是教师给予学生的内容,最后都需要被学生内化,也就是说让新学习的内容更好地融入学生认知结构中,与已有知识产生更好的联结。

在联结的具体表现形式上,奥苏贝尔和布鲁纳一样,都强调语言符号的重要性。奥苏贝尔提出的有意义学习理论也称为有意义言语学习理论,即新知识与学习者认知结构中的已有知识之间以语言文字等符号作为表征形式建立起各种联系。而对于新旧知识如何联结这个问题,奥苏贝尔提出了一套同化的心理机制,包括下位学习、上位学习和组合学习。不管是在学习名称、习得某些概念,还是理解某些命题上,学习者都可能把新出现的信息加工成为头脑中已有信息的下位概念、上位概念或多个概念重新组合,从而实现对不同知识在具体情境中的运用,或者对具体问题进行解决及实现创造性解决等。他把已有概念比作锚定概念(anchoring ideas),并明确了其在实现意义学习过程中的重要性。从联结关系而言,锚定概念类似于联结新信息的固定点或转化点。从教学的角度,教师在讲授新知之前首先要明晰或唤起学习者固有的概念体系。由此,他提出了先行组织者(advance organizer)的概念,它是一种引导性材料,是新旧知识的桥梁,可以充当固定点,一般用学生原有的能够掌握的知识和语言来表述,起着唤起学生的旧知识、连接新知识的作用,帮助学习者明确新旧知识之间的联系。

托尔曼的理论被称为目的行为主义,即行为一般都指向某种目标,理解为一种行为的聚焦;行为同时是整体性的,只有考察包括目的在内的各种行为的整个过程、模式和序列才能理解行为(赫根汉和奥尔森,2011[256];施良方,2001[281-283])。托尔曼同时吸取了行为主义和格式塔心理学的认知理论,他通过研究整体的行为来探究人类的认知过程,因此他是认知—行为主义的主要代表人物。托尔曼最早把中介变量引入心理学。他认为中介过程是引起一定反应的关键,在中介过程中对反应起主要作用的各种心理因素即为中介变量,包括需求变量和认知变量两类(宋尚桂,1993)。受勒温的影响,1951年他把中介变量调整为需求系统(内驱力系统)、信念价值动机、行为空间三大种类(宋尚桂,1993[93-95])。这种注重心理过程和要素的中介变量能够更好地解释个体认知心理过程中表现出来的行为个体差异。同赫尔一样,他认为中介变量不可直接观察,需要通过刺激输入和整体行为输出来加以推导。因此,与勒温的心理场中的行为公式类似,波林(1981)认为托尔曼的公式是$B=f(S,A)$,即行为(B)是情境(S)和其他先行原因(A)的函数。行为不仅受到环境因素的影响,还受到年龄、经验与遗传等因素的影响(杨文登,2020)。S和A都可以看作先行因素,中介变量置于S和A这两个先行因素与B这个行为后果之间(施良方,2001[283])。在这个意义上,人们也把他的公式理解为S-S,即认为学习本质上是一种在环境中发现什么导致什么的过程,如某些事件导致某些其他事件、一个符号导致另一个符号,学习就是这样一个不断进行的过程(赫根汉和奥尔森,2011[257])。

在对学习过程的假设上,托尔曼提出学习有时候是一个构建认知地图的过程,即知道哪里有什么,这实际上是把信息同化到某种认知地图中去的过程,体现的是顺序、方向、距离等学习的空间架构和转化能力。这不是一种刺激—反应学习,而是一种位置学习。此外,他还使用预期证实来表达类似强化的概念,预期得到证实,有机体就会有某种信念,知道一种符号会跟着另一种符号,或一种行为会伴随某种结果,从而去产生这样的行为。他还提出潜在学习的假设,即学习不只是只有借助外在的强化才会发生,通过对情境的感知并凭借头脑中因此形成的预期和预期证实等也同样可以达到内在强化的效果,使学习以一种内隐的方式而不是外显的行为方式进行,这说明了学习是有目的的行为,学习活动本身具有强化效应,不是一直需要借助外在的强化。

加涅把学习从简单到复杂分成信号学习、刺激—反应学习、连锁学习、言语联想学习、辨别学习、概念学习、规则学习和问题解决或高级规则学习八个层次。我们发现,每个层次的学习都涉及复杂程度不一的刺激—反应学习和行为主义学习理论,同时又包含了认知学习理论,既体现了刺激—反应的机能主义联结,又有认知结构中新旧知识和技能从简单到复杂的构建和联结。这种知识和技能的层次累积学习模式还体现在他提出的信息加工模式上。

信息加工理论是认知科学的主要理论。随着信息技术和计算机科学的发展,相关学者开始用计算机程序来模拟人脑在解决问题和学习过程中对信息的认知和加工,人被视作信息加工者。纽厄尔和西蒙从20世纪50年代开始最早用计算机程序成功模拟各种心理现象。格式塔心理学中关于认知和记忆重组的某些推测可以凭借信息加工模式用一种类似计算机程序的方式编制出来,为研究心理过程和心理结构提供了物质基础;某种意义上信息加工学习理论是传统认知理论和刺激—反应学习理论趋于融合的结果,但许多心理学家视信息加工理论为当代认知理论的代名词(施良方,2001[251,24])。对于信息加工论者而言,学习实质上是一个信息获取和信息使用的过程。从机能角度即人类的行为水平上来看,信息的加工和使用过程中的信息流决定了人们的行为,并且这种信息流程有着特定的模式。信息加工论者主要关注的两个问题是人类记忆系统的性质以及记忆系统中知识表征和贮存的方式(施良方,2001[257])。人对信息的加工包括注意刺激、信息编码、储存信息和提取信息四个阶段,涉及人如何注意信息、选择和接收信息,如何对信息进行编码、内在化和组织,以及如何利用这些信息做出决策和指导自己的行为等。信息加工理论以加涅为代表,他认为信息加工模式是学习与记忆的典型模式。学习在这个过程中是以一种信息联结的方式出现的,这种联结以一种递进式的串行信息流的方式出现。信息加工模式也是一种认知的建构,强调学习是个体与环境相互作用的结果,是环境中的信息在大脑内部得到递进式的加工和使用的过程,具体信息加工过程包括期望、注意、编码、贮存、提取、迁移、反应和强化八个阶段,在学习形态上分别表现为动机阶段、领会阶段、习得阶段、保持阶段、回忆阶段、概括阶段、作业阶段和反馈阶段。

对于信息如何在头脑中加工或者说导致行为的信息流模式到底是什么,不同的信息加工论者给出了不同的答案,推动着信息加工学习理论的发展。这一阶段可以称为认知的符号表征阶段,信息加工系统也即符号操作系统,以信息流或信息的串行加工为特征。而到了20世纪80年代后期,"联结主义模型"又称"并行分布加工模型"开始复兴,在平行网络结构中,以分布表征的方式来加工知识信息,因而逐渐取代了符号表征理论成为认知科学主导理论。与桑代克从外部可观察的刺激与反应的联结出发来探究神经学意义不同,"并行分布加工模型"直接模拟神经系统里面神经元(细胞)的联结模式作为人工计算的一种模式,因此也被称为"新联结主义",或直接称为"联结主义",是一种以神经科学为基础的人工神经网络模型。麦克利兰和鲁姆哈特及其PDP研究团队1986年提出PDP模型(并行分布模型,parallel distributed processing),大大推动了始于20世纪40年代的认知的联结主义的再度兴起。该模型假设大脑进行同时或平行信息加工活动,可以同时处理大量的信息,信息处理是"大规模并行的",其基本原则是信息以分布式表征的方式保存在记忆里,体现为单元(节点)之间的连接强度,学习正是通过连接强度的变化而产生。

我们知道,神经系统由大量神经元构成,一个神经元(细胞)结构上大致由一个细胞体和多个突起组成,突起包括多个树枝状树突及一个或多个轴突,神经元之间相互接触且借以传递信息实现功能联结的部位为突触。弗洛里迪在《计算与信息哲学导论》一书中认为(弗洛里迪,2010),在心的计算理论中有两个主要的研究范式——符号系统范式和联结主义范式:前者预先假定心是一种自动形式系统,后者则预先假定心是一个联结主义的网络系统;人工神经网络中的单元(或节点)是神经元的类似物,单元之间的联结是轴突的类似物,联结的分量或强度是突触的类似物,联结主义网络是作为一个整体进行的并行分布式处理,即许多单元(或节点)同时进行信息处理。

1949年,赫布假说提出神经系统的学习发生于两个神经细胞互相连接的突触,突触间网络的连接强度或权重是可变的,并且首次给出了突触间连接权重值的变化方案,又称为赫布学习或赫布法则,为联结主义模型的学习算法奠定了基础且对联结主义模型的发展产生了深刻的影响(鲁忠义和杜建政,2005)。根据赫布法则,只要同时激活两个神经元,这两个神经元的联结就得到加强(弗洛里迪,2010[325])。其表达的观点是同时活跃的两个细胞的联结将被加强或变得更有效;学习在细胞的联结处发生,在神经网络中训练的不仅是联结种类,还有联结强度(赫根汉和奥尔森,2011[332])。

如前所述,认知主义和联结主义是现代认知心理学广义上的两种研究取向。前者也称为符号范式,后者也称为网络范式。在网络范式中,学习和认知被解释为类似神经元网络的整体活动,网络这个动态系统由类似神经元的基本单元或节点构成,常有不同层面的单元间彼此联结,每个单元具有不同的活性,可以兴奋或抑制其他层面的单元,同时也受其他层面单元的兴奋或抑制,因此网络一旦有信息输入,则激活各神经节点,各层次或模块之间神经节点兴奋和抑制交互作用,直至形成一个稳定的状态(鲁忠义和杜建政,2005[146];叶浩生,2003[362-363])。

综上所述,单元和联结是联结主义模式的基本构成成分,知识信息并不贮存于特定的单元中,而是以交互作用的激活模式扩散在整个网络中,或者说存在于神经网络的联结中或权重里,通过调整权重就可以改变网络的联结关系并进而改变网络的功能,达到学习的目的,这构成了联结主义的基本内涵;学习就是联结权重的变化,即原来的联结消失而产生一种新的联结关系,或者是对联结权重的适应性变化(叶浩生,2003[360,365,370])。我们知道学习的过程就是不断调整网络各层的联结权重,随着计算机网络技术的发展,联结主义在学习上的应用主要指向基于大数据的机器学习,利用很多层神经元构成的神经网络实现深度学习。计算机通过这样的学习而具有智能。深度学习成为人工智能时代的主流,也称为数字人工智能。

上述对认知心理学学习理论中学习联结的特征概括见表3-6。刺激—反应理论或行为主义的联结观是从动物性和有机体的环境适应能力来探究人类学习的心理过程和功用,而认知心理学的发展让人们把关注点从动物性和环境适应性转移到大脑、人类意识、神经这些人类特有的组织和结构的运行模式上,这种由关注外在转为关注内在的变化是一种认识上的进步。而认知心理学也从早期以格式塔理论为代表的认知心理学发展到信息技术出现后占主导的信息加工理论和新联结主义。理论之间互相承接,让我们从根源中找到更多联结的相似性。例如,比起行为主义理论,新联结主义与亚里士多德时期的联想主义具有更多的相似性,因为它们都强调观念的激活和联结;而新联结主义关于神经网络动态系统是作为一个整体开展并行分布处理的观点则与格式塔理论的完形观和整体观是吻合的。

表3-6 认知心理学学习理论中新联结主义的源起与发展

代表人物	联结主体/联结点	联结律/学习律	联结的应用	联结特点
惠特海默、苛勒和考夫卡	意识的完形	接近律、相似律、闭合律、连续律、成员特性律	学习即知觉重组或认知重组;顿悟学习	格式塔(完形)
勒温	$B = f(P, E) = f(LS)$	心理动力场	个人心理动力、团体动力	寻求稳态平衡
布鲁纳	认知结构中新、旧知识的联结	归类、推理	编码系统(信息组织)、表征系统(信息再现为动作、肖像和符号等)	概念化、类型化
奥苏贝尔	认知结构中新、旧知识的联结	下位关系、上位关系、组合关系	名称学习、概念学习、命题学习、发现学习(运用、问题解决及创造)	同化作用

续表

	联结主体/联结点	联结律/学习律	联结的应用	联结特点
托尔曼	B=f(S,A)/S-S	中介变量	认知地图、预期证实、潜在学习等	目的性、整体性、中介变量内部决定性
加涅	心理结构（认知图式）	信息加工模式（信息的接受和使用过程即信息流）包括注意、编码、储存、提取	学习过程的八个阶段	信息流/累积（递进式）学习
赫布、麦克莱兰和鲁梅尔哈特	神经元/神经节	并行分布式处理	机器学习；深度学习；大数据；人工智能	单元可以激活、单元间的联结有权重的变化

因此，学习相关联结理论的发展并不是孤立的、割裂的，也不是简单地取代，更多可以理解为它们是互相关联直至走向融合的，或在某一时期以某种形式占据主导地位。以信息加工的符号范式和联结主义范式这两者之间的关系为例，有人认为认知的某些方面是符号的，某些方面是联结主义的，符号架构经由联结主义架构得到实现（弗洛里迪，2010[331-333]）。他们认为联结范式更符合大脑和神经网络的自然性和合理性，联结的网络才是符号范式的本质。两种范式具有相对独立性，也存在相互关联。也有人认为比起目前基于大数据的联结主义范式下的数字人工智能，非基于大数据的符号范式和符号人工智能具有透明、可理解等特有的优势。

应该说，认知心理学从感知觉出发的完形意识、信息加工的符号范式和神经生理学的联结主义范式等角度提出的各种联结观念和理论呈现的是一种连续和交叉发展的态势，我们不能用一种联结观去否认另一种联结观，而是要看到其中的合理性，以及在实际学习过程中的应用。无论是批判还是发展，不同的理论之间互相承接。以新联结主义为例，其相关模型和理论对后来联通主义学习观的提出也产生了很大的影响。

三、现代联结观的发展

如果把由外到内从联结主义到新联结主义期间的联结观定义为古典联结观，随着人们网络学习方式特别是移动学习方式的盛行，我们把接下来这一阶段的联结观称为现代联结观，其经历了从社会建构主义到联通主义（新建构主义）的发展。就古典联结观而言，不管是注重外在行为探究的联结主义还是注重认知加工的新联结主义，都在探究学习发生的内在过程与本质，以外在行为衡量或内在信息模拟加工的方式，探究知识的黑箱或意识活动。因而无论其研究的手段和观察的方法如何，其研究的目标和取向其实是向内的。而现代联结观，包括从社会建构主义到学习的联通主义，它开始探究人在学习过程中的社会因素和社会化网络等其他独立于知识黑箱之外的东西,意识活动、心理过程等不再作为最终的研究目标,外在的网络化社会联结本身等既是研究内容又是研究目标,因而其研究取向整体是外在的。所以,从这个意义上,从古典联结观到现代联结观的研究取向存在一个由内向外的发展过程。

古典联结观和现代联结观并不是割裂的,而是前后交叉发展的。例如,认知心理学中的很多理念都对现代联结观中联通主义学习观等的产生带来了非常重要的影响。其中最主要的两个理论是社会建构主义学习理论和人工智能的联结主义理论,分别奠定了西蒙斯和唐斯所主张的联通主义学习理论的理论基础(王志军和陈丽,2014)。这两位学者是联通主义学习理论的创始人,同时也是大规模开放在线课程(慕课)的发起人。联通主义学习观的出现说明了随着网络技术的发展,从Web 2.0阶段开始,人们对学习方式的关注从知识信息在大脑内部的联结,转向知识信息在社会化网络中的联结或在神经网络中的联结,进而达到对学习的构建、重塑的目的。因此,为了更好地理解联通主义理论的具体内容,我们首先需要了解现代联结观的发展及各流派学习联结论(表 3-7)。

表 3-7 现代联结观的发展及各流派学习联结论

联结观	认知心理学的联结观		信息的联通观
	→社会建构主义	新联结主义	联通主义
学习理论流派	建构主义学习理论	神经生理学学习理论	联通主义学习观
代表及其理论	皮亚杰的建构主义	赫布法则	西蒙斯和唐斯联通主义学习观
	维果茨基的社会建构主义	麦克莱兰和鲁梅尔哈特并行分布加工模型	
	班杜拉社会学习理论等		

这一阶段主要经历了从个人建构主义向社会建构主义的转变,以及后期网络学习盛行后,又从社会建构主义、新联结主义发展到联通主义(新建构主义)。

建构主义理论(constructionism)是认知心理学的一个分支,强调的是以学习者为中心,在与社会环境相互作用的过程中,个体积极主动地去构建对世界的理解和认知。根据关注的建构主体对象的不同,又可以分为个人建构主义和社会建构主义,分别以皮亚杰和维果茨基等人为主要代表人物。根据皮亚杰的认识论,人们构建认识的过程是一个主体和客体相互作用的过程。因此,皮亚杰对刺激—反应(S→R)理论持批评态度,认为这个公式应当写作 SR 或者是 S(A)R,其中 A(assimilation,同化)表示刺激要经过同化才会引起反应,而学习者的同化能力才是学习的根源(施良方,2001[169])。皮亚杰理论的核心概念包括图式(schema)、同化(assimilation)、顺应(accomodation)和平衡(equilibration)等。图式指的是对世界的各种概念、观点或整体的心理印象、心理结构和框架,类似早期皮亚杰对认知结构的定性。他认为人的认知是在主动构建的过程中逐渐生长和发展的,觉得考量认识的发展并不能停留在外在的刺激及引起的反应,而应该主要关注主体内部的构造,即图式,可理解为认知结构、心理结构、心理模式等。因此,学习过程中所要真正联结起来的不是表象的刺激和反应,而是其与原有图式的联结。任何心理活动都是一个积极主动调用、改造已有图式的过程,在该过程中完成人们认知的发展。这一过程大致有三种表现形式:同化、顺应和平衡。同化指的是在知识信息的刺激下,信息在个体心理(头脑)中自动联结到原有图式,把个体感受到的知识信息纳入原有图式中,进行消化和吸收,整合成为自身认知的一部分。在知识信息的刺激下,信息在心理(头脑)中自动联结到原有图式时,如不能直接吸收和理解,此时便需要对原有图式或内部认知结构进行调整,从而适应特定刺激情境和环境,这就是顺应的过程。不管是同化还是顺应,都会对原有的心理模式带来特定的影响,逐渐改变原有平衡状态、建立新的平衡状态或者直接打破原有平衡状态、建立新的平衡状态,从而维持一种动态的平衡。上述提到的布鲁纳、奥苏贝尔和加涅的认知学习理论也有浓重的建构成分,其与图式理论的共同之处在于体现的都是新旧知识或技能的联系和转化,以及由此引起的新旧知识或技能体系的动态平衡的建立,实现智慧成长的过程。

维果茨基的社会文化理论对心理学产生了很大的影响,并由此发展出社会建构主义理论学派(social constructivism)。维果茨基创立了心理发展的文化历史理论,创建了文化历史学派,认为人的心理活动是文化和社会关系内化的结果,心理发展本质上是社会化的过程,神经系统将社会文化及其关系内化成各种心理活动,这是一种高级的心理活动,通过区别于动物的语言符号得以实现知识构建,符号机制连接了人的社会机能和个体机能,连接了内部意识与外部现实。

维果茨基提出著名的儿童"最近发展区"概念,他认为儿童的发展有两种水平,一种是儿童现有水平,即儿童独立活动时能达到的解决问题的水平,另一种是儿童可能的发展水平,就是通过教学所获得的潜力,他把这两者之间的差距称为最近发展区。从相关定义可以看出,最近发展区的概念体现了深厚的建构性,表现在两个方面:首先,作为社会文化理论的核心概念之一,它阐明的是个体心理发展的社会起源,突出了教与学过程中教的引领作用以及教师的主导地位,明确了同伴影响与合作学习对儿童心理发展的重要意义;其次,它启发了对儿童学习潜能的动态评估。因此,某种程度上,最近发展区深植于儿童心理结构和认知的发展联结规律,新的知识需要建立在原有的知识体系的基础上,以此来实现学习认知潜在的发展才最为有效。至于如何实现,则主要依赖社会化学习的方式进行构建,即通过由教师来"搭建脚手架"进行教学。我们知道,维果茨基的最近发展区理论是支架式教学主要的理论基础,在实际教学中可着眼于学生的最近发展区"搭脚手架"。支架式教学主要涉及六个教学步骤:引入(recruitment)、示范(demonstration)、简化作业(simplifying the tasks)、维持参与(maintaining participation)、给予回馈(feedback)及控制挫折感(controlling frustration),即教师先引导学生进入某个问题,示范之后进一步简化问题让学生持续主动参与其中并给予适当的反馈,如果学生无法解决问题时,可考虑再简化问题从而控制学生挫折感。

维果茨基社会化联结理论的还有一个应用体现在交互式教学中。他以阅读能力训练为例,让教师和学生分别主导。教师先示范如何通过提问等方式引领大家去理解某篇文章。再由学生主导,选取相对简单的阅读文章,引导大家参与到文章理解的学习和讨论中。这样的交互教学发生在了教师和学生之间,学生和学生之间,在各自的联结中,教师和学生的角色也不停发生轮换,从而起到纵深交互和互相促进、启发的作用。这是交互教学的最初模型。在网络教学出现后,交互式教学形式更加丰富,出现了学习主体维度上的人机交互的各种模式,也出现了时间维度上的实时交互、线上线下交互等。

比较个人建构主义和社会建构主义,简而言之,个人建构主义关注的是个体,强调个人在与经验、环境、社会的相互作用过程中构建个体的知识和认知,其联结的本质是个体内部建构即新旧知识联结;而社会建构主义作为建构主义的另一个重要分支,核心思想以人类认识建构的能动性和个体与环境、社会的依赖性为主要内容。建构主义主要关注的是个体如何发展构建认知,因此以个人建构主义为主要形式,而发展到了社会建构主义,则更多关注社会文化环境对知识构建和学习的关键性作用,认为是社会因素和个人因素的整合促成了学习。社会建构主义联结的本质是个体间协同活动建构知识和认知,是一种个体与他人、社会历史文化的联结,表现为学习共同体和社会文化制约性。因此,偏重个体认知探索的个人建构主义仍是经验主义,社会建构主义则提供了另一种新的逻辑建构方式,即不是单纯经由个人经验来构建各种存在于人内部的心理,人的心理和认知存在于社会文化、人与人的互动中,其过程不能简单二分为内部和外部,而是一种类似于内外和合的联结和社会共同构建,且最终以特定的社会生态的形式呈现。

同样地,社会学习理论的创始人班杜拉也注重学习过程中个体与社会的联结。班杜拉是新行为主义的代表人物之一,其研究对象仍旧是行为本身,即有机体对环境作出的行为反应以及行为结果对行为的影响和强化等,但同时也关注人类的符号表征,即认知系统对人的行为的决定作用。在班杜拉看来,行为的起因不是行为主义环境决定论[$B=f(E)$:行为由环境决定]或人本主义个人决定论[$E=f(B)$:环境取决于个体作用]所阐述的那种单向决定关系,至少是双向决定或相互作用的。

班杜拉在勒温行为模型的基础上进一步提出自己对个人、环境和行为之间关系的观点,即三向(三元)的"交互决定论(reciprocal determination)"。勒温的行为公式为 $B=f(P,E)=f(LS)$,表达的是勒温认为一个人的行为是个人和环境相互作用的结果,随人及环境的变化而变化,随生活空间的变化而变化,并用生活空间来指决定人们某时行为的个人与环境及两者关系的总和。班杜拉则认为相互作用有三种模式。其中,第一种类型 $B=f(P,E)$ 是一种单向的相互作用,因为个体和环境结合在一起影响人的行为,是一种因果关系的模式,还不能充分体现相互作用的过程;第二种类型 $B=f(P\leftrightarrows E)$ 这种相互作用可以说明个体与环境在决定行为过程中的彼此依赖,可以确定哪些行为变化由个体特征引起,哪些受环境因素影响,还有哪些是两者相互作用的结果,但这种相互作用忽略了行为本身在这个过程中对个体与环境相互作用起到的作用,因为在考量行为时不能只把人和情境相结合而忽略人的行为(施良方,2001[359])。因而,班杜拉主张把关系三分,认为在个体、环境和行为之间有三种不同的双向作用,存在于个体与环境、个体与行为、行为与环境之间,用公式表示就是 $\triangle_{B-E}^{\ \ P}$。个体、环境和行为三者被整合到了这个公式中,体现了人本主义、行为主义和认知心理学思想。其中,个体包括了个体的认知结构、生理特征、社会属性等因素,会对人们的行为同时对环境产生影响;环境指学习的情境,指各种自然的社会情境或社会因素,会对人们的认知和行为产生影响;个体的行为方式等也会同时影响到环境,并为个体带来改变。三向的交互作用还可以理解为个人与环境交互作用决定个人行为、环境与个人行为交互决定个人的变化发展、个人在与自己行为的交互中对环境产生影响或带来环境的改变等。交互决定论体现了一种相对比较充分的相互作用,三者在交互作用中产生影响,因而这些影响是潜在的,是在不同的维度产生结合或相互作用后带来的影响。这三者没有哪一者可以单独作为一个因素对行为起到独立的决定作用(赫根汉和奥尔森,2011[284])。从社会心理学的视角,这种联结可能不仅发生在每两个维度之间,也发生在每个维度的内部,即个体、环境和行为两两之间可以产生联结,每个维度内部各要素之间也可能产生某种联结,因而产生社会态度、人际吸引、社会规范等社会现象。

此外,班杜拉的社会学习理论中还提出了观察学习的概念,即对社会情境中他人或榜样行为的一种习得,也称为榜样的作用,体现的是人与人的联结。它与刺激—反应理论中的强化学习不一样,体现的是一种社会化过程。而且观察学习是一种认知的联结,体现为以符号表征的方式储存观察到的榜样行为并适时转化成为新的认知或能力。他同时把对行为结果的强化(奖励或惩罚等)理解为一种外部强化,并可根据观察的对象是他人还是自己分为替代强化和自我强化,认为强化对习得与否没什么影响,但对学习表现如动机等会有影响。

由上可见,班杜拉的交互决定论和社会建构主义有着极为相似的地方,即两者都避免了行为主义的机械环境论倾向,并且都关注到了行为之外的社会因素和个体因素如认知等在学习过程中产生的影响和相互作用,从而能够更好地理解复杂环境下的学习和交互。然而两者也有着不同的地方,前者以行为为研究对象和观察点,是从个人学习的角度提出的学习理论,而后者主张学习是从人的社会历史文化属性和人与人之间的协同社会活动中逐渐成长起来的认知和能力。

综上,这一阶段的学习联结特征及其发展概括见表3-8。其中,基于神经生理学的新联结主义学习理论已经在上一节论述,这里不再赘述。新联结主义是经典联结观的主要部分,同时也是现代联结观发展到联通主义理论的重要来源之一。

该理论虽然在应用上是模拟心理或大脑的人工智能,但其信息平行加工和分布式表征等理论为心理过程和学习过程的研究提供了新的视角,其相关模型和理论也对后来网络时代的联通主义学习观以及后续的生态联结观等产生了一定的影响。第三阶段生态联结观即网络时代的信息生态观经历了从人本主义到生态主义的跨越,这一阶段的联结观主要表现为从信息的联通观发展到了信息的生态观即在信息节点的不对称和信息动态平衡的构建中产生学习。关于信息生态观我们将在接下来的章节中择章详述。在此之前,基于上述对联通主义学习观的各种理论溯源,下一章我们将对联通主义学习观单独展开系统的论述,包括联通主义学习观的基本内容、特征、理论的发展及其带来的对教学的影响等等。

表3-8 联通主义学习理论中的联通主义学习观的源起与发展

代表人物	联结主体/联结点	联结律/学习律	联结的应用	联结特点
皮亚杰	图式	同化、顺应、平衡	学习的能动构建	动态的平衡
维果茨基	个体	学习共同体、社会文化制约	支架式教学(最近发展区);交互式教学	社会共同构建
班杜拉	（P、B、E三角图）	交互决定论	观察学习、强化理论	三向(三元)
赫布、麦克莱兰和鲁梅尔哈特	神经元/神经节(节点)	并行分布式处理	机器学习、深度学习、大数据、人工智能	单元可以激活、单元间的联结有权重的变化
西蒙斯、唐斯	信息源(节点)	联通主义	组织学习	动态的知识流动循环

第四章 联通主义及其发展

第一节 网络时代联通主义的提出

如前所述,我们知道,西蒙斯和唐斯合作创立了联通主义学习理论,是对于网络时代知识爆炸时期人类知识的自主建构和生成方式的一种新的探索。斯蒂芬教授某次接受采访时指出,西蒙斯的联通主义主要是从社会构建的角度出发,强调一种社会和知识信息的联结,它属于社会化网络;而他提出的联通主义则是从人工智能和神经网络出发,强调知识在神经元之间的联结(胡艺龄和顾小清,2013)。前者更接近社会建构主义,关注在社会化网络的构建过程中学习知识,而后者则更接近新联结主义,关注知识的互相联结和转化。他指出,不管是社会化的联结还是基于神经生理学的以信息分布加工为特征的新联结主义,两者基本命题一致,即学习是人们通过社会化网络的交互和使用,使外界信息在神经元构成的神经回路中增强或减弱相关联结,从而构建或重塑知识,其中网络式的学习场景对学习的构建以及知识的联结起着非常重要的作用。该界定对理解联通主义理论具有非常重要的意义,也揭示了联通主义学习理论两个层面相互关联这一更深层次的含义。但正如王志军和陈丽(2014[13])所述,西蒙斯的联通主义要更受他人理解和关注。然而,要真正认识联通主义,必须将内外网络联合起来理解才会更到位。因此,我们这里以外在网络学习发展需求为背景,结合内外网络学习特征,主要基于社会化网络构建的角度展开相关的论述。

2004年,加拿大学者西蒙斯在他当时的博客中发布文章"Connectivism: A Theory For the Digital Age"(《联通主义:数字时代的理论》),首次提出联通主义。他是eLearnspace网站的作者和编辑,该网站提供了丰富的关于电子学习的各类资源。2005年,西蒙斯在 *Journal of Instructional Technology and Distance Learning*(《教育技术与远程学习》)杂志上发表文章"Connectivism: A Learning Theory for the Digital Age"(《联通主义:数字时代的学习理论》)。这篇文章被认为具有里程碑意义,拉开了关于"connectivism"及网络学习理论等后续一系列研究的序幕。关于"connectivism"的译法,国内有"联通主义""关联主义""连接主义""连通主义"

等不同表达。我们在本书中统称为"联通主义",以区别"联结主义(connectionism)""新联结主义(new connecitionism)"等,也区别于"行为主义(behaviourism)""建构主义(constructivism)""认知主义(cognitivism)"等。因而,如果从历史和发展的眼光来看待相关学习理论,会让我们对学习方式的变迁和学习的联结本质有更好的把握和理解。

一、信息联通的学习观

在《联通主义:数字时代的学习理论》这篇文章中,西蒙斯首先列出了数字时代学习的一些重要变化趋势(Siemens,2005a),如下所示。从中可以看出联通主义学习理论提出的背景及其背后的学习观。

• 很多学习者终其一生会进入一系列不同的、很可能不甚相关的领域。

• 非正式学习会是学习一个极其重要的组成部分,正式学习不再是学习的主导。如今学习以多种形式发生——人们可以通过实践共同体进行学习,也可以通过个人网络进行学习,或者通过完成工作中的相关任务进行学习等。

• 学习是一个连续的、终身的过程,工作相关的活动与学习不再是分开的,在很多情况下它们是一体的。

• 技术正在改变(重新连接)我们的大脑。我们使用的工具定义和塑造我们的思维。

• 个人和组织都是学习有机体。对知识管理关注度的上升表明急需一个理论弄清楚个人学习和组织学习之间的关系。

• 许多之前由学习理论来解决的学习过程(特别是认知信息加工过程)现在可以依托于技术,或者以技术的方式得到支持。

• 学习除了知道如何学和学什么之外,现在还需要知道哪里学(即知道在哪里找到需要的知识)。

从上述西蒙斯对学习趋势做出的预测到现在,已经过去了将近20年的时间。我们现在重新回头看当时的预测,发现其仍具有较强的时代意义。如果对上面几点趋势内容进行概括,会发现其特点主要体现在四个维度:学习的空间维度、学习的时间维度、学习的主体维度和学习的技术维度。

(一)空间维度:数字时代学习的内容交叉,学习层次拓宽、空间得到无限延伸

网络数字时代,信息大爆炸、学习内容纷呈,学习时往往会碰到交叉的内容和领域,知识体系越来越综合化,对人的素质综合化要求也越来越高,对人才的培养要求也是如此。以外语人才培养为例,改革开放以来,特别是中国加入世贸组织以来,我们注重培养"外语+专业"的复合型外语人才,随着"一带一路"建设发展和中

国参与"全球治理"步伐推进,则要求培养"一精多会"(精通一门外语,会多门外语)、"一专多能"(懂专业,能多语种沟通协作)的高素质国际化复合型人才,或者"语言+技能"的国际化技术技能型人才。这些都体现了学科和知识交叉的发展趋势。

(二)时间维度:数字时代学习的时间交叠,学习时间被无限拓展、延长

数字时代更好地推动了终身学习,使学习成为一个持续不断的过程。在工作中进行学习,在学习中开展工作,工作和学习融为一体。在数字时代的学习环境中,一方面信息更迭速度加快,要求学习者一边工作一边学习;另一方面信息的获取也变得更为便捷多元,资源平台变得越来越开放,使得学习者能够一边工作一边学习。

西蒙斯提到非正式学习会成为学习的主要部分。正式学习指的是在正规的学校系统或环境中尤指在课堂的学习,包括各种学历教育以及工作后的继续教育。非正式学习指的是在正规的学校系统以外的环境中,进行的不定期、即兴或随意的学习,或者在正规学校环境中进行的非结构化的一种学习方式。通常是有意图,但没有严密组织结构的学习方式,如自我导向学习、网络学习等。学习除了正式学习以外,更多的是非正式学习。这种非正式学习广泛存在,达到个体工作中学习需要的80%左右(余胜泉等,2009),可见其在个人终身学习中的重要性。除此之外,我们认为,非正式学习和正式学习是可以联合进行的,特别是对于高校学生来说。例如,在学习者的正式学习过程中,许多非正式学习也会同时发生,构成对正式学习有益的补充。甚至对于个人学习而言,非正式的学习才是占据主导地位的。以高校英语词汇学习为例,除了学习课本上要求听写或考试的词汇外,更多的时间需要学习者去通过各种词汇APPs或个人学习社交网络等进行拓展和巩固学习。因此,学生在学校里正式学习期间,教师要注重利用和调配学生非正式学习的时间。数字时代让非正式学习变得轻松可得,可以随时发生。因此,从学校教学的角度,要充分利用非正式学习方式,在时间上延伸正式学习和课堂学习。在网络时代这种学习情境下,会出现非正式学习正式化,正式学习非正式化的情况,非正式学习和正式学习的边界某种程度上也会变得模糊,学习的时间交叠,学习时间被无限拓展、延长。

(三)主体维度:学习有机体和知识系统从个体性向社会性和整体性转型

刺激—反应学习理论、行为主义学习理论关注有机体在不同情境刺激下引起的各种行为反应,是一种对个体机能的关注。而到了网络学习时代,不仅个人是学习有机体,组织也是学习有机体。知识不仅是个人的,也是组织的(包括机构、企业、学校、其他学习共同体等)。除了个人是信息的来源,组织也是信息的主要来源。个人需要从组织获得知识,组织也需要从个人那边积累知识。学习有机体通过对知识的获得、创造、分享、整合、记录、存取、更新和创新等,丰富知识系统,形成

永不间断的由个人和组织的知识产生的组织智慧的循环(周晓丰,2002)。不管是对于机构、企业、学校、班级、还是其他学习共同体,这种组织智慧都真实存在和不断发生着。因此,我们在学习过程中需要运用知识管理把个人有机体和组织有机体及两者之间的知识进行有效分配和转化,借助网络环境和信息技术把组织和个人知识进行积累,同时加强知识在线上线下的共享和交流等。

在知识管理概念体系中,知识按其性质可以分为事实知识(know-what)、原理知识(know-why)、技能知识(know-how)和人力知识(know-who)四种类型。事实知识让我们知道是什么,即一些既定的事实、经验、数据等;原理知识让我们知道为什么,即事物背后的原理、规则等;技能知识让我们知道怎么做,即能力、技艺、技巧等;人力知识让我们知道是谁,即了解谁知道什么、谁知道怎么做,是社会关系、分工、角色、专长等的相关知识。

西蒙斯(Siemens,2006)确立了知道在哪里(know-where)在整个知识系统中的重要性;其中,把知识分成了五种类型:knowing about(类似于事实知识)、knowing to do(类似于技能知识)、knowing to be(类似于目标知识)、knowing where(类似于路径知识,包括人力知识)和 knowing to transform(类似于整合知识,包括原理知识),认为,如今路径知识和人力知识比事实知识和技能知识要重要,即在网络时代的学习中,这种把自己联结到信息源的能力尤为重要,它包括例如知识资料的网络搜索、图书馆检索、数据库搜索以及组织搜寻等能力。此外,其中人力知识体现的是一种错综复杂的人际网络联结,能够让我们知道该问谁、寻求什么样的知识联结,是对建构主义理论的一种发展,即在社会化网络的构建过程中形成知识。

唐斯认为知识可以分成三种,除了传统意义上的定性知识和定量知识之外,他又加入了分布式知识。他认为(Downes,2005),分布式知识是一种联结式的知识,即某实体的一种特性成为另一实体的特性而让两者产生关联,由这种关联而产生的知识则是关联知识。关联知识体现的不只是两种实体之间某种关系的存在,还意味着两者之间的互动。因此,他提出的关联知识指的是事物之间能够发生互相联结和互相作用的部分,以分布式的方式存在于不同的物体之中,因联结而得到激活的部分。

(四)数字时代学习方式和学习内容的技术转化

路径知识在网络学习时代知识系统中之所以举足轻重,一个重要原因在于它能够把知识储存到数据网络和人际网络中,等到需要的时候得以联结并涌现。神经生理科学让我们知道信息的加工除了可以是最基本的符号范式,也可以是更接近大脑神经元联结的并行分布加工的联结范式。但是不管是符号范式还是联结范式,都是大脑神经元的一种负荷。到了网络信息时代,我们无法把日益更新的知识全部储存在大脑中,因而需要借助数据网络或人际网络,即我们的知识不是只存在于我们的头脑中,它还可以存放于外在的信息网络、数据库、图书馆以及他人的头脑中,它都可以成为信息的节点即信息源。因此,我们可以简单地把这种范式称为"联通范式",以表示信息的联结与学习不只是学习者内部的行为,更多依赖于外部的联结和学习过程。

这就导致了一方面,学习的很大一部分内容被转移到技术工具中,这让学习变得更为短效、集成。很多信息变得唾手可得,且不必一定要找到信息最初的源头才能够令人信服。信息的联结发生在错综复杂的联络中,我们学习到的某个观点可能并非第一手资料,但网络知识有它的自组织性和规约性,只要可以确保每次知识都有可靠的源头,那么无论传到第几手,也还是可靠的信息。因此最原始的信息来源是哪里变得不再那么重要,我们真正关心的是从某个源头快速得到的知识可以帮助生成什么样的知识,从而带来知识更多的迭代。

另一方面,这对于知识学习和加工的能力提出了更高的要求,对路径知识(knowing where)和信息整合知识(knowing to transform)的能力要求会更高。因为纷繁的信息最终还是要联结到大脑的神经网络中,与已有的知识结构发生不同的联结,而大脑的承载能力有限,需要我们具有较好的知识搜索和更新的能力以及整合知识即调整、重组或创新知识的能力。

二、联通主义基本原则和主要内容

西蒙斯(Siemens,2005a)认为大多数学习理论的一个中心原则是学习发生在人的身上,哪怕是主张学习就是社会化进程的社会建构主义也是把个体(及其基于大脑的身体存在)放在主要的位置,也就是说,这些理论没有解决发生在人之外的学习,即由技术储存和操控的那部分学习,也没有描述学习是如何在组织内发生的。基于此,他提出了联通主义作为数字时代的学习理论,并指出它的几大原则(Siemens,2005a,2006[31]):

- 学习和知识需要不同的意见来呈现整体……从而可以做出最佳选择。
- 学习是一个把专门节点或信息源联结起来的网络形成过程。
- 知识产生于网络。
- 知识可以存在于非人类的设备中,并且技术能够促进学习。
- 获得知识的能力比当下知道什么更为重要。
- 学习和知识是持续发生的、不间断的过程(并非最终状态或产品)。
- 能够看到不同领域、看法和观念之间的联结,并识别其中联结方式和联结意义,这如今对个体而言是核心的技能。
- 流通性(currency)(即获取准确的、最新的知识)是所有联通学习活动的目的。
- 决策本身就是学习。选择学什么、所接收的信息的意义是什么均取决于不断变化的现实。对于现在来说是正确的答案,到了明天可能就是错误的,因为影响决策的信息环境发生了变化。

通过上述几点原则,再结合联通主义早期论著和主要观点,我们从以下几个方面对联通主义学习观所体现的学习联结和特性进行解读。

(一)"学习即网络创造"的理论发展与特性分析

网络是联结的本质和核心。各种携带信息的主体都可以是信息的节点或信息源,包括非人类的设备或网络。西蒙斯(Siemens,2006[29])对网络在学习中的作用和形式有着专门的论述。"人们以外在实物为节点形成网络,节点可以是个人、组织、图书馆、网站、书、杂志、数据库等任何信息源。""发生在人们头脑内的学习其实是神经元之间发生联结的内部网络。而学习的行为则是创建外部节点网络,经由联结使其成为信息和知识的来源"。因此,"学习即创造网络的过程",而网络的创造过程就是"增加新的节点、创建新的神经通路"。这也是联通主义的核心理论。从中可以发现,联通主义关注学习的行为,认为"学习网络是人们创造出来的外在的结构,以便与时俱进,不断获取、体验、创造和连接新的知识。与此同时,学习网络也被认为是存在于我们头脑内部的结构",以大脑神经元的并行分布加工"进行联结、创建理解模式"。

因此,联通主义学习理论保留了行为主义、建构主义、新联结主义的成分。学习和知识的获得首先需要在外部各类节点之间建立联结,是一种外在的行为。此外,学习网络是一种不断联结和发展的结构,既可以是外部的结构,用以维持知识的流通性,也可以是内部的结构,用以进行新旧知识的联结和消化理解。因此,联通主义学习理论是对行为主义、建构主义以及新联结主义在网络时代背景的一种运用和发展。通过与之前的学习理论进行对比,我们可以更好地理解联通主义网络联结的特性。

1. 对行为主义理论的发展

联通主义也关注行为,但不是刺激带来的反应行为,而是节点关联的行为。这种行为是指人们获取基础知识以外的信息的能力,其中,合成和识别信息之间各种关联和模式的能力尤为重要(Siemens,2005a)。因而,学习是一种可操作的知识(actionable knowledge),不完全由个人控制,可存在于我们自身之外(如组织或数据库中),学习的重点是联结专业的信息集,是这些联结让我们学得更多,它们比我们现有的认知状态来得更为重要(Siemens,2005a)。除此之外,组织或机构也通过联结的方式来开展相关组织学习,通过知识联结的方式对信息进行创造、保存、应用等,从而推动信息在组织与个人、组织与组织、个人与个人之间及组织内部和个人内部进行流动,更好地开展知识管理。

2. 对建构主义理论的发展

联通主义对结构的解读并不是简单从知识形成的层面,而是从学习网络形成的层面(Siemens,2006[29,57,27,37,20,21])。它把学习网络当成一种结构,侧重信息的联通,认为"联通创造结构"。只要加强对联通的应用,隐藏的结构或模式自然就会浮现。因此,结构或模式与其说是建构的,不如说是联通过程中的一种自然的涌现。"联通大于建构。""我们不会一直在建构(基于认知的负荷),但是我们一直都在联通。"在网络的联结中,节点的增加或消失、节点功能的增强或减弱都会带来学习的改变。与此同时,保持知识的流通性是联通的意义所在。"保持内容或信息的流通性才能保证知识的成长和有效功能的发挥。"也正是在这个意义上,联通主义认为"知识是动态化组织的,而非静态化结构的","是一种动态的网络和生态系统,是一种对环境改变的顺应模式"。"结构是组织的产物,不是组织的前提条件。"

联通主义认为应该从具备流动性的联通的视角开展应用,由此,结构成了动态化组织的自然产物。也意味着,静态的组织结构是动态的结构化的组织过程的产物。从相关理论可以发现,联通主义所体现的不仅是对个人建构主义理论的延伸,也是对社会建构主义理论的一种发展。该理论认为知识的创造来自个体、团队和组织(Siemens,2006[6])。如前所述,个人是学习有机体,组织也是学习有机体。知识不但是个人的,也是组织的,如企业、学习共同体等。通过对知识进行获得、创造、分享、整合、记录、存取、更新和创新等,丰富知识系统,形成永不间断的由个人和组织组成的组织智慧的循环(周晓丰,2002[29])。

3. 对神经网络及新联结主义的发展

联通主义也关注神经网络的联结,但侧重的是从外在的网络节点联结出发,研究其如何对内在的神经通路带来影响,同时它用神经元之间联结的方式来呈现外部网络的连接。由前所述,新联结主义理论提供的是一种网络范式,即一种人工神经网络。网络中的单元(或节点)是神经元的类似物,单元之间的联结是轴突的类似物,联结的分量或强度是突触的类似物,学习和认知被解释为类似神经元网络的整体活动(弗洛里迪,2010[321];鲁忠义和杜建政,2005[146])。知识信息并不贮存于特定的单元(或节点)中,而是以交互作用的激活模式扩散在整个网络中,即存在于神经网络的联结中或权重里,学习就是联结权重的变化,即原来的联结消失而产生一种新的联结关系,或者是对联结权重的适应性变化(叶浩生,2003[360,365,370])。运用同样的理念,联通主义也提出了一种网络的模式,并指出节点和联结在网络形成中的主成分作用。为了与基于神经网络的新联结主义的网络范式进行区分,我们这里将其称之为联通范式。根据西蒙斯(Siemens,2006[44])的观点,联通范式和人工神经网络理论侧重联结而非单元的观点类似,认为学习的重点不是放在他们需要知道的单元(或节点)内容上(因为内容一直在改变和更新换代),而应该放在对单元(或节点)的联结上这样才可以保持对内容的过滤和更新。在联通主义理论中,任何外在的或内在的信息源都可以称之为节点,而事实上网络时代绝大部分的信息源是外在的。同时,该理论认为知识是网络形成的过程,节点的增加或激活同时也意味着新的神经元通路的创建(见图 4-1)。

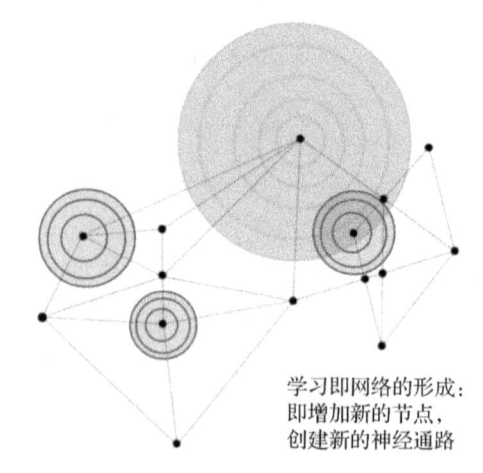

图 4-1　学习即网络的形成(Siemens,2006[29])

(二)网络创造以管道为王、联结为基

1. 管道、节点和联结基本定义

联结的形成即网络的创造。网络的创造以联结为基本的命脉,而管道是主宰,即管道为王("The conduit is king.")(Siemens,2006[75])。根据牛津词典,"管道(conduit)"有两个层面的意思。

①A pipe, channel or tube which liquid, gas or electrical wire can pass through (一种管道、通道或管状物,可供液体、气体或电线穿过)

②A person, an organization or a country that is used to pass things or information to other people or places (一个人、一个组织或一个国家,用来传递东西或信息到其他人或其他地方)

在网络时代,知识如同流动的液体,通过各种媒介等常流常新。"管道"既可以是物,也可以是个人、组织或国家,是信息的中转方。总体而言,"管道"是指人们交流的媒介,是人们表达的通道。

根据西蒙斯的观点(Siemens,2005b),"网络的魅力就在于它固有的简单性,网络只需要最少两个要素即可构成——节点和联结";如前所述,知识、人、技术载体可以是节点,"想法、情感、与他人的互动、新的数据和信息都可被视作节点""节点就是任何一个可以被连接到其他任一元素上的某个元素";"组成网络的这些元素和节点类型包括:①内容成分(数据或信息);②互动成分(初步的联结构成);③静态的节点(稳定的知识结构);④动态的节点(基于新的信息和数据而持续变化的节点);⑤自动更新的节点(与原始信息源紧密相关且能带来高流通性即最新的信息的节点);⑥情感成分(影响未来联结和枢纽形成的情感因素)。"

以上这些节点成分都可以成为连接的单元。其中内容成分是比较基础的单元。而除了内容成分,联结本身也可以成为节点,即通过互动交流达到知识的流动的方式等。联结的单元还包括静态的知识结构和动态变化的知识和信息等,也包括会自动更新的知识和信息等。同时还包括情感和价值取向等要素,即我们的思想意识和价值观念决定我们在对待节点时是持接受还是排斥态度,这对网络的形成起着重要的作用。

西蒙斯(Siemens,2005b)认为,"这些节点或成分之间的联结越强,信息的流动会越快。"与人工神经网络的联结权重理论类似,联通学习理论中"联结也是网络学习的关键,且不是每一个或每一次的联结在整个结构中都有着同样的权重或影响。""节点联结的强度受到动机(其受目标、注意力、相关度、信心、满意度等因素影响)、情感要素、曝光度(即节点的联结广度与深度)、辨识能力、认知逻辑能力和经验等因素影响。"

2.管道和联结在学习中的逻辑关系

西蒙斯(Siemens,2006[32];2005b)早期引用过塞缪尔·约翰逊的一句话"知识分成两种。即我们本来就知道的东西,还有我们知道哪里可以找到的东西。"根据西蒙斯的理论,学习不再是一个人的活动,而是连接专门节点和信息源的过程(张其云和刘小玲,2009)。学习是一个网络联结形成的过程,联结的对象是节点和信息源。管道就是路径,是联结各个节点的通道。网络时代,管道既是知识路径,也是知识内容的重要组成部分,在知识的形成中举足轻重。知道哪里可以联结,即路径知识(knowing where)比获得事实知识、技能知识和目标知识(knowing about、knowing to do、knowing to be)等更重要。如前所述,路径知识指的是能够找到知识的位置、知道如何找到知识,包括从不同的人、物或信息源等各种节点。

我们对学习的认识常隐含在我们对学习的隐喻中。许多组织中的学习系统仍旧很大程度上是把人比作一种接收知识的容器,其理论架构是学习者是一种空的容器(Siemens,2006[38])。学习者不断地被装入各种知识、装备各种技能。而西蒙斯认为(Siemens,2006[21,99]),知识不是为了装入大脑,而是为了能够打开智慧通道;知识的实质是一种特定的组织方式,当知识由他人组织时,我们是被动的知识消费者,而当我们自己重新组织、分享或创造知识时,我们就成了知识的通道(管道)(Siemens,2006[21,99])。人并非只是装载知识的容器,更多时候是一种知识的通道,是知识流通过程中重要的一环。人和其他节点一样,一旦被连接上,就开始发挥其通道功能,而并非只是固定的节点。这就是节点和通道之间的逻辑。如前所述,正如人工神经网络中单元和联结的关系,知识并不贮存于特定的单元或节点,而是存在于联结或权重中,网络时代的学习重点不应放在人们需要知道的单元或节点内容上,因为内容一直在变化,而应该放在对单元或节点的联结上,从而保持对内容的过滤和更新。

管道和联结带来了个人(组织)的信息流动,带来了个人(组织)的学习成长和知识增长,信息流动对于个人(组织)的良性生态发展起着决定性的作用(Siemens,2005a)。联结得越多,则学习有机体适应力越强,知识也越牢固;每个东西之间都在发生着联结,我们自身也在联结中得到重塑;联结可以随时随地发生,因此它同时具有时间性和空间性的意义(Siemens,2006[73])。联结能够突破时间的限制,在最短的时间内将信息最大化。联结同时能够克服空间的障碍,让知识得到整合和创新。

Web 2.0 时代,当学习变成实践共同体情境下的内容创造,学习不再以教室学习为特色,而变成在特定情境中的对话和沟通(Downes,2007)。内容、情境和管道形成了知识和学习的意义;内容启动了知识的循环,情境赋予内容以意义,而管道则让内容得到关联、流通和运用;情境简单来说就是环境,它是对时间和空间的一种规约,可以包括我们的情感、近期的经历、信念以及周围的环境;在学习的过程中,我们必须要把内容、情境和管道这三者融合在一起(Siemens,2006[21,75,4,61,76])。

由管道和联结而来的学习网络具有多样化、自主性、联结性和开放性的特征:①在网络的创造和联结中,我们能对来自别处的多种知识和经验来源进行广泛涉猎,并在与不同观点的互动中形成新的知识;②通过多样化的学习和联结,有利于个体发挥其自身的特点、原则和价值体系,充分发挥学习的自主性;③学习网络的联结性主要在于网络成员或实体间的互动,知识是互动带来的产物,这种互动并不只是观点的集合,更是一种对话与交流;④与此同时,学习网络的开放性让这样的联结变得可能,每个实体都是网络的一部分,也从网络中得到信息,这种不受限制的网络开放特性确保了网络的学习能力(Downes,2007[26-27];2008)。

3.管道和联结在学习中的应用

学习者作为一种知识的通道,和其他节点所起的作用一样,所要关注的不是在学习过程中如何被装入知识,而是如何去创造、生产、传递知识,从而使知识保持更好地联结和流通。因此,知识是一种动态流动循环的过程,是基于知识创造(来自个人、团队和组织)的一种循环,包含五个步骤(Siemens,2006[6-7]),见图 4-2。

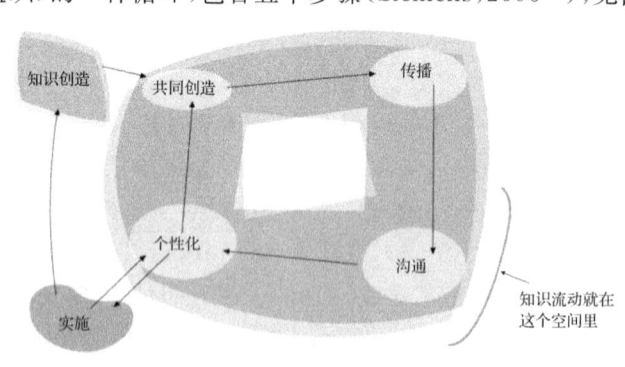

图 4-2　知识流循环图(Siemens,2006[7])

①共同创造:共同创造是第一步。以终端用户为例,他们是知识的直接创造者和分享者。他们所创造的内容会不断补给到知识的循环中,从而推动思想和概念的迅速发展和创新。在这一阶段,人(组织)与他人(其他组织)、与互联网发生了联结。比起消化和记忆内容,知识的创造能让内容学习更为深入。而借助互联网,人们可以更好地创造学习内容,这是一种基于 Web 2.0 的学习者内容创造,创造学习内容的行为既是社交和联结的行为,也是学习共同体(communities)的意义所在,因而在唐斯看来,学习共同体是基于网络层面的一种联结(Downes,2007[20-21])。

②传播:传播知识是第二步,即通过网络对各类节点成分进行分析、评估和过滤等。在这一过程中,有的知识被筛选掉,有的知识被保留了下来。在这一阶段,人(组织)与互联网、与他人(其他组织)发生了联结。

③沟通:经由传播之后保存下来的知识进入各类通道,在整个网络上散布开来。在这一阶段,人(组织)与互联网、与他人(其他组织)发生了联结。

④个性化:在这一阶段,人们通过内化、对话和反思等方式把新知识个性化成自己的知识。在这一阶段,人(组织)与自身发生了联结。

⑤实施:这是最后一个阶段,即执行或操作相关知识,同时反馈给个性化阶段,进一步改进对知识的理解。在这一阶段,人(组织)与自身发生联结,然后进入到下一轮知识的动态循环中,进一步与他人(其他组织)、与互联网发生联结。

在这个知识动态循环过程中,管道起着重要的作用,其作用主要包括人的联通和网络的流通。在知识从创造到传播、沟通、个性化、实施和反馈等的过程中,人(组织)是知识的创造者、传播者、沟通者、内化者和实施者,互联网在这个过程中起着重要的媒介作用。人(组织)的知识不是固定在某一处或某一时,而是在与他人(其他组织)、与互联网、与自己的联通中不停循环更新和创造着,人(组织)不再是知识的保持者,所有信息的创造、传播、沟通、个性化和实施都需要经由人(组织)这个节点,因而其在这个过程中起着更重要的通道作用。在这个知识流通的过程中,人(组织)的学习得以发生。而学习内容在这个过程中只是一种引起学习的东西,或者说是学习过程的副产物(Siemens,2006[76])。

这种动态的知识流动循环方式使课程结构发生了某些改变,见表 4-1(Siemens,2011)。传统的课程结构中,课程内容包括课程大纲、教材;具体交互方式包括讲授、演示、视频、阅读、客座演说和活动;学习的空间区域包括教室、场地、实验室和工作环境;其知识流动性相对单向,即由教师提供学习资源、设计学习活动,并以此为中心开展学习和社交互动,知识的探索受教师提供的资源限制。联通主义性质的课程结构中,课程内容是课程大纲和教材;具体交互方式除了讲授、演示、视频、阅读、客座演说和活动外,还包括各类可实时更新的交互(如由学习者自组织的社交媒介,博客、播客、论坛、社交网站等);学习的空间和场所得到了极大的拓展,除了常规的教室、场地、实验室和工作环境外,还包括各类社交软件、学习平台、虚拟空间、网上公共或专有资源等;其知识流动是以学习者的二次创作为中心开展的学习和社交互动,而教师提供的资源则引发和促进了学习者的这一系列知识探索。

表 4-1 动态的知识流动循环使课程结构等发生的变化(Siemens,2011[82])

变化前后的课程结构	知识内容	交互方式	学习空间和场所	知识流动特征
传统的课程结构和可获得的知识范畴	课程大纲、教材	讲授、演示、视频、阅读、客座演说、活动	教室、场地、实验室和工作环境	教师为中心,提供各种资源、设计活动
联通主义的课程结构和可获得的知识范畴	课程大纲、教材	讲授、演示、视频、阅读、客座演说、活动、社交媒介	教室、场地、实验室、工作环境、社交软件、学习平台、虚拟空间、网上公共或专有资源等	教师为引导、学生为中心的知识创造和流动

比起传统的课程结构和从教师那里可获得的知识范畴,联通主义视角下的知识范畴得到了极大的扩展。这里有两个层面的原因:一方面,在联通主义的课程结构中,知识的创造发生在不同的学习者(组织)之间、发生在不同的学习者(组织)和网络之间,学习通道的打开和多样化带来了知识的多样化;另一方面,基于不同的管道和联结,知识在不停地发生循环流动并不断被创造、生产、传递、获得、实施、整合、改进和更新(再次创造)。

根据唐斯的观点,在联通主义理念下,课程不是只能形成于高校,借助社交网络、在线媒介、各类免费的应用和来自众人的推送,每个群体都可以创造和形成自己的课程(Downes,2008)。

(三)学习生态

联通的过程就是创建网络的过程。学习和知识发生在由此而生成的网络和生态中,而不是层级的、预先组织的结构中(Siemens,2006[99])。前者是动态的、流通的,后者是相对静态的。因而,联通主义学习理论从环境和生态学的角度提出了学习的生态架构,见图 4-3(Siemens,2006[39])。该系统中,学习以互相作用的七大学习类型(types of learning)为主体节点和信息源,以学习的整合和流通为最终目的来运行。具体来说,正式学习(formal learning),非正式学习(informal learning),共同体学习(community-based learning),自我学习(self-learning),体验、游戏和仿真(experience,games and simulation),导师制和学徒制(mentoring and apprenticing),绩效支持(performance support)这 7 个基本学习类型在不同的时空发生了纵横交错的联结,被统一到学习的意义(即流通,currency)和改变或整合(change/transformation)的运行机制中。我们可以从这 7 种基本学习类型中提炼出这样几大学习元素:学习的场合(正式场合、非正式场合)、学习的主体(个体学习、共同体学习)、学习的过程(体验、游戏、仿真)、学习的管理(导师制、学徒制)和结果的管理(绩效支持)。

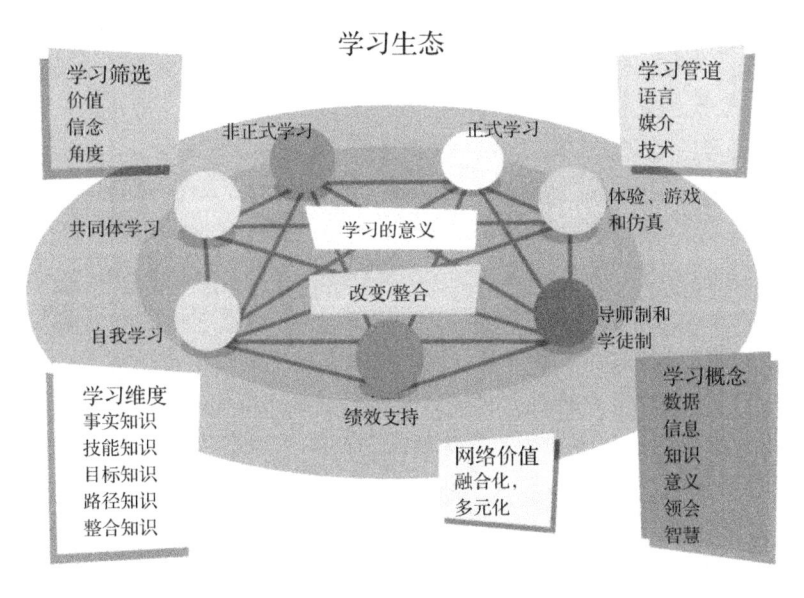

图 4-3 学习生态图(Siemens,2006[39])

在这个学习生态中,还涉及学习筛选(filters)、学习维度(dimensions of learning)、学习管道(conduits)、学习概念(learning concepts)和网络价值(network value)等多个层面的内容。学习筛选指的是意识形态层面包括价值(values)、信念(beliefs)和角度(perspectives)的过滤作用。在学习生态中,学习的内容和方式首先需要经过自我价值观的判断、理想信念的引领以及基于特定的视角开展,这对于网络时代学习内容充斥的今天尤为必要。比起思考和积极的认知构建,我们在做的更多的只是对知识的分类和筛选(Siemens,2006[23])。这种分类和筛选由个人信念、网络、经验、已知知识和情商共同作用发生(Siemens,2006[35])。首先,知识呈现出来的时候就并非全貌,而是经过知识生产者筛选制作的。其次,知识的接受者也会用一套自己的筛选体系来筛选相应的知识。此外,这种筛选不但可以发生在个人层面,还可以发生在组织层面。从组织层面而言,需要加强对学习者良好的价值观、思想道德信念的引领以及对知识、学科体系的开发等,从而使他们建立起对要学习内容的筛选机制。个体成了最核心的筛选主体,而不再是报纸、教师、机构等(Siemens,2006[99])。

如图 4-3 所示,学习维度包含事实知识(learning about)、技能知识(learning to do)、目标知识(learning to be)、路径知识(learning where)和整合知识(learning to transform)。学习管道包括语言(language)、媒介(media)和技术(technology)。如前所述,管道是知识的发布者和学习者用以交流和表达的媒介或通道,从狭义上讲包括语言、媒介和技术等最基本的通道,从广义上讲指的是任何可以联结某些节点的通道,因此它既可以是人也可以是物。整体而言,它指的是不同的知识、信息、人或物等不同节点通过语言、媒介和技术等产生联结,从而更好地发挥其联结作用,成为联结更多节点的通道。

学习概念包括数据(data)、信息(information)、知识(knowledge)、意义(meaning)、领会(understanding)和智慧(wisdom)等要素(Ackoff,1989;Siemens,2005b;Siemens 2006[14])。根据西蒙斯的定义,数据是原始的元素或小的意义中性的要素;信息是智能化的数据;知识是情境化和内化了的信息;意义是指对知识的细微差别、价值和含义的理解(Siemens,2015b)。领会是一种更深层次的理解和知识的整合;智慧指的是长期积累的知识或学问,可以是个人的,也可以是组织和社会的。以上学习要素组成信息系统连续体,而学习就是将知识变成有意义的东西且被遵照遵行的过程,在这一过程中,学习就表现为编码和联结各类节点从而推动数据、信息和知识的流动(Siemens,2005b)。

学习生态的网络价值(network value)体现在网络带来的融合化(integration)和多元化(multi-dimension)上,即通过网络的联结,能够把多元的知识和主体进行融合,展现多维度、全方位的学习时空。这种融合体现在学习生态的各个节点和不同层面上,包括各个基本学习类型,以及学习筛选、学习维度、学习管道和学习概念等各个层面内部或层面之间的融合。

三、联通主义的历史意义

Anderson 和 Dron(2011)把联通主义称为远程教学的第三代教学法。在他们看来,基于网络技术的远程教学不应该只是依赖技术而开展的教学,而应该从学习设计的角度来分析各种学习体验,因而提出了认知—行为主义、社会建构主义和联通主义作为远程教学的三种不同的教学法。他们对于各类教学法的特色做了横向的比较和分析(见表 4-2),认为要根据学习内容、学习情境和学习期望,充分利用这三种教学法以确保高质量的远程教学。

表 4-2　三种教学法在远程教学中的特色与分析(Anderson & Dron, 2011[92])

不同年代的远程教学法	技术	学习活动	学习者细分	内容细分	评估	教师角色	可扩展性
认知—行为主义	大众传媒;打印文本、电视、收音机、一对一交流	读、看	个人	精致:从头至尾编写和设计	回溯型	内容创造者、讲台上的智者	高
建构主义	会议(音频、视频和网络形式)、多对多交流	讨论、创造和构建	小组	中等:搭建和编排,教师主导	合成型:文本形式	讨论的主导者、从旁指导者	低

续表

不同年代的远程教学法	技术	学习活动	学习者细分	内容细分	评估	教师角色	可扩展性
联通主义	Web 2.0：社交网络、集群和推送系统	探索、联结、创造和评估	网络	粗略；划分基本的目标和受众层面，自主创作型	制品创作	批判性的朋友、共同经历者	中等

从表 4-2 可以看出，三种不同的教学法在技术、学习活动、学习者、教师角色、内容、评估和可扩展性等方面都有着不同的侧重和特色。首先，网络技术从 Web 1.0 向 Web 2.0 发生了转变，技术交流的方式也从认知—行为主义的一对一交流转向建构主义的多对多交流，最后向联通主义的社交网络、集群化和推送的方式转变。学习活动由认知—行为主义教学法注重读、看等行为转为建构主义教学法主张通过讨论来构建学习，在联通主义教学法中学习活动则变成知识的探索、联结、创造和评估等。三种不同的教学法中对学习者的细分从个人、小组转向了网络，学习内容也从教师自上而下的设计转为教师与学习者共同构建，再转为学习者自下而上的创造，因此内容的细分程度也变得越来越粗略。在内容的处理上从教师为中心，发展为教师主导学生主体，再到联通主义的学习者自主创作等，评估的方式也发生了改变。同时，教师的角色也从核心的知识来源转变为活动组织者、知识技能指导者，发展到联通主义理论，教师则成了学习者生产的内容的批判者以及各种学习体验的共同经历者。三种不同教学法在可扩展性上也各有不同。可扩展性指网络或平台等通过构建分布式系统达到性能的最大化提升的特性，它是和新联结主义相关的一种性能。学习如果发生在计算机或网络上，相关学习系统也相应具备此性能。随着计算机网络的发展，认知—行为主义教学法更离不开计算机和网络学习系统，因而它们的可扩展性更高；社会建构主义对社会构建性要求更高，因而可扩展性相对较低；联通主义教学法介于两者之间。

Anderson 和 Dron(2011)[91]认为，虽然这三代教学法中的主要成分一直未变，一直都是教师、学生和内容，但是这三者之间的关系却发生了改变，建构主义中起着决定性作用的生生互动发展到了联通主义变成强调学生—内容的交互关系，重点放在了持续的网络构建和用户生成的内容上。

第二节　联通主义的发展与研究

联通主义从 2004 年被提出，至今也已经历了 20 多年的发展。在这个过程中，人们对于网络学习的方式和联通主义学习观的理论有了更多的探讨，而我们也将跟随时代的步伐,从相关研究及其综述研究等方面进一步了解联通主义的研究与发展概况,发现更多学习的规律。

一、联通主义的一些最新研究进展

唐斯通过谷歌学术搜索(Google Scholar)对2018—2019年涉及"联通主义(connectivism)"的其中44篇相关学术论文解读发现,界内对联通主义的批判可能仍然存在,但整体而言,联通主义在2018—2019年得到了广泛的和有效的应用,人们对于网络联结在学习中的角色有了更为广泛的认识和接受度,而大部分对联通主义的应用研究其结果都是肯定的,至少是中立的;综合理论相关和应用相关研究,主要内容涉及三种:①联通主义的综述和评价研究;②对联通主义作为一种教学法和教学理论的解读;③联通主义有效性的例证研究以及联通主义对将来的影响研究(Downes,2019)。

唐斯的研究发现,联通主义相关理论的应用范围很广,不仅应用到了在线学习,还有课堂学习;在教育阶段上,从基础教育一直到大学教育,再到职业发展,都有对联通主义理论的相关应用;在应用领域上,联通主义在语言学习领域有着不少的应用,此外还在理工科、数学、健康病例甚至城市设计领域中都得到了研究和应用(Downes,2019[115])。联通主义作为数字时代的学习理论被应用到了整个知识和学习的领域。联通主义的相关原则,特别是其自主性、多样化、开放性和互动性这些核心原则被应用到了大量的案例中,用以探究学习的规划、设计、实施和评估。联通主义不但可以用于教学设计、拓展学习机会,同时也能来解释说明相关学习结果,从而更好地理解学习中社交网络使用、学习动机提升以及深度学习开发等具体的学习现象。

根据对44篇论文中各个作者相关论点的梳理,唐斯把联通主义的应用和研究具体概括为六个层面,包括对联通主义的理解、对联通主义的批判、联通主义教学法、联通主义学习理论、一些成功的例证以及联通主义的未来展望等(见表4-3)并引述相关论文,从中我们可以更好地理解联通主义的相关理念与发展,把握网络时代学习的特色与规律。

表4-3 联通主义的一些最新研究动向(2018—2019年)(Downes,2019[115-124])

	1. 对联通主义的理解
①知识观	知识是网络中的一组联结,学习就是创造和横贯这些联结的能力。联通主义的知识来自团体中交互形成的网络,是在网络中自然发生的。知识更多是一种互动的结果而不是一种内容。知识具有不可预测性、不稳定性、不可控性,且知识不断增长,个人不能完全掌控,因为知识还可以存在于他们所处的社区、电子设备等不断变化的外在网络中。

续表

	1.对联通主义的理解
②学习观	根据联通主义,学习发生在网络化的环境中。联通主义描述的是人们如何通过创造新的联结和识别关联模式来适应变化的环境。联通主义学习模型包括汇总、合成、修正和输送四个步骤,本质上是一种关于网络形成的模型而不是知识习得的模型。 联通主义绝不单单只是关于认知层面的学习,还包括情绪、近期经历、信念、周围环境和在线社交网络等要素,这些社交网络具有适应性、流动性并且在规模和范围上随时可扩展。 决策本身就是一个学习的过程。选择学什么、接收的信息的意义都是基于不断变化的现实。也许对于现在来说是正确的答案,到了明天可能就是错误的,因为影响决策的信息环境在改变。
③团体观	联通主义理论中,学习不但被理解为和人有关,还和团体有关。联通主义不仅仅是关于个人知识和学习的概念,还是理解关于个人网络、团体或社会的集体心态的一种方法,这种方法以不断改变和进化生成网络生态为其共同原则。此外,联通主义提供了群体的组织原则,体现在群体成员的组合和分配等方面。学校、教师和学生之间可以建立起一种知识和经验分享的网络,需要看到这种联结的力量才能在知识的新世界发挥作用。学校也因此变得更为智慧化。
	2.对联通主义的批判
①学生能动性	学生在自我导向和自我激励方面存在一定偏差。不是所有的学生都能够自主地指导自身的学习、习得关键知识。尽管许多学生都感受到了联通型课程的好处,但是还有一部分学生对其有着复杂的包括负面的情绪和体验。 在唐斯看来,上述只是部分现象,随着学生越来越习惯于在社会网络和数字技术中工作和学习,相关顾虑会越来越少。
②概念论证上的不足	联通主义是否真的可以解释人们对概念的形成及发展过程,学生是否真的能够运用联通主义方法自主创造和构建概念知识,这也是对联通主义的主要质疑。 比如联通主义中存在着学习的悖论,当人们还不知道某种具体的联结结构是一种模式时,是无法识别出来这种联结模式的。 就交互方式而言,联通主义把互动和对话视作一种学习者与网络中某个人类节点的联结,这会弱化互动和对话本身的概念,另外,联通主义也无法解释概念是如何发展的。 联通主义无法表明学习者是如何与各类资源形成联结的,因此除了联通主义教学法之外还需要某种流程,来说明学习者如何与节点形成联结,这一流程可以概括为"设计和筹划、认知加工和评估"三个连续的步骤。 此外,还有一点不足是,由于慕课中没有可以集体实施的活动,因此,存在一种教师干预和参与不足的倾向。

续表

	2.对联通主义的批判
③一些回应	西蒙斯在其2019年的博客帖子"I was wrong about networks(我以前对网络的看法错了)"中似乎就基于上述类似的反对意见宣布放弃网络学习的说法并回应道:"网络是有着巨大的描述能力,但我开始认识到仅仅网络是不够的。网络虽具有预测性……但不是之前那种令我欣喜的程度了……所有的联结和网络都发生在某一系统中,系统定下其中的原则,让个体能够形成联结、产生行动力"。 尽管不能说每个网络无论在什么地方都可以促进个体能动性、某一认知的完成,但是越来越多理由相信有些网络是能够带来能动性和认知提升的。例如,很长一段时间,神经网络在计算机科学曾被认为是稀奇古怪的东西。但如今,它被用于识别笔迹、翻译文本,甚至表达创造力。比起对联通主义的批判,最近关于联通主义的讨论更多在如何诠释联通主义、联通主义的应用情境以及如何确保联通主义的成功应用。下述将围绕这些讨论展开。
	3.联通主义教学法
①慕课	基于学习者个人或者学习者网络相关学习理论,慕课在全球的信息化学习中得到兴起。2009—2019年里,联通主义教学法主要应用在慕课教学上。学习者在慕课中的学习体现的是联通主义学习。例如,通过对围绕话题和话题生成的参与模式的分析,证实了学习即网络创造的理念。联通主义可应用于慕课的教学设计中,这种设计发生在复杂的环境中,并且缺乏明确的形式。
②课堂	尽管联通主义是数字学习的一种理论,大量的研究者也将联通主义教学原则应用于课堂环境中。如,联通主义可以应用于主动学习课堂(active learning classroom,ALC)的创建;涉及知识的传递、学生的参与以及培养学习独立的能力三个方面。联通主义可应用于课堂互动,学生利用网络资源形成关联和链接,从而进行知识和观点的学习、分享。联通主义在课堂的开展需要一定的策略,包括"从不提供学生可以自己获取的信息",这使得联通主义更接近于发现型学习,而非网络型学习。
③微型学习	在企业学习中,微型学习的概念近几年来广泛流行,它指的是在短时间内、以微小的单元内容出现的学习,表明用于学习的信息来源和信息单元不断细分的现状。微型学习的理论基础就是联通主义,因为联通主义强调的是很多观念之间联结能力的形成,包括各个观念彼此之间,以及每个观念与不同信息来源之间联结能力的形成;这些观念间的联结在学习者个体的大脑中得到了形成、发展和保持,形成西蒙斯所谓的学习生态;学习生态的大小、范围和复杂度都不一样,但是它们都是由个体组成的网络和信息来源组成。
④自主性、互动性	联通主义认为成功的网络具备自主性、多样化、互动性和开放性的原则。从联通主义教学法的讨论中可以发现,研究者们正在向这些原则靠拢。联通主义学习模型的一个核心原则是学习者自主性。不论是在慕课、课堂还是企业的微型学习中,越来越重视能够让学习者选择他们要学习的东西以及选择如何学习。21世纪的学生是DIY(自己动手)型学习者。 与此同时,互动性不但越来越被当作是一种有效的教学策略,而且越来越被当成一种创造和生成新的学习的手段。联通主义不仅仅是一种知识传递的手段,而且是一种解决问题和完成任务的手段。

续表

	4.联通主义作为学习理论
①赞成的观点	联通主义经常被定位为一种和行为主义、认知主义和建构主义并列的学习理论。学习理论通常应用于含大量信息的综合体中,用以解释和预测行为。学习理论和教学理论不同的地方在于教学理论必须规定流程以保证学习的效率和有效性,而联通主义在内的学习理论则包括学习倾向、概念设计、观念的发展、奖励和惩罚的使用。
②反对的观点	和早期的反对观点一样,现行仍有一部分观点认为联通主义不应被当作一种新的学习理论,而是应作为已有理论的一种延伸。它只是对先前学派的演进而不是一种对教学法的理论变革,也可以说只是对建构主义局限性的一种拓展。联通主义理论不足以成为一种学习理论,因其理论还不足够扎实和完整。例如没有解释在学习完成后,节点中提供的信息是如何整合到现存的网络知识结构中的。无法解释概念的发展,如果概念包含某种特别的关联模式,那该怎么解释概念发展了而关联模式却不变。
③研究基础	联通主义和先前的研究相关,但这并不意味着它和该研究的理论是一致的或者是其中一部分。联通主义基于一套观点建立,且带来了大量的研究。比如,联通主义慕课和神经认知观之间存在着某种关联。联通主义自身根植于人工神经网络的研究,也就是新联结主义。联通主义反映了完形原则(包括近似性、接近性以及持续性),阐释了人类大脑是如何引起联结和关联的。联通主义和建构主义相关方面也是一致的。两者在很大程度上都主张以学习者作为全局观,认为学习者在学习过程中起着主要作用。
	5.一些成功的例证
①学习动机方面	研究表明,联通主义和动机提升呈现正相关,学生可以更为深入和自主地去贯彻他们的职责,例如提升学习者的学习自我效能和任务价值、带来动机信念的提升。大多数情况下,学习动机来源于学习自主性,即管理自己学习课程的能力,这个和教学法以及学习环境相关。此外,学习动机有一部分和现代技术的使用相关,例如大多数专家强烈赞成使用基于云的工具和联通主义学习方法。
②基于联通主义方法的学习结果	多项研究表明,联通主义相关教学方法有利于提升学习结果。选择关联性和情境性强的资源会降低错误的发生、改进学习。自主性、多样化、互动性、开放性和 web 2.0 对于学生学习成绩的提升有着显著的积极效应。联通主义教学法比起语法翻译法要有效果得多,联通主义教学法带来多样化,此外,学生在选择学习内容或任务时对自身的兴趣会变得更为关注,这两者让学生能够更加投入学习。
③学习能力方面	联通主义也与学生学习能力的提高有关。其中一部分原因是学生自我管理的能力得到了提升,还有一部分原因是联通主义的视角提供了更可靠的世界观。从自我管理的角度,当高校学习环境下的学生成为自主学习者,更多被学习激励而不是被成绩激励时,意味着他们对未来做好了准备。从联通主义的视角学生学会了:通常人们看到的不是世界本身的样子,而是他们眼中世界的样子,或者他们习惯去看到的样子。因此,联通主义知识观和学习效果的提升是具备相关性的。

续表

	6.联通主义未来展望
①联通主义的角色	联通主义在未来的学习和发展中仍将发挥作用,因此,有必要对联通主义模型进行探究。其中,开放式教育、开放式教育资源、联通主义和根茎学习①环境等相关概念值得思考,因为这些都是随网络文化而出现且得到强化的主题。 在数字环境中应确保联通主义的有效发挥。例如,给学生一种支配感有利于他们成功使用社交网络,在案例中,学生自己支配辩论的内容和方向,同时决定如何、何时开展在线讨论。 个性化学习、多样性和包容性、学习能力的培养,和持续学习的文化是21世纪教育体系的新原则。联通主义的意义在于将这些主题放入一个框架中,为理解这些新需求奠定了基础。联通主义同样也促进了批判式思维和深度学习,这被认为是联通主义未来向前发展的关键。批判式思维是实现深度学习的一种手段,培养批判性思维能力等高阶思维能力是深度学习的目标,而深度学习研究是学习科学研究的重点。 另外,建构主义把教师放在幕后。然而根据联通主义理论,教师在数字学习中扮演着重要的角色。
②对联通主义的更广泛的思考	联通主义不仅仅是描述和解释如何把特定知识体系传授给学生的一种理论,它的成功不是通过对预先设定的学习目标的总结性评估来衡量的。它关注的是对学习的一种更宽泛的理解、促成一种广泛的学习的能力和对动态和混沌环境的适应能力。联通主义会让人们对不断变化的社会和持续增长的知识形成一种更好的理解。 总的来说,和联通主义相关的研究主要围绕着联通主义的方法和实践展开。有些教学实践注重个性化、能动性、真实的受众、联通式和创造性。有些则注重学生在学习中的角色,把学习的灵活性和支持的学生自主性结合起来,带来学生理解力和自信心的提升。 联通主义对学习环境的总体看法也是联通主义理论的一个重要方面。根据联通主义,学习环境是一种富有活力的、成分混杂的个人学习网络,让学习者可以与全世界的人进行协作。在线共同体已经成为知识生产和传播的一种推动力。这些网络的角色不仅仅是用来传送知识,还用来创造知识。例如,在知识构建虚拟社区(virtual communities of building knowledge,VCBK)概念中,学习和知识不是从一个网络成员传到另一个网络成员,而是所有成员交互的创造性行为的产物,例如,对于一门慕课来说,也许最重要的是其学习和知识是通过技术手段进行群体互动的结果。

---

① 德勒兹和葛塔里将根茎的特点概括为没有模式的多种和各种连接(互相关联的线条),往各个维度和系统且没有结构地大量蔓延,能够断开、重新连接和适应不同情况,以及形成一幅由连接和高原组成的开放式、杂乱无章、没有边界的图谱;科米尔把学习视为游刃于根茎这种图谱的有机协商过程,"其标准是不固定的,知识是一个移动中的目标……社区即课程"他发现可以用根茎比喻知识和技术日新月异的时代,因为传统验证和认可知识的专家模式难以适应这样一个用户生成内容和社会学习的时代,如果还不至于完全不适用的话(布拉斯科和哈泽,2020)。

二、联通主义研究现状与发展情况分析——一项基于 CiteSpace 的可视化分析

唐斯认为上述研究文献具备一定程度的代表性,能说明一些最新的进展与现状,但唐斯的综述不是对整体文献情况的一种实证性综述,因此它更多是对文献的一种解读而不是对文献的量化分析(Downes,2019[114])。我们认为,唐斯选取的数据具有一定随机性,尽管他已经非常全面地描述和深度地刻画了联通主义的理论框架和发展状况,但接下来仍旧可以从客观量化和历时的角度进一步分析联通主义的发展、探究现代网络学习的规律。

因此,为了对联通主义相关研究实践的发展进行客观、相对完整的分析和描述,厘清联通主义的基本发展脉络与主要特征,对不同时段和不同国别区域进行比较,我们利用 Web of Science 核心合集数据库的资源,以 CiteSpace 为工具开展对相关文献的量化分析和综述。

(一)研究方法和工具

1. 数据采集

参考西蒙斯和唐斯经典代表作,我们以其中新提出的"connectivism""connectivist""connective knowledge"和"connectivistic"分别为主题词进行搜索。此外,"connect""connection"和"connectivity"这三个词虽然是联通主义核心的内容,但因其包含的意思太过宽泛,另因"connection(connectionism)"还常用在行为主义的联结主义理论和人工神经网络的新联结主义理论中,故其均不考虑作为搜索词。

我们在 Web of Science(SSCI,A & HCI)科研数据库平台进行搜索。相对而言,Web of Science(WoS)是数据结构最为完整的索引型数据库之一(李杰和陈超美,2017)。该索引型数据库收录了除正文以外的所有文献信息①,包括 PT(文献类型)、AU(作者)、TI(标题)、SO(期刊)、DE(关键词)、AB(摘要)、C1(机构)和 CR(参考文献)等。为了保证研究的严谨性、科学性、可靠性和完整性,我们选取 WoS 核心合集作为数据来源和研究对象。Web of Science(SSCI,A & HCI)核心合集②可检索社会科学、艺术和人文领域世界一流的学术期刊、书籍和会议记录,并提供完整的引文网络,收录的文献从 2005 年至今。

---

① 对文献题录的表示以 WoS 的字段字母简称表示。CiteSpace 分析的数据以 WoS 数据为基础,其他数据库收集的数据需要先经过转换成为 WoS 的数据格式才能分析(李杰和陈超美,2017[32])。
② Web of Science(SSCI,A & HCI)核心合集网址:https://www.webofscience.com/wos/woscc/basic-search.其中,SSCI,全称为 Social Sciences Citation Index,全球社会科学领域最权威的数据库。A & HCI,全称为 Arts & Humanities Citation Index,是艺术与人文领域的引文索引数据库。

2.研究工具

在数据采集的基础上,我们运用 CiteSpace 软件进行数据的分析。CiteSpace 是一款着眼于分析科学文献中蕴含的潜在知识,并在科学计量学(scientometric)、数据和信息可视化(data and information visualization)背景下逐渐发展起来的一款多元、分时、动态的引文可视化分析软件(李杰和陈超美,2017[2])。借助该软件,可以以 Keyword(关键词)、Reference(被引文献)、Author(作者)、Cited Author(被引作者)、Institution(机构)、Country(国家或地区)等为节点类型进行可视化分析操作,其中最常见的是对前两种节点类型进行可视化分析操作,分别生成关键词共现网络分析和文献共被引分析图表,对 Institution(机构)或 Country(国家或地区)节点类型的可视化分析操作可生成机构或国家(地区)合作网络分析图表。相关研究表明,研究前沿通过文献共引聚类的施引文献的研究内容来表征,而研究热点往往通过引用突显来体现(陈悦等,2015)。我们结合 CiteSpace 所呈现的时间线图和时区图等,从历时和共时的角度更为全面地进行分析,从而更好地理解相关研究阶段发展情况。

(二)研究结果与分析

我们以 TS[①]=[connectivism] OR TS=[connectivist] OR TS=[connective-knowledge] OR TS=[connectivistic]为检索项在 WoS 核心合集进行检索,检索后保存题录中所有选项,得到所有年(显示结果涵盖 2009 年至今)121 条结果。经过对这些条目进行四轮人工数据筛选,保留和学习论、方法论相关的条目,涉及教学、学习、教师、学生、课程、课堂等主题,去除和这些领域没有直接相关的条目 5 条,最终保留 116 条结果。其中我们也保留了个别和学习没有直接关系,但是和知识、组织、管理、决策等相关的条目。

我们在 WoS 上将这 116 条信息逐页添加到标记结果列表,将全部记录和索引文献导出,运用 CiteSpace5.8.R3 进行数据运行,发现有效条目 113 条,分别以 Country、Institution、Keyword 和 Reference 为节点类型进行可视化分析操作,具体结果与分析如下。

1.区域特征分析

(1)整体发展态势

我们以 Country 为节点类型进行数据可视化,Thresholding 中 c(citation,被引频次)阈值设为 0,保证涵盖最新数据。对作者单位所在国家或地区进行统计,一篇文章如有多个合作国家或地区则重复计算,软件自动统计各个国家(地区)发表情况见表 4-4,国家(地区)合作网络见图 4-4,所有国家(地区)历年发文总量趋势见图

---

① "TS"表示检索"主题"。

4-5。其中,图 4-4 中节点越大表示该地区发文数量越多。

表4-4 发表国家与地区汇总表

频次	突发值	度中心性	国家(地区)	节点初现年	半衰期
20		9	美国	2010	7.5
16	3.2	7	加拿大	2009	3.5
15		4	西班牙	2011	3.5
13		6	澳大利亚	2011	6.5
12		4	中国①	2014	3.5
9		2	英格兰	2011	1.5
5		4	马来西亚	2015	2.5
5		3	苏格兰	2011	2.5
5		0	意大利	2009	6.5
4		1	德国	2015	0.5
3		2	荷兰	2016	0.5
3		0	葡萄牙	2018	1.5
3		3	土耳其	2011	3.5
2		0	南非	2016	2.5
2		1	法国	2016	2.5
2		0	韩国	2019	0.5
2		0	匈牙利	2011	6.5
1		1	埃及	2018	−0.5
1		0	巴西	2020	−0.5
1		1	瑞典	2014	−0.5
1		0	中国台湾	2020	−0.5
1		1	阿拉伯联合酋长国	2020	−0.5
1		1	印度	2018	−0.5
1		0	奥地利	2010	−0.5
1		1	挪威	2014	−0.5
1		1	摩洛哥	2019	−0.5
1		0	威尔士	2018	−0.5
1		0	墨西哥	2015	−0.5
1		0	博茨瓦纳	2011	−0.5
1		0	爱尔兰	2016	−0.5
1		3	阿根廷	2011	−0.5
1		1	伊朗	2015	−0.5
1		0	哥伦比亚	2011	−0.5
1		0	克罗地亚	2016	−0.5
1		1	新西兰	2011	−0.5
1		1	日本	2013	−0.5

①中国台湾数据未统计在内。

图 4-4　国家或地区合作网络

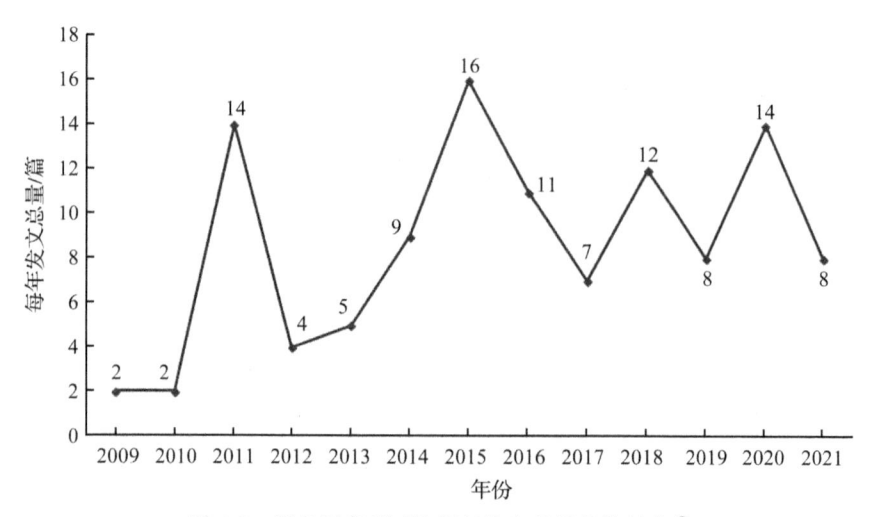

图 4-5　所有国家(地区)历年发文总量整体趋势①

根据上述图表发现,近十来年,联通主义理论和教学法在世界各国家和地区开展了应用。结合图 4-5 可以看出,联通主义相关研究整体呈现一种上升的趋势,每隔 2~4 年会有一个研究的相对高峰期。与建构主义等经典学习理论相比,联通主义尚未成为经典理论,但是在新兴的网络时代学习环境下,其研究方法在全球范围内得到了诠释。研究最主要集中在美国(f②=20)、加拿大(f=16)、英国(包括英格兰、苏格兰和威尔士)(f=15)、西班牙(f=15)、澳大利亚(f=13)和中国(f=12)。与

---

①根据"PY(publishing year,发表年份)",用 Excel 进行统计,一共获得 112 个结果。
②f 表示 frequency,频次,即发文的次数。

加拿大、美国、西班牙、澳大利亚和英国等相比,中国对联通主义研究的国际发表要晚 3 到 5 年左右,最早发表于 2014 年,但整体发表数量相对较高,说明中国在对网络学习以及联通主义的研究发展得非常快。

从国家和地区的合作网络及其联系强度(见图 4-4)以及表 4-4 的度中心性数值可以看出,美国(D[①]=9)、加拿大(D=7)和澳大利亚(D=6)3 个国家有近一半关于联通学习的研究和实践是通过与其他国家和地区合作完成的,而英国(D=5)、中国(D=4)和西班牙(D=4)大部分关于联通学习的研究是独著而成的。此外,加拿大出现了突发性探测值为 3.2,表示发表数量的突然增长。我们知道,联通主义理论由加拿大学者西蒙斯和唐斯于 2005 年左右公开提出,之后几年进一步发展相关理论。而如果以 WoS 数据库中收录的世界一流学术期刊的发表情况来看,根据各国历年发表情况,加拿大 2009 年和 2010 年发表数量分别为 1 和 0,就全球发文量而言,都是零散的状态。到了 2011 年加拿大发文达到了 5 篇,突破了之前的零增长或零散状态。

(2)科研机构合作情况

以 Institution 为节点类型进行数据可视化,得到科研机构合作网络(见图 4-6)。从图 4-6 可以看出,相对集中的联通主义研究核心机构分别在加拿大在线大学阿萨巴斯卡大学(Athabask University)和北京师范大学(Beijing Normal University),它们在世界一流期刊的发文量分别是 10 篇和 6 篇,这两个机构之间也有着一定的科研合作和学术交流关系,主要研究作者包括王志军、陈丽、安德森和巴格利等,这些作者共同推动了联通主义研究在国内外的进一步发展。西蒙斯在 2011 年也以阿萨巴斯卡大学为其工作和研究机构发表过文章。

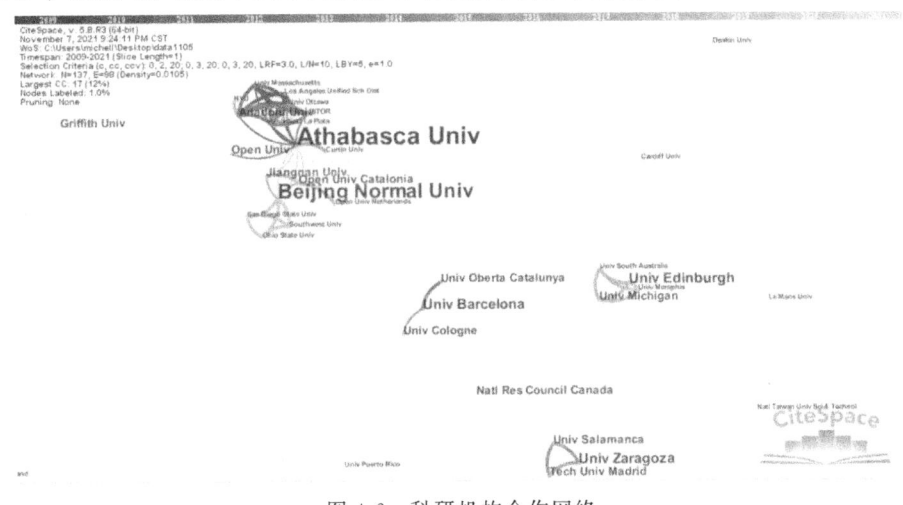

图 4-6 科研机构合作网络

[①] 各国家(地区)发文量的度中心性(D,degree)指的是本国(地区)与其他国家(地区)的合作发文数量。

2.各阶段发展情况与特征分析

以 Keyword 为节点类型进行数据可视化,可得到关键词列表。为了让数据更为准确,我们合并相关同义词或上下义词,把 cmooc 和 mooc,online community、online health community、virtual community 和 community,higher education 和 education,international student 和 student,innovation、innovation capability 和 production innovation,academic performance 和 performance 分别进行了合并。然后,根据度中心性对关键词进行排列,见表 4-5、关键词列表见表 4-6。度中心性表示的是关键词网络中的关联度,以关联的关键词数量表征。关键词突现是指在短时间内发文中出现频次极高的关键词。

表 4-5 关键词列表(根据度中心性排序,取 10 以上)

词频	突发值	度中心性	关键词
11		26	education
5		26	innovation
5		23	online
4		21	performance
7		18	framework
3		17	impact
3		17	engagement
4		16	design
12	3.93	15	mooc
3		15	knowledge
2		15	usage
13		14	connectivism
6		14	student
3		14	environment
3		13	model
3		12	perception
2		12	behavior
7		11	community
2		10	network
2		10	science

表 4-6 关键词突现列表

关键词	年份	强度	开始	结束	2009—2021
mooc	2009	3.93	2014	2016	▬▬▬▬▬▬▬▬▬▬▬▬

根据 CiteSpace 关键词列表(表 4-5)的高频词汇,以及关键词时区图(见图 4-7),我们可以将联通主义的发展大致分成生成期(2011 年前)、转型期(2011—2015 年)

和稳定发展期(2015至今)三个发展阶段。如果要对各个阶段发展特征进行分析，需要我们回顾不同阶段的研究内容，就不同发展阶段的发展特征结合不同的文献进行说明。

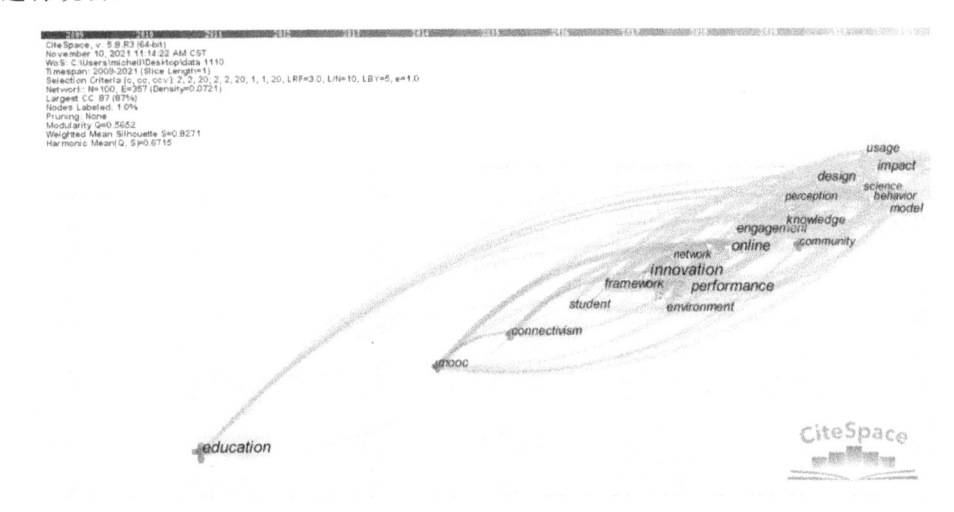

图 4-7　关键词时区图(根据度中心性)

因此，为了对文献进行更好的深入分析，我们将进一步利用 CiteSpace 可视化分析软件，开展对联通主义相关研究不同阶段研究热点或研究前沿的分析。陈悦等(2015[252])在《CiteSpace 知识图谱的方法论功能》一文中提出，要明确科学前沿和研究热点的概念，研究热点往往通过引用突显来体现，而研究前沿往往通过文献共引聚类的施引文献(即引用目的文献的文献)的研究内容来表征。

因此，我们以 Reference 为节点类型，利用 CiteSpace 软件对得到的 113 条有效条目进行数据可视化，得到突发性被引文献十项(见表 4-7)，其相关内容代表研究的热点。

另外通过点击软件菜单栏下面聚类命名术语快捷按钮中的"T(Title)"，即可执行从施引文献的标题中提取名词性术语为聚类命名，然后通过聚类探测(cluster explorer)功能，出现界面共显示 10 个聚类标签(Clusters)，其他还包括每个标签下面对应的被引文献(Cited References)的基础知识和施引文献(Citing Articles)的相关信息(分别如表 4-8"Clusters"部分、"Cited References"部分和"Citing Articles"部分所示)。在"Clusters"聚类标签部分，我们采用三种算法[①]中的 LLR 算法(如表

[①] LSI 方法(Latent Semantic Index，潜语义索引)、LLR 对数似然算法(Log-Likelihood Ratio, p-level)和 MI(Mutual Information)为 CiteSpace 提供的三种不同算法，用于在施引文献的标题、关键词或者摘要中提取聚类标签。在实际研究中，比较常用的是从施引文献的标题中提取名词性术语为聚类命名。通过 LLR 算法和 MI 算法提取的研究术语，强调的是研究特点(unique aspect of a cluster)。在实际的研究过程中，用户可以在可视化网络中使用 LLR 算法提取的标签来显示聚类命名，在论文的聚类解释中结合不同方法得到的结果对研究进行解读(李杰和陈超美，2017[107])。

4-8 三种算法中间这列所示，即 log-likelihood ratio, p-level, 简称 LLR) 对中间这列相关的聚类标签进行解读。

表 4-7 十大突发性被引文献列表

被引文献	年份	强度	开始	结束	2009—2021
Siemens G, 2014, CONNECTIVISM LEARNIN, V0, P0	2014	6.61	2014	2015	
Kop R, 2011, INT REV RES OPEN DIS, V12, P74, DOI 10.19173/irrodl.v12i7.1041, DOI	2011	5.87	2013	2016	
Bell F, 2011, INT REV RES OPEN DIS, V12, P98, DOI 10.19173/irrodl.v12i3.902, DOI	2011	5.36	2013	2015	
Tschofen C, 2012, INT REV RES OPEN DIS, V13, P124, DOI 10.19173/irrodl.v13i1.1143, DOI	2012	4.57	2013	2016	
Kop R, 2011, INT REV RES OPEN DIS, V12, P19, DOI 10.19173/irrodl.v12i3.882, DOI	2011	4.16	2013	2015	
Downes S, 2012, CONNECTIVISM CONNECT, V0, P0	2012	3.96	2013	2015	
Siemens, 2012, MOOCS ARE REALLY PLA, V0, P0	2012	3.46	2013	2015	
Anderson T, 2011, INT REV RES OPEN DIS, V12, P80, DOI 10.19173/irrodl.v12i3.890, DOI	2011	3.65	2014	2015	
Liyanagunawardena TR, 2013, INT REV RES OPEN DIS, V14, P202, DOI 10.19173/irrodl.v14i3.1455, DOI	2013	4.23	2015	2016	
Clara M, 2013, DISTANCE EDUC, V34, P129, DOI 10.1080/01587919.2013.770428, DOI	2013	2.99	2015	2016	

表 4-8 文献共被引聚类详细结果列表

　　表 4-7 列出了十大突发性被引文献，从中我们可以进一步梳理联通主义相关研究的研究热点。从文献突发的强度可以看出研究热点的强度。其中，"年份"表示文献发表时间，"开始"和"结束"表示被引爆量的年份跨度，可以发现大部分研究热点发生在 2013—2015 年，也有相关热点持续到 2016 年。如前所述，我们将联通主义的发展大致分成生成期、转型期和稳定发展期三个发展阶段。从表 4-7 可以看出，主要的研究热点出现在第二和第三阶段，即转型期和稳定发展期。我们的论述则围绕这些不同发展阶段的内容和特征来展开。

　　在 CiteSpace 的分析结果中，某个聚类所包含的突发节点越多，那么该领域就越活跃（active area）或是研究的新兴趋势（emerging trend），聚类中文献越多代表所得到的聚类领域越重要（李杰和陈超美，2017[131,158]）。结合上述文献共被引聚类详细结果（见表 4-8）发现，这 10 个突发性被引文献中有 9 个都归属于第一个聚类"#0 mooc research（慕课研究）"。由此我们知道，慕课研究是联通主义研究最活跃和最集中的话题，对应到上述三个发展阶段分别形成了联通主义慕课（cMOOCs）、行为主义慕课（xMOOCs）和混合慕课（Hybrid MOOCs）等。

　　因此，我们结合突发性被引文献（见表 4-7）和"#0 mooc research"聚类标签下的施引文献内容（见表 4-9，对应到表 4-8 的 Citing Ariticles 部分）对研究热点和研究前沿内容进行解读。我们将结合研究热点和前沿，对各个阶段的联通主义教学法带来的相关改变与现状特征进行挖掘与分析。特别值得注意的是，在分析过程中，针对某一相关主题我们同时会查阅其他相关文献，回归到更多文献本身进行分析，从而更为系统地深化研究的内容。

表 4-9 ♯0 mooc research 聚类下的施引文献(Citing Artides)相关信息

Coverage①	GCS②	Bibliography(文献目录)
19	49	Raffaghelli, Juliana Elisa (2015.0) Methodological approaches in mooc research: retracing the myth of proteus. BRITISH JOURNAL OF EDUCATIONAL TECHNOLOGY, V46, P22 DOI 10.1111/bjet.12279
19	6	Wang, Zhijun (2018.0) How learners participate in connectivist learning: an analysis of the interaction traces from a cmooc. INTERNATIONAL REVIEW OF RESEARCH IN OPEN AND DISTRIBUTED LEARNING, V19, P24 DOI 10.19173/irrodl.v19i1.3269
16	29	Wang, Zhijun (2017.0) Interaction pattern analysis in cmoocs based on the connectivist interaction and engagement framework. BRITISH JOURNAL OF EDUCATIONAL TECHNOLOGY, V48, P17 DOI 10.1111/bjet.12433
14	45	Anders, Abram (2015.0) Theories and applications of massive online open courses (moocs): the case for hybrid design. INTERNATIONAL REVIEW OF RESEARCH IN OPEN AND DISTRIBUTED LEARNING, V16, P23 DOI 10.19173/irrodl.v16i6.2185
12	21	Saadatdoost, Robab (2015.0) Exploring mooc from education and information systems perspectives: a short literature review. EDUCATIONAL REVIEW, V67, P14 DOI 10.1080/00131911.2015.1058748
7	4	Dron, Jon (2015.0) Seeking connectivist freedom and instructivist safety in a mooc. EDUCACION XX1, V18, P26 DOI 10.5944/educXX1.13464
7	83	Clara, Marc (2013.0) Learning online: massive open online courses (moocs), connectivism, and cultural psychology. DISTANCE EDUCATION DOI 10.1080/01587919.2013.770428
6	109	Ebben, Maureen (2014.0) Unpacking mooc scholarly discourse: a review of nascent mooc scholarship. LEARNING MEDIA AND TECHNOLOGY, V39, P18 DOI 10.1080/17439884.2013.878352
6	26	Clara, M (2014.0) Three problems with the connectivist conception of learning. JOURNAL OF COMPUTER ASSISTED LEARNING, V30, P10 DOI 10.1111/jcal.12040

(1)生成期(2011 年之前):cMOOCs 的出现

①cMOOCs 的出现

联通主义在教学上的最早应用体现在慕课教学上。我们知道,西蒙斯和唐斯

---

①Coverage:表示该文献引用所在聚类里面的文献的数量。
②总引用频次,Global Citation Score,简称 GCS,它表示这篇文章被整个 WoS 数据库中所有文献引用的次数。

两位学者既是联通主义学习理论的创始人,同时也是慕课的发起人。西蒙斯和唐斯两位学者基于联通主义理念开设了《联通主义和联通的知识》(Connectivism and Connective Knowledge,CCK08,后续又于 2009 年和 2011 年开设了 CCK09、CCK11),世界各地的学生都可以免费参与该课程的学习。加拿大爱德华王子岛大学(University of Prince Edward Island)的科米尔于 2008 年西蒙斯和唐斯联合开设 CCK08 课程期间,针对相关学习现象首次提出了"慕课(MOOC)"这一术语(McAuley et al,2010)。因此,这一课程加上后续出现的其他相关课程直接推动了慕课的流行。

"MOOC"在时下热门的电子学习领域作为新名词出现(Fini,2009),促成了一种学习的新形式。在线学习、网络学习和终身学习在 MOOCs 这种形式以及其提供的可视化数据下,有了不同的表现内容,在线学习效果和可用性得到了进一步有据可循的探究。这样一种网络时代的学习联通使电子学习迎来了新的发展阶段。

这种基于联通主义的慕课被称为 cMOOCs(connectivistic MOOCs),强调的是学习者通过社交网络互动自主创建学习内容,基于他人的学习内容形成自己的知识,通过资源共享和交互扩展学习,是一种开放式、分布式的内容学习,体现的是联通主义的理念和组织原则,以一种现代网络学习的方式展开。教师主要依托一个主平台开展教学,学习者同时可以结合自身的各种资源和社交软件进行知识的共建和共享。根据唐斯的统计,2011 年之前大约至少出现了 10 门这样的慕课(见表 4-10)。其中,2008—2010 年为起步和初创时期,每年的慕课为 1~2 门,到了 2011 年突然一年增长为 6 门,课程的组织者不再只是西蒙斯、唐斯和科米尔等慕课概念的提出者和践行者,更多教师和学者加入慕课的创建和实践中。值得关注的是,课程内容基本和教育技术或远程教育有关,说明慕课这一课程模式的影响力还停留在相对狭小的领域,仍待进一步推广(李青和王涛,2012)。

表 4-10　cMOOCs 部分课程列表(转李青和王涛,2012[32])

年度	课程名称/代码	协调人(教师)	周数	人数	网址
2008	Connectivism and Connecitive Knowledge (CCK08)	George Siemens, Stephen Downes	12 周	2224	http://ltc.umanitoba.ca/wiki/Connectivism_2008
2009	Connect! Your PLN Lab (PLN)	Holly Rae Bemis-Schurtz, Bethany Bovard	约 20 周	N/A	http://plnlab.pbworks.com/w/page/17277257/FrontPage
2009	Connectivism and Connective Knowledge (CCK09)	George Siemens, Stephen Downes	12 周	800+	http://ltc.umanitoba.ca/wiki/Connectivism

续表

年度	课程名称/代码	协调人(教师)	周数	人数	网址
2010	PLE Networks and Knowledge (PLENK2010)	Dave Cormier, George Siemens, Stephen Downes 等	约20周	1641	http://connect.downes.ca/
2011	Connectivism and Connective Knowledge (CCK11)	George Siemens, Stephen Downes	12周	700+	http://cck11.mooc.ca/index.html
2011	Learning and Knowledge Analytics (LAK11)	S. B. Shum, Shane Dawson, Erik Duval 等	6周	700+	http://scope.bccampus.ca/course/view.php?id=365
2011	Mobile Learning (MobiMOOC)	John Traxler, Ignatia, David Metcalf 等	6周	556	http://mobimooc.wikispaces.com/General+information+on+the+course
2011	Digital Storytelling (DS106)	Jim Groom 等	5周	492	http://ds106.us/wiki/index.php?title=Syllabus%2C_Summer_2011
2011	Online Learning Today and Tomorrow (eduMOOC)	Ray Schroeder, Karen Swan, Michael Cheney	8周	8200+	http://sites.google.com/site/edumooc/home
2011	Change: Education, Learning and Technology! (Change11#)	Stephen Downes, George Siemens, Dave Cormier	约36周	N/A	http://change.mooc.ca/

②联通主义教学法

这一阶段的文献在 WoS(SSCI,A & HCI)科研数据库平台核心合集显示总共4篇(涵盖2009和2010年)。我们知道2005—2009年是联通主义教学法萌芽生成期,以西蒙斯和唐斯为例,他们关于联通主义的论述大部分都是在博客或者开放的网络学习平台上发表,以联通主义的网络学习范式和开放多元的节点联结特征等为主要内容。

随着网络学习范式的开展,联通主义被视为网络学习中开展自主探究、创建个人学习环境(personal learning enviornments,PLEs)的主要原则之一,在创建这种自主型的个人学习环境的过程中,学习者与教师发生联通、与其他学习者或学习共同体发生联通、与各类新兴的网络应用和开放式教育资源发生联通,这种"网络联结化的学生模式"促进了探究式学习和数字素养的形成、增强了学习者能力并能在新技术出现时提供学习灵活性,有利于教师合理架构网络学习方法、学习者更好地开展自主学习,从而在教师管理和学习者自治之间达到一种平衡(Drexler,2010)。

人们开始从技术维度探讨慕课课程中用到的网络学习工具在开放教育相关的继续教育中的有效性、可用性,以及带来的个人知识管理技能方法的改变等,研究表明网络学习工具对成人和非正式学习者可用但适用性不同,时间限制、语言障碍、信息化能力会影响学习者对学习工具的选择(Fini,2009[1])。

(2)转型期(2011—2015 年):xMOOCs 的出现

这一阶段的主要变化之一是从 cMOOCs 到 xMOOCs 的转型。联通主义相关的研究热点的产生也主要发生在这一阶段。

如前所述,联通主义在教学上最早应用于慕课教学,基于联通主义理念的慕课我们称之为 cMOOCs。这些课程的主要特色在于学习者一般会通过社交软件和论坛等学习工具进行学习内容的创建、交流和讨论等。

根据图 4-5,由于基于联通主义理论的慕课(cMOOCs)的出现和推行,2011 年为联通主义学习与研究突发期,相关论文数量有了较大的增长。从之前 2 年每年只有 2 篇,到 2011 年增长为 14 篇。但在接下来的 2 年,即 2012 和 2013 年,相关论文的发表数量又有所回落。人们对于联通主义理论的意义也提出了一些质疑,认为带来 cMOOCs 的联通主义作为一种学习理论或学习观念是不充分、存在问题的,其在心理学上和认识论上还存在不足(Clarà & Barberà,2013;Bell,2011;Clarà & Barberà,2014;et al.)。

不论如何,新兴的技术会引发人们的思考,特别是随着大规模在线开放课程即慕课的开展,联通主义在这些课程的教学和学习中发挥着作用(Kop et al.,2011;Bell,2011[98])。一方面,新兴技术会影响学习环境的设计,cMOOCs 课程中,教师和学习者共同积极创设学习资源和学习场景,学习即学习者和教师之间进行联通、协作、资源交换、学习共同体创设以及网络信息流交换的过程,慕课学习中参与者和系统共同进化,且他们在慕课中的存在感会影响到学习效果(Kop et al.,2011[74])。另一方面,联通主义慕课下的联通主义学习对学习者的自主性、存在感(包括认知存在感、社交存在感、教师存在感等)、对海量学习资源的批判性能力这三个方面的要求都比较高,它们也是决定联通主义学习效果的三个主要因素(Kop,2011)。而有研究结果表明,教师和学习参与者的社交存在感有利于促进学习共同体和归属感的形成,也有利于学习参与者建立自信、积极参与,但与此同时,该研究也发现大部分学习者并不能完成汇总、关联、创造和分享这四大学习活动,他们绝大多数乐于汇总、关联和分享资源,但是只有 40%~60% 的学习参与者参与了电子作品的创造和发布(Kop,2011[35])。不管怎样,不可否认的是联通主义已经成为一种新型的学习方式渗入到人们日常的网络学习中。联通主义被当作是继认知—行为主义、社会建构主义之后远程教学的第三代主要教学理论之一,三种理论在社交、认知和教学等方面各有不同,而高质量的远程教学需要按照学习内容、学习情境和学习期望等对这三代教学理论加以充分利用(Anderson & Dron,2011[80])。联通主义作为数字时代一种新的学习理论,以自主性、联结性、多元性和开放性为四大学习原则,而慕课是联通主义理论的试验田;人格理论和自我决定理论作为行为动机理论可以用来解释联通式网络环境中学习者个体体验的不同维度,同时进一步阐释联通主义的四大原则(Tschofen & Mackness,2012)。

　　随着慕课的迅猛发展,教学改革和商业运作模式结合,远程教育开始以一种全球范围共建共享的方式开展起来,众多网络慕课平台应运而生。2012年出现了Coursera、Udaciy和EdX三大主流慕课平台。各个大学都可以加入这样的平台,教师可以在线推出不同的免费课程或收费课程。因此,2012年被称为是慕课元年。2013年,慕课大规模进入亚洲,包括新加坡国立大学、香港科技大学、北京大学、清华大学、香港中文大学、台湾大学、复旦大学和上海交通大学等在内的许多高校加入这些平台,相继提供网络课程;2015年南京大学也加盟Coursera,成为中国大陆地区第五所加入国际慕课平台的高校。值得关注的是,2014年,"中国大学MOOC"上线,它是由网易云课堂承接、与爱课程网合作推出的教育部国家精品开放课程建设项目。这些慕课被称为xMOOCs[①],体现了慕课新的发展动态与趋势。我们知道,慕课最早是2009年以cMOOCs的形式出现。随着xMOOCs的盛行,我们结合表4-6可以看出,在2014年到2016年期间,MOOC这个关键词成为唯一一个相关领域的引用突显词,表示MOOC研究在此期间得到了突发性的增长,突发强度为3.93,MOOC成为一个突发的强热点,并在此之后得到持续研究,这是伴随xMOOCs的流行而来的结果。因此,联通主义理论在慕课教学中得到应用和发展。反过来,要了解联通主义教学原理同时开展应用,首先可以考虑从慕课建设入手,进行网络教育教学资源的开发、整合。

　　与上述我们对慕课的发展阶段划分和特色描述一致,Ebben和Murphy(2014)在Rodriguez(2012;2013)对两种主要慕课类型(cMOOCs与xMOOCs)实证和对比研究的基础上,在2014年以年代为序把两种慕课形式的阶段和特色做了更进一步的划分,分成以参与和创造为特色的connectivist MOOCs(即第一阶段:2009—2011/2012年)和易于开展在线学习者行为分析和评估的xMOOCs(即第二阶段:2012—2013年)。整体而言,两者各有侧重点。cMOOCs更多是借助Web 2.0社交网络平台等以用户自主创建学习内容来开展学习,而xMOOCs是通过平台商的支持开设课程,更多的是事先安排好的已有知识的传播和学习,缺少足够的学习者自主生成学习内容的环境。前者注重知识的创造和分享以及社交化网络的形成,后者和传统的教学方法差不多,更加结合课程的结构化知识体系。Kaplan和Haenlein(2016)从学习五要素(5Ps)对两者进行了比较,见表4-11。

---

　　① cMOOCs和xMOOCs这两个术语由唐斯引入,以把联通主义慕课(cMOOCs)和其他慕课区别开来,其中的"x"根据EdX和MITx改编而来(Rodriguez,2013[67])。EdX,麻省理工(MIT)和哈佛大学(Harvard)于2012年4月联手创建的大规模开放在线课堂平台,加入EdX的大学都会以x为后缀,如北大就叫PKUx。

表 4-11　基于 5Ps 的 cMOOCs 和 xMOOCs 比较(Kaplan & Haenlein, 2016[448])

学习五要素	xMOOCs	cMOOCs
教师角色	讲授者:为每个学员设计标准化的课程	引导者:推动个人学习过程
学习者角色	被动学习者	主动内容生成者
教学法	预先准备好内容,基于某种正式课程、以讲授和评估(包括同伴评估)的方式开展	协同生成内容,没有特定的正式课程,以不做评估的研讨形式展开
教学模式	某一固定时段的结构化、常规课程	非结构化的、持续性的学习
教学平台	内容集中在一个地方	跨网络的内容去中心化

如前所述,Clarà 和 Barberà(2013[129-136])认为 cMOOCs 的联通主义作为一种学习理论或学习观念是不充分、存在问题的,随着慕课从 cMOOCs 发展到 xMOOCs,他们主张运用维果茨基的文化心理学(又称文化历史活动理论)来替代联通主义学习观作为解释 Web 2.0 环境中特别是慕课学习现象的新的教学理论,并且提出了学习目标可视化和共同活动作为两条首要的普遍原则。其中,学习目标可视化让学习主体与学习目标之间能够更好地促成心理上的表征,达到学习的内化,而共同活动能够使学习主体以对话或互动等形式同时对某一共同学习目标产生某种表征从而达到学习内化的效果。文化心理学理论是对网络时代学习理论的一种新视角的发展,是从个人建构、社会建构和学习主体的角度对网络时代学习机制的进一步拓宽。

从研究方法上讲,这一时期围绕慕课的研究旨在对慕课学习过程、学习设计、教学法进行研究,还包括慕课对高校发展、教学理论发展的影响等方面的研究;研究的范式主要以理论概念型为主,也有定量、定性、基于设计的研究法,但以多种混合研究法较为多见;研究种类有案头研究①、描述性研究和干预性研究等;就数据的采集和分析方法而言,前者包括维度构思、调研、实验、数据跟踪、语料等,后者包括维度描述、描述性统计、文本分析等(Raffaghelli et al., 2015)。

(3)稳定发展期(2015 至今):hybrid MOOCs

到了 2014 年开始,联通主义相关研究数量又开始回升,并在 2015 年达到顶峰,之后一直在持续波动中进一步深化和发展。据此可以认为,联通主义理论发展又进入了一个新的阶段。这是因为,在这一阶段,人们在对联通主义探究的过程中,对于慕课这种联通主义理论指导下的教学实践形式有了更进一步的认识和发展。经过了前述从 cMOOCs 到 xMOOCs 的蜕变转型期,人们对于慕课有了新的认识,这反过来推动了人们对联通主义的认识和解读,带动人们对整个网络学习的特征和教学意义进行探索,相关研究构成联通主义前沿的主要内容。

①基于联通主义的混合式多元理论(hybrid theories)的发展

关于认知—行为主义和社会建构主义对联通主义的缘起意义我们在之前章节

---

①案头研究(desk research)是市场调研术语,是直接通过现有二手资料进行分析和研究的方法。

已经做了系统化的梳理。网络学习的盛行和联通主义理论的发展反过来继续影响人们对于传统的认知—行为主义和社会建构主义的解读。我们发现,联通主义作为一种新的观点,人们通过在对新型学习现象的探究中,从不同的理论框架对其进行支撑和证明,同时挖掘该理论的信息化意义和内涵。这些相关理论(见表 4-12)包括社会学视角下的活动理论(activity theory)、行动者网络理论(actor-network theory)、(在线)实践共同体理论(communities of practice)、探究式共同体理论(communities of inquiry)、人格和自我决定理论(personality and self-determination theories)等社会组织和管理理论,同时也包括参与式教育技术(participatory technologies in education)、协作式学习(collaborative learning)、信息/媒介素养(information/media literacy)和涌现性学习(和程序性学习相对:emergent learning V. S. prescriptive learning)等信息化学习方式与内涵。

表 4-12　新型学习现象中联通主义的支撑理论框架与信息化学习内涵

缘起理论		新兴的支撑理论框架	理论的信息化内涵
认知—行为主义	社会建构主义	活动理论	参与式教育技术
		行动者网络理论	协作式学习
		(在线)实践共同体理论	信息/媒介素养
		探究式共同体理论	涌现性学习(与程序性学习相对)
		……	……

人们基于互联网开展的网络学习其实是一种联通的社会化网络学习,因此研究者们利用活动理论来探究不同社会场景中学习者的行为、动机(压力)等,在主体(学习者)、客体(学习内容)和共同体(群体)三者之间搭建合理的理论框架进行说明。此外,有用行动者网络理论来解释联通主义学习中的教学交互现象和原理(王志军,2017)。撇开对层面和维度的关注,行动者网络理论注重节点(人或非人的实体)和联结,以进化的、动态的行动者网络为核心观点。

除了涵盖认知—行为主义和社会建构主义等不同社会学视角对联通主义的理论框架的解释和证明,联通主义的内涵在这一阶段还得到了不断修正和发展。在联通主义理论的指引下,人们对于用户生成内容等参与式教育技术、协作式学习以及信息/媒介素养等信息化的教学方式和内容越发地重视,因此加快推动了涌现性学习等新型学习现象的发生和发展。涌现性学习也称突现性学习,它来源于复杂系统理论,与还原理论相对。后者认为整体由局部来组成和决定,而前者认为高层次的特性、行为和功能还原到低层次是不复存在的,高层次具有一些低层次叠加起来不具备的现象,形成复杂系统,可以简单理解为系统整合大于部分之总和。涌现性学习具有去中心化、分布式、协作式、自组织性的特质,由大量的用户创设,具有复杂性和自适应性;而程序性学习是结构化、由专家集中管理、可复制和可大规模传播的学习,具有可预见性和繁杂性(Anders,2015)。涌现性学习存在于学习网络和系统以及广义的 Web 2.0 学习生态之中,建立在复杂理论、实践共同体和联通主义学习理论基础上,具有突发性质,是基于一定条件实现的一种自组织学习,同时需要和程序性学习一起才能构成一种整合性的学习生态系统(Williams et al,2011)。

②混合式教学设计(hybrid design)

cMOOCs 是源于联通主义理论的新型教学形式,而发展到了 xMOOCs 则又回到了认知—行为主义理论。cMOOCs 和 xMOOCs 各有自己的优劣势,两者相比,cMOOCs 更能体现网络时代学习的自主创建和联通理念。cMOOCs 强调创造、自治和社会网络学习,而 xMOOCs 则侧重知识传播和复制,强调视频、作业和测试等学习方式,具有课程质量高、视频设计短小、测评方式新、学习群体规模化以及辐射性强的特征(王萍,2013)。xMOOCs 更有利于短时间内的大规模复制和传播,整体产出会更加短、平、快,从单个的学习现象来看也确实更加体现了行为主义的学习理论。但是从更为宏观的视角,我们不难发现,两者都是基于网络学习和在线教育资源展开的教学形式,都是通过对学习内容和学习资源的联通进行学习,同时都是基于某个或某些共享的平台来创建内容,即将分布于各地的学习者和传授者通过某一个共同的管道联结起来,进行知识内容的创造和交互等。其中,cMOOCs 以学习者创建内容为主,创建的过程也是知识构建的重要组成部分;xMOOCs 以知识传授者事先创建内容为主,是一种更加体系化、授课程序更为简单传统的方式。总之,两者各有优势,如果在适合的学习情境中,能够把两者适当结合起来,即把主流慕课平台和社交网络平台、把授课者创建内容和学习者创建内容整合起来,也不失为一种较好的学习形式。

从其核心特征出发,有人简单将 cMOOCs 主要定性为基于网络(社交)的慕课,而把 xMOOCs 定性为基于内容(传授)的慕课。随着慕课从 cMOOCs 到 xMOOCs 的发展,人们同时也认识到可以将这两者结合起来,进行整合或混合,实现一种介于 cMOOCs 到 xMOOCs 之间的连续统一体,以这样或那样混合的形式表现出来。这成为联通主义研究的主要前沿内容之一。网络型、内容型、任务型、社区型、项目型以及混合型都可以是慕课学习的有效表现形式(Roberts et al.,2013)。也有学者提出将基于内容型、基于任务型和基于网络型作为慕课的三种主要形式(Lane,2012)。Anders(2015[39,44-46])认为慕课常以一种各类型学习形式的混合体出现(即 hybrid MOOCs),在对前述三种形式进行了修正的基础上,他提出了内容型、共同体和任务型、网络型这三种主要慕课类型(见表 4-13),认为这三种形式在慕课学习中其实是 cMOOCs 和 xMOOCs 互相结合形成的不同变体,整体上是一个连续体,而慕课学习的这种混合式设计可以最大限度地支持学习者多样性,提升他们在网络式和涌现性学习情境中的参与度。

同样地,纯粹基于联通主义的慕课中可能存在的一些问题,而在其课程设计中嵌入一些指令,使课程能够带入一些指导性的元素来引导学生,是联通主义慕课设计的关键,也就是说,联通主义慕课中教师的引导是非常关键的,这种引导角色与普通的课程导师不同,其教学任务不同于直接的讲授或知识的传播,而是给学生做一个大体的进程表,使他们了解探索的方向,同时在学习过程中安排他们何时去探索、发现,何时回来和大家分享和创造(Dron & Ostashewski,2015)。这意味着,在联通主义慕课中纳入教师元素,由教师来全程助推学生学习内容的分享和创造、实现社交分享式的联通主义学习模式。

由此可见,cMOOCs 和 xMOOCs 是侧重不同但并非完全孤立的两种学习形式。xMOOCs 不一定与行为主义教学法捆绑在一起,行为主义教学法也可以实现联通主义学习的目标,如 xMOOCs 带来的民主化的师生互动空间使得学生批判性思辨能力和彼此之间的联结得到增强(Ebben & Murphy,2014[336])。慕课形式的非 cMOOCs 即 xMOOCs 的二分法存在着片面性。因此,在高校实际的课堂教学中,可以基于不同形式慕课开展混合式慕课教学。这样一方面可以实现资源的优化利用,直接联通到最好的资源和平台课程中,另一方面,可以利用高校学生的自主性学习进行学习内容、学习作品与学习过程的创建分享,形成良性的学习社区和学习实践共同体,把内容、任务和社交网络等重新整合到高校的社会化网络学习中。

表 4-13　慕课的混合式设计分类(Anders,2015[52])

分类	xMOOCs	Hybrids	cMOOCs
基本类型	内容型(content-based);一对多模式	共同体和任务型(community and Task-based)	网络型(network-based)
	大规模的专家驱动型学习	共同体、导向式的社交型学习活动	同辈学习,自组织、网络化学习
学习理论	程序性的认知—行为主义教学	程序性或涌现性的社会建构主义的成人教学	涌现性的联通主义自主学习

各类慕课平台的优势在于其具备较好的学习分析技术和数据挖掘技术,便于对参与者的学习行为进行良好的观察与分析,更好地开展学习的评价与支持。但是,技术层面的东西还需要同时和方法层面以及教学层面结合起来。只有这样才可以充分发挥慕课平台以及网络学习的优势。Fidalgo-Blanco 等(2015)认为,慕课学习要把技术、方法和教学三种框架进行整合,且三者呈现从下到上的金字塔形,即在依靠平台搭建的学习分析技术、自适应学习技术等的基础上,中间经由特定的方法论模型包括自适应学习、知识的整合与管理等,最后通过特定的正式或非正式学习活动等学习策略进行展开。因此,教学模式可以不必受限于某种特定的平台或技术,而是可以通过方法论模型把 xMOOCs 和 cMOOCs,把正式的、非正式的学习活动等结合起来,从而开展不同形式的学习。

从知识的简单管理的角度看,技术和教学的结合可以是简单的单向的。例如 xMOOCs 平台技术所对应的讲授法和个体化教学的展开,或者 cMOOCs 平台技术所对应的联通主义和合作式教学的展开。但是现实教学中我们发现，随着社交软件的普及和其在用户群体中的高度黏附性，其在 xMOOCs 等相对正式的学习中也总是成为必不可少的工具。正式学习和非正式学习的界限变得不再那么清晰，这种情况不是要让我们把两者对立起来，而是应把两者统一、整合起来。因为在网络学习中，知识的呈现方式发生了改变，因而其管理方式也相应发生了变化，各种知识形式，无论正式或非正式，本质上都以一种连续体的形态出现在我们的学习和生活中。因此，Fidalgo-Blanco 等（2015[715,718]）也提出了把 xMOOCs 和 cMOOCs 两种技术平台模式相结合，同时遵照自适应性及知识管理模型，实现教学层面包含的个性化培养、资源管理、讲授法和联通法联动，以及个人学习和合作学习同时开展的教学模式，这种教学模式通过相对应的各种学习活动得到支撑和展开，带来了知识的持续流动。

基于联通主义理论产生的 cMOOCs 可以被认为是第一代慕课，xMOOCs 则是取代 cMOOCs 的第二代慕课，而混合式慕课（又被称为双层慕课）则被认为是第三代慕课，它是行为主义、认知主义、建构主义和联通主义教学法共同作用的网络学习空间，能够把 cMOOCs 的社交优势、xMOOCs 的组织优势和个性化优势整合起来，实现了对传统教学的创新和开拓（Bozkurt & Keefer，2018；García-Peñalvo et al.，2018）。

③联通视角下的社交媒体使用、学习共同体及其学习交互

如前所述，cMOOCs 是在联通主义理念下出现的慕课教学的最初形式，其后又发展到了基于传统认知—行为主义理论的 xMOOCs。继 xMOOCs 之后又发展出了 SPOCs（small private online courses，小规模限制性在线课程），其和 xMOOCs 类似，只是在规模上更小，且具备一定准入门槛、上课时间相对固定等。不管是 xMOOCs 还是 SPOCs，从时间上都可以分成同步的和异步的两种，普通的慕课都是异步（asynchronous）的，就是内容是事先准备好的可以随时学习的，但是也有要求同步进行的 SMOC（synchronous massive online course，同步大规模在线课程）和 SSOC（synchronous small online course，同步小规模在线课程）（Kaplan & Haenlein，2016[444]）。不管是哪一种，都是基于认知—行为主义理论的传统教学方式的线上授课模式。

某种程度上，xMOOCs 和 cMOOCs 能够区别开来的最重要特征之一在于社交媒体平台的使用（social media use，SMU）。根据 Kaplan 和 Haenlein（2016[448-449]）的观点，xMOOCs 和 cMOOCs 都会有在线讨论版块，但是不同点在于前者的讨论版块并不是构成课程整体的必不可少的组成部分，但对于后者来说，社交媒体平台的使用直接推动了用户生成内容和内容交流的实现，也即形成了 cMOOCs。

结合关键词列表（见表 4-5）和关键词时区图（见图 4-7），联通主义相关研究同时也包括了对学习共同体（community）及其行为的研究和创设等，而学习共同体的创设和社交媒体的使用是分不开的。社交媒体的使用是学习者参与学习的主要形式，其促成了学习共同体的形成。基于联通理念的参与式学习文化以及共同体的

形成也是研究的主要侧重点。例如,有研究基于联通主义慕课从联通主义、根茎学习、行动者网络理论、实践共同体和探究式共同体等多元结合的维度来分析慕课学习中参与式学习文化[①](participatory learning culture)和学习共同体的形成(Bozkurt & Keefer,2018[776])。教师在这种情况下充当的是引导者,促进学习者的积极参与、实现同伴教导,其中,教师的引导、参与的语言、群体规模、既有的共同体观是影响多语学习环境下慕课课程参与度的四个决定性要素(Colas et al.,2016)。

从物质形式上而言,联通主义促进了慕课这种学习产物的形成和发展成熟。但是,联通主义更为重要的意义在于它给学习内涵和意义带来的改变,特别是它给网络学习尤其是网络交互学习带来的新视角。根据西蒙斯的联通主义,网络的交互学习可以简化为节点和联结两个要素。其中,基于各类社交媒体的网络技术提供了技术的支持,对于网络交互学习和网络学习共同体的形成起着重要的作用。联通主义视角下,各类技术工具以一种分布式、多元的技术网络形态出现(见图4-8)。如Change MOOC课程所运用的技术网络是基于社会公共媒体、视频会议工具、调研工具、社交媒介、论坛、学习管理平台等网络学习工具,进行资源分享与传播、数字处理、社交联结、协作、课程学习以及开展群组线上线下交流等学习活动(Wang et al.,2018;王志军等,2019)。

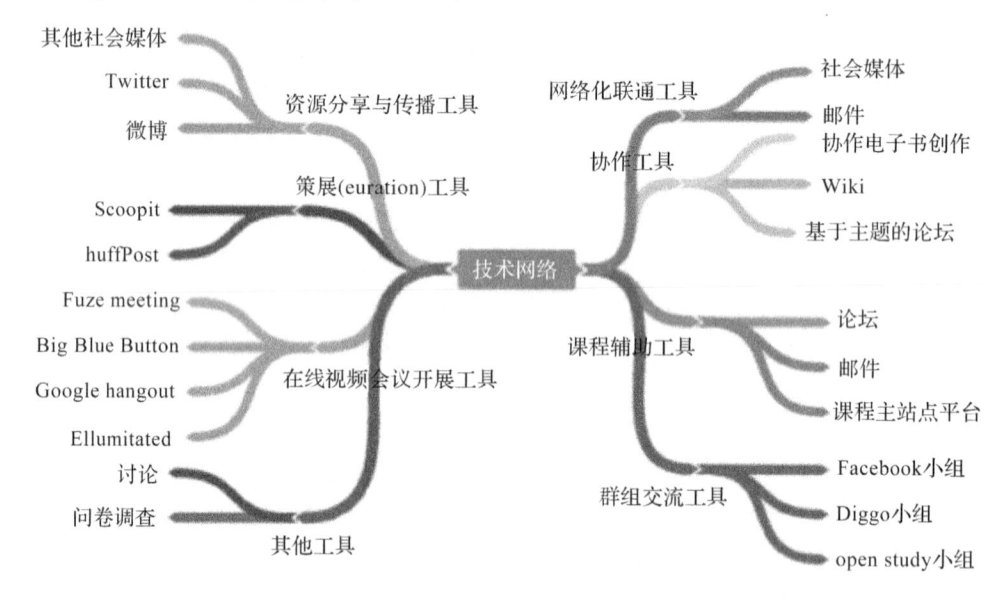

图4-8 Change MOOC课程所运用的技术网络结构(王志军等,2019[25])

---

① 参与式文化(participatory culture)指的是Web 2.0时代全民共同参与的文化,是一种个体得到联结、去中心化的文化现象,各种学习内容、学习方式等也会受到这种文化的影响,进而形成参与式学习文化(participatory learning culture)。

学习交互首先是信息的交互。西蒙斯于 2011 年在其博士论文中提出了寻径—意会信息模型(the sensemaking wayfinding information model, SWIM), 即表示个体在繁杂的网络信息环境中如何借助技术的使用、通过自主学习活动等获取信息、建构意义的模型;模型以认同(identity formation)、导引(navigation)、社交互动(social interactions)和感知活动为中心(sensegiving activities), 注重阐释个体的信息习惯;而个体在建构意义过程中形成的社交网络表明了参与度、投入度、语言活动和制品创作(例如提出概念,创作文字图像、图表、视频)以及持续参与的重要性(Siemens, 2011[iii])。在该模型理论框架中,意义的构建即意会,包括了认同、语言活动、制品创作、协作和共同创造、分享和意义建构活动等,寻径包括了创造和分享新的空间、知识(课程)领域的探索以及给予或接收导引等子类别,而意会和寻径两者都重叠了请求协助、导引缺失、情境化、联结化、元课程、技术要素、情感要素等子类别(Siemens, 2011[145-146])。

Wang, et al(2014),王志军和陈丽(2015)在教学交互层次塔(陈丽,2004)的三种层次交互即操作交互、信息交互和概念交互,以及西蒙斯提出的寻径—意会信息交互模型的基础上,以认知参与度为分层标准由低到高进一步细化、推演(见图 4-9)、修订并发展出了基于认知参与度的联通主义学习教学交互理论模型(a framework for interaction and cognitive engagement in connectivist learning context)[后更名为联通主义学习教学交互与参与模型(connectivist interaction and engagement framework, CIE)(Wang et al., 2017;王志军等,2019[20])],包括从操作交互(operation interaction)到寻径交互(wayfinding interaction)、意会交互(sensemaking interaction),再到创生[①]交互(innovation interaction)四个层次。

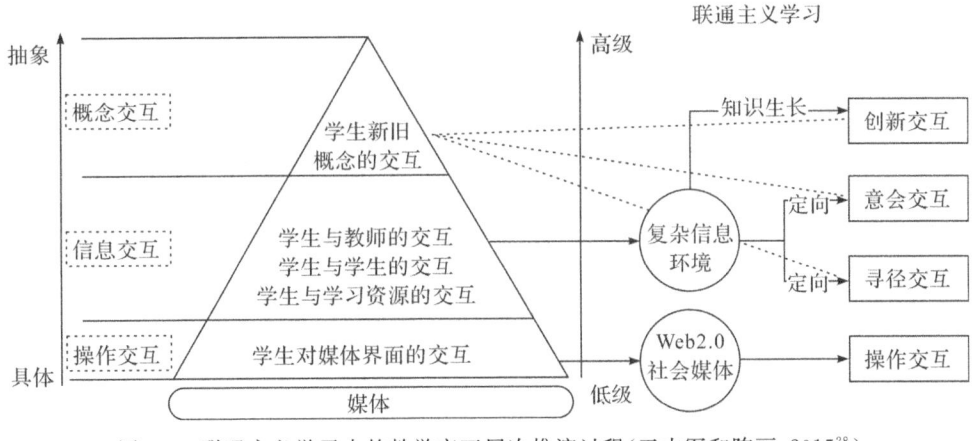

图 4-9 联通主义学习中的教学交互层次推演过程(王志军和陈丽,2015[28])

---

①联通主义学习教学交互分层模型中的"创新"交互在修订后改成"创生"交互,见王志军和陈丽(2015[29-30])。

据此交互模型和分析说明(见图 4-9、图 4-10 和表 4-14),操作交互是指学习者在 Web 2.0 环境中利用各类公共社交媒体,以及公共的或专业的学习平台的相互作用,使得学习者和界面之间发生交互,其最终目的是搭建个人或集体的学习环境的物理空间,这种交互可以简单理解为人机交互,只是 Web 2.0 所提供的是一种用户自主建构的涉及多种工具和技术的开放灵活的分布式学习环境。寻径交互和意会交互是在人机交互环境建立起来之后进一步具体到信息层面的加工、交流和更新,其中寻径交互可以理解为个体、群体、技术、内容等各种节点的定位和寻找,涉及个体与个体、个体与群体、个体与网络、人与内容等等之间的定向联结;意会交互是指不同节点之间的通过聚合与分享、讨论与协商、反思与总结和决策制定四类交互方式达成对信息的意义构建。该模型中,教学交互层次塔中所表征的概念交互发生在寻径交互、意会交互和创生交互三个层面,而创生交互是比概念交互更深入的交互,包括以个体或集体为单位的制品创建或重新合成。应该说,寻径交互、意会交互和创生交互是三个相互作用、相辅相成、相互融合的过程,寻径交互为意会交互做好了信息定向,意会交互时的主体、内容以及达到的创生层面的新的制品等反过来也成为寻径交互的信息对象或目标。联通主义视角下发生在不同层面的交互体现了网络节点之间的联结方向和规律,从信息平台的操作联结(人机交互)、信息内容或信息主体的定向联结(创建学习组织和空间)到信息内容基于信息平台在不同信息主体之间进行意义创建的联结(组织学习与创新)等达到进阶式的多样化的信息联结、改变与创造等,实现了知识的成长。

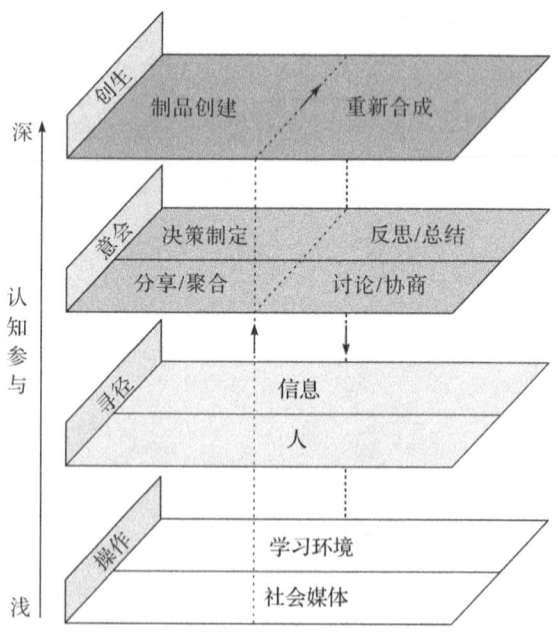

图 4-10 基于认知参与度的联通主义学习教学交互分层模型(王志军和陈丽,2015[30])

表 4-14 联通主义学习的教学交互方式与层级(王志军等,2019[26];Wang et al.,2017[691-692])

交互类型	模式	方式	备注
操作交互	环境创设与测试	整合社会媒体 提出操作中遇到的问题 创建交互空间 设置和测试环境	知道如何使用
	提供操作指导	推荐相关技术 给出对应的解决方案	高级操作
寻径交互	参与式间接寻径	介绍和推荐课程(概述课程、分享课程资源、课程时间表、注册地址、在线交流的时间和空间) 表明参与的意愿和兴趣,或加入对应的群体和小组 社会化交往(打招呼、欢迎、感谢等) 分享个人目标 回答问题,提供帮助 分享问题和困惑(信息过载、沮丧、难操作等) 表达相似性(背景、兴趣、专注和思考的问题) 表示喜欢和支持	
	主动式直接寻径	建立社区或小组,召集会员 寻找学习伙伴(一对一) 分享博客站点,寻求关注 发出邀请(邀请参与、贡献内容、开展合作等) 询问课程活动状态(包括课程状态、活动时间等)	
	帮助他人寻径	提供寻径策略指导 分享和推荐生成的内容及其他相关资源 分享站点(博客、群组、个人站点、资源聚合站点等) 分享活动(群组活动,调查研究,在线会议,学术会议等) 分享与转发他人、群组的状态和信息	此处的分享不涉及深入的点评和分析
	其他寻径	表达与他人建立联系的期望 分享自己的状态,介绍自己(个人信息、教育背景、职业经历、兴趣和目标、参与原因与期望) 情感分享(感激、兴奋、鼓舞、受启发等)	满足社会与情感需要

续表

交互类型	模式	方式	备注
意会交互	分享与聚合	使用工具聚合和分享 创建空间集体聚合和分享 手动聚合和分享 分享和推荐课程资源（课程已有资源和课程教师创建的资源、课程任务） 分享和推荐学习者学习中生成的资源（如博客、图片、视频） 分享学术资源（论文、调查报告、研究） 分享其他相关资源（策略、报道、讲稿等）	同为分享，相对于寻径的分享，此处要求的认知参与度和分享的强度更高，例如，结合自己的感受、体验与认识分享，且与主题相关性较强
	讨论协商	创建新的话题，提问，提出实践问题 回应问题，提供反馈 进一步解释和澄清问题 给出自己的看法（包括举例子、打比方等） 喜欢和支持观点或挑战已有观点 表达期望和兴趣 分享自己的经历和观点 提出新观点	此处的"新观点"只是零散的火花，不一定系统和深入
	反思总结	总结和概述 结合理论反思，结合实践反思 与其他资源建立连接 呈现思考和辩论的过程 提出新的观点和看法	
	做出决策	权衡利弊，调整计划和实践 综合信息，做出判断	
创生交互	重新合成（学习制品）	重新组合已有的开放资源，表达新的观点和想法 将碎片化的内容，按照一定规则整合，呈现新的含义	强调基于已有内容的二次创作
	创造学习制品	按照一定逻辑，撰写系统、深入的博客、文章 制作观点丰富、有学习价值的视频、音频等	强调参与者的原创

三、一些反思

当学习从传统走向网络之后，学习的方式和形态也发生了改变。从这一章节我们发现，联通主义及其发展为应运而生的网络学习提供了多种视角，成为继学习的经典联结观之后出现的现代联结观的主要内容，在这个过程中，联结主义、新联结主义、建构主义到联通主义一脉相承，体现了人们的关注逐渐从对自身机能到认知再到网络信息的转变。联通主义对学习的意义至少存在于两个层面：首先，在学习的理论和本质上，它带来一种新的知识观、学习观、团体观，使人们对知识有了新的认识和解读,对学习的发生过程以及学习共同体也有了更为深入的理解;其次,在学习和教学实践上,联通主义直接带来了教学的变革,包括各类慕课教学的形成和发展,为课堂教学自主性、互动性设计方面更为系统和深入地开展提供可能。

西蒙斯在2019年发布的文章 I was wrong about networks(《我以前对网络的看法错了》)值得关注。从中我们了解到,网络是不同事物之间的联结的产物。在联通主义相关理论中,我们主要以网络联结的方式来理解我们周围的世界,不管是物理的还是概念的,不管是知识、学习,还是认知、记忆、概念,或是其他任何东西,都可以用网络进行解释,本质都是一种联结的方式。然而,网络虽有着强大的叙述能力,却缺乏足够的预测力。例如,网络背后的机制是什么?是什么东西让网络运行?这些问题似乎是联通主义,也是网络本身所无法解答的。根据西蒙斯的观点,网络并不存在于真空中,而是存在于一定的环境中。网络本身不会长久,系统才是维持网络持久的根本。对于任何实体而言,其所在的系统比网络要更重要、更具有预测性、更具影响力。

系统就是机制。但是联通主义似乎并没有明确解决为何联结、何时联结以及如何联结等联结相关的动力和机制问题,因而其还有待上升到系统层面。西蒙斯同时指出,生态是一种系统。生态的特征可以决定或预测发展势头。也就是说,从根本上而言,系统决定了生存和发展的态势。虽然网络和系统经常相互替代使用,但是那些决定了网络运作的规则其实是在系统中得以实现的。系统决定了事物的存在以及它们联结的类型是什么。总而言之,网络贯穿一切,但是所有的联结和网络的存在都取决于系统。系统为个体联结的形成和行动能力定下了规则。

第五章　信息生态系统与信息联通机制

　　基于前文所述的经典联结观、现代联结观,这一章我们将进一步分析和阐释生态联结观,从更为宏观的学习环境视角来探究学习的特征和规律。西蒙斯基于网络创建,从网络学习各个维度提出学习生态框架,该框架描述的是一个从联通主义理论出发围绕学习对象、学习类型、学习媒介等达到对数据、信息和知识等各类知识概念的理解并最终上升到智慧的过程,除了以正式学习,非正式学习,共同体学习,自我学习,体验、游戏和仿真,导师制和学徒制,绩效支持这七大相互作用的学习类型(types of learning)或情境为中心外,还包括学习筛选(filters)、学习维度(dimensions of learning)、学习管道(conduits)、学习概念(learning concepts)和网络价值(network value)等学习空间和层面,整体构成一个内外相互交织作用的生态网络学习框架(Siemens, 2006[39])。而在这一章,我们把学习放到一个更广的范畴,围绕学习环境与核心动力等角度进行与学习相关的信息系统与动态机制的分析,进一步阐述网络学习的发生发展机制。

　　"互联网＋教育"作为一种教育信息化 2.0 阶段涌现出来的新样态,正在变革着教育的组织体系和服务体系;其所提供的是一种优质、开放、个性、灵活的新型服务模式、组织模式和教学模式,促成一种全新的教育业态;因此,结合"互联网＋教育"的创新特征与本质,联通主义可以被视为是"互联网＋教育"创新实践的本体论,具体包括学习视角层面的联通(认知、概念、社会三类网络)、教学层面的联通(资源共享、开放大学与混合式学习等),以及组织生态层面的联通(自组织、社区化教育等)(王志军和陈丽,2019[1,4])。其中,学习层面的联通体现的是个体将学习内容与自己的概念、认知及其所在的认知神经网络联通,以及人与人之间的社会网络联通;教学层面的联通体现的是各类开放式、自主生成的学习资源、网络平台、网络渠道的创新与联通;组织生态层面的联通体现的是实体或网络化的组织机构、单位、社区之间自组织、动态化的联通与教育新生态的形成。不管是哪种层面的联通,体现的都是信息化教学样态中的某种联结过程。从行为主义到联通主义再到生态主义,人们对学习本质的探究是一脉相承的。信息生态是人、信息、环境等各方面刺激、相联结的过程,如果说刺激是表面的,生态的联结则是更为本质的,前后是统一的。在这里,我们以网络学习中的信息作为网络介质,把相对微观的学习层面和教学层面和相对宏观的组织生态层面统一整合到信息生态层面,从"互联网＋教育"

的创新特征与本质出发,把学习、教学、组织层面的联通上升到信息生态层面的联通,以信息生态系统统领教与学及其组织,从而更好地分析系统中联通的机制与动力。

第一节 信息生态观定义

一、概念意义

信息生态是指信息—人—环境之间的均衡状态(薛纪珊,2001)。信息生态学是运用生态学的理论和方法,以信息、信息人(个人、组织、机构、团体等)、信息环境相互关系为研究对象,研究信息生态系统的构成、特征、运行机制和发展规律的学科,研究的目的是要实现信息生态系统的平衡,促进人、社会组织、信息环境乃至人类信息社会的循环可持续发展(娄策群等,2013,2014;陈曙,1996;宫启生等,2008)。信息生态系统的主要组成要素是信息、人(信息主体)和信息环境,系统的结构、性能和变化主要受系统内部作用和系统外部环境影响;而基于网络架构的网络信息生态系统是在一定的时空范围内,网络信息资源、网络信息主体及信息生态环境在网络信息交流和循环过程中,相互联系、相互影响、相互依存,耦合形成的具有自组织和自调节功能的社会生态系统,以人们的网络信息活动为中心,以信息需求为导向,受到人类社会的强烈干预和主宰,其形态结构见图 5-1(陈明红,2019)。

根据图 5-1,网络信息生态系统包括网络信息资源、网络信息主体和网络信息生态环境三大核心要素。网络信息生态系统是在网络信息终端设备和网络信息通信设施的基础上建立起来的,这里的"网络"是从狭义上理解的技术网络,而我们这里研究的广义上的网络是万事万物的联结。因此,撇开更多的技术基础和要素,图 5-1 网络信息生态系统图(黑色粗框所标注部分)即我们所要研究和描述的信息生态系统。在该系统中,信息作为网络介质,流转于不同的网络信息人即信息主体之间,而这些信息形成于不同的网络信息生态环境,包括政治环境、技术环境、经济环境、社会环境、自然环境和文化环境。

二、方法论意义

基于上述理论,信息生态学对于学习具有很强的指导意义。我们的学习实际上就发生在这样的网络生态系统中。网络信息生态系统决定了学习的发生、发展和演变。如果用网络信息生态系统的视角去看待学习,就可以从根本上理解学习发生的规则、机制、学习动力等问题。根据娄策群等(2013[17])的观点,信息生态学除了是一门社会科学、边缘学科之外,还是一门应用广泛的方法论学科,它研究信息人与信息环境的相互作用,突出信息人和信息环境整体性和综合性,强调系统的协调运行与和谐发展，它作为一种认知观与方法论，其基础理论和应用策略可广泛应用于社会各领域。

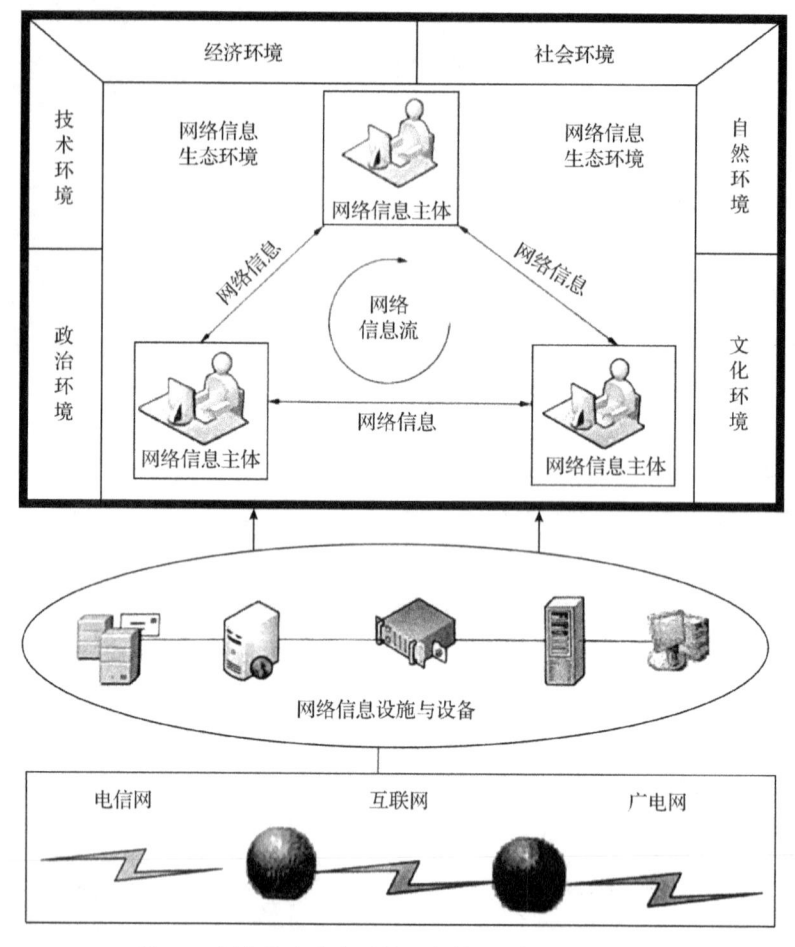

图 5-1　网络信息生态系统形态结构（陈明红，2019[30]）

三、应用意义

信息生态系统的结构可以分为形态结构（见图 5-1）和演化结构。前者可以理解为一种共时的结构，是一种相对静态的结构；后者可以理解为一种历时演化结构，是一种动态的结构，也是系统各个组成部分内部以及各个部分之间相互作用从而不断发生变化和演化的状态，体现为信息流、信息链和信息网。不同信息主体之间的信息流动在一定的环境中会形成特定的信息链，不同信息链进而连接形成信息网，信息网具有其复杂性和动态性，会随着各种信息主体、信息环境等信息节点的变化而变化。信息生态链是不同种类信息人之间信息流转的链式依存关系（娄策群等,2014[93]),是通过信息的流动使无数的信息场(亦称信息空间)连接起来,从而在有机体之间、人与人之间或其与无机体之间形成某种方式的锁链(李美娣,1998)。如果说信息流是不同信息主体之间,以及其与环境之间的联结,那么信息链就是一种它们之间较强较固定的联结模式。而信息主体处在多条相互关联的信息链中,带来各条信息链交叉连接,形成信息网。

通过上一章节对联通主义的研究,我们发现,联通主义学习理论围绕网络和网络学习的特征做了比较全面的研究分析和拓展运用,但是是相对静态地对学习网络联结形态及其组成特征进行分析,因而仍旧需要从网络层面上升到系统,进而从信息流、信息动态平衡等角度对学习及其原理或机制做进一步的论述和探究,从而更好地应用到我们实际的教学实践中。因此,这一章我们结合信息生态学视角对信息化学习中的信息流、信息动态平衡和信息联通机制等做进一步的分析和探究。

第二节　生态联结观发展及学习联结论

信息生态观是通过生态主义的视角对信息技术和环境进行解构和运营。而生态联结观是指运用信息生态观看待网络学习中的学习联结现象和联结机制。因此,为了更好地了解信息生态观下的生态联结观,我们从生态主义出发作进一步的解读。生态主义的前身是环境主义,体现的是人对自然环境的重新认识,它重新对人与自然的关系进行界定,主张构建人与自然的和谐统一。人类社会发展观本质上表述的是人与自然的关系,主流理念包括人本主义发展观和生态主义发展观(王野林,2014)。例如,在环境法中也存在着两种对立的基本立场,即人本主义和生态主义(李鑫,2012)。而物本主义被视为是人本主义的一种异化形式,是人本主义发展观的意识框架中,手段取代了目的、工具理性主导了价值理性的表现(王野林,2014[60])。简而言之,物本主义注重物质性,人本主义注重以人为中心,而生态主义则注重人与自然的和谐统一和发展。

因此,我们可以通过从人本主义学习理论到生态主义学习理论的发展来理解信息生态观中的生态联结观(见表5-1)。其中,生态主义和信息科学交叉衍生出信息生态领域,该领域运用生态主义的方法研究信息传播的过程,从物性、人性和生态性角度研究信息人、信息和信息环境之间的相互关系,解决信息生态失调问题,维持信息的生态平衡等。因此,人本主义理论下的学习体现的是一种人的自然联结观,而生态主义理论下的学习体现的是一种人、物(包括工具与环境)之间的信息动态平衡观。下面,我们将从这两种理论及其学习联结表现分别展开论述。

表 5-1　生态联结观发展及学习联结论

联结观	人的自然联结观	信息动态平衡观
	人本主义	生态主义
学习理论流派	人本主义学习理论	网络信息生态学习观
代表及其理论	马斯洛提出的各类需求层面和自我实现等理论	信息能量场运行机制
	罗杰斯提出的意义学习（学习观）和自由学习（方法论）	教学能量场运行机制

一、人本主义

不同于行为主义对有机体行为的关注或精神分析对本能的关注，人本主义突出了人性中一些重要层面（包括自由意志和人的价值等），即除了根据不同的环境刺激作出反应且有时受制于人类的本能之外，我们同时还可以用自由意志来决定自己的目的和行动方向。人本主义和其他学派最大的不同在于其特别强调人的正面本质和价值、人的成长和发展，而非单从人的心理、行为问题出发进行分析（许国彬和孙银苹，2014）。马斯洛提出需求层次理论，把行为主义心理学和精神分析心理学进行了融合，他把人的需求分成五个层次，即生理需求、安全需求、社交需求、尊重需求和自我实现需求，并以金字塔等级的形式由低到高排列，这些需求成为激励人们学习的各种原因和动力。五阶模型后来扩大为八阶，即生理需求、安全需求、归属和爱的需求、尊重需求、认知需求、审美需求、自我实现的需求和超越需求。前四种需求属于低一级的需求，或叫缺失需求，可以通过特定的外部刺激得到满足，而后四种需求则是高级需求，或叫生长需求，需要调动更多内部动因才能得到满足，而不同的需求都以特定的行为或心理表现出来。需求的满足或者寻求需求的过程中，会发生与不同人或物的各种联结。从人本主义角度来说，联结是为了能够满足和实现自我。

教学的对象是学生，因此在学习上要首先满足学生不同层面的需求，创造舒适的、温馨的、友爱的、激励的课堂内外学习环境，且教学的最终目标是为了培养人、引导人，培养学生良好的人格、认知和能力，从而促使他们可以更好地自我实现，甚至自我超越。无论是实体还是网络的学习环境和学习社区都不例外。满足用户的需求是网络环境及其设计的基本要求和出发点，即要首先从人本主义出发，满足用户不同层次的综合需求。作为教师，则要合理利用网络环境，在开发利用平台、设计信息内容，以及开展每次学习活动时把学生不同方面的需求要素考虑进来。

人本主义首先关注的是内部行为，包括情感、知觉、信念、意图、直觉等。人可以自己决定行为，而不是从属于环境，人可以在特定的环境中作出自由选择。因此人本主义体现的是一种自由选择论，不同于行为主义的环境决定论。人本主义认为,学习不只涉及理智,还涉及感情。我们除了用理智来学习、发展认知,更多时候是将感情和完整的人投入学习中从而发展自我。因此,罗杰斯提出的意义学习(significant learning)和奥苏贝尔提出的意义学习(meaningful learning)的不同之处在于,后者是指新知识与已有知识产生联结从而更好地理解其意义,而前者指的是具备个人意义的学习,是一种全身心投入的自我学习,除了理智的逻辑、推理、观点、概念等认知活动之外,还有完形、审美、直觉、灵感等,是一种身心合一的学习,最终目的是知识积累的同时完善和发展人的个性、思想、人格等,成为一个完整的人。因此,人本主义理念与我国教学传统意义上的德育、美育,以及重视人的综合素质发展相一致,也与目前提出的外语学科高素质国际化复合型人才或国际化技术技能型人才等培养目标一致,它们都是从人本主义出发促进人的全面发展。

人本主义的要义是"自我",满足个体的成长和需求。人是具有自觉性、自在性、自由性的,而这些也体现在学习上。罗杰斯主张废除传统意义上以教师为中心的学习,提倡以学生为中心,发挥学生自身的潜能,使学习具有个人意义,学生自己决定学习内容和调动学习动机、自己掌握学习方法、进行自我评价等;教师的任务是帮助学生增强对变化环境和自我的理解,教师已经不是纯粹的知识传授者,而是依赖于学生个人的学习推动者,其主要任务是提供各种学习资源、提供促进学习的氛围、使学生知道如何学习(施良方,2001[392];佐斌,1998)。

在"以学生为中心"的人本主义核心教育原则下,罗杰斯提出学生自身应遵从的一套学习原则,包括对学习的渴望、觉察学习的意义、自我防御、无压力学习、从做中学、参与学习、全身心学习、自我评价学习、顺应变化的学习等(施良方,2001[386-391];佐斌,1998[35-36])。下面我们逐一对这些学习原则进行简要的说明。

对学习的渴望。人类生来就有好奇心、有着渴望学习的天性并从中寻求满足或得到蜕变。

觉察学习的意义。人总是会带着某种或某些个人目的去学习,如果学习内容与自我的目的或价值目标匹配,则会促进意义学习。

自我防御。在学习时如果碰到与原有自我概念或价值观矛盾的内容时,则会引起自我防御,所学习的内容会带来对自我看法的变化。

无压力学习。支持的、理解的学习氛围和环境可以让学生更乐意学习,例如网络学习的优势在于学生可以根据自身的基础进行自定步调的学习等。一般来说,把外界对自我及对自我看法的威胁降到最低,学生才可以开始更好地增强自我。即在安全需求等缺失需求满足后才能寻求认知需求、自我实现需求等生长需求的满足。

从做中学。针对各种包括个人、社会、理论、应用等的实际问题,如果让学生进行体验,从做中学,则会带来较为有效的学习,实现意义学习。

参与学习。当学生主动参与到学习环节(包括自己选择学习方向、寻找学习资源、发现问题并进行解决同时承担相应后果)时,学习会有效得多。Web 2.0 技术可以让学习者用户更加自由地达到这样的参与度,在社交媒体即移动网络终端生成自己的学习内容。

全身心学习。同时调动学生的情感和审美等认知以外的能力,即理智和情感共同投入,可以实现全身心学习,一般情况下,这是一种创造性的、自主投入的学习。

自我评价学习。评价是学习过程中最后也是最重要的一环,学生对自我的评价可以有效提升学生学习的独立性、创造性和自主性,自我评价可以培养学生的自我学习意识、行为和准则等,让学生自己决定如何学习。

顺应变化的学习。网络信息瞬息万变,网络技术加速了产业的升级和迭代。我们的学习内容、信息等也在不断变化,学习的政策、环境也一直处于改变中。因此这种学习内容和学习方式的挑战不单针对学习者,还有学习促进者即教师。后者需要从顺应变化的角度,采取开放、包容的态度,积极应对变化,从而积极引导学生顺应变化。

上述这些以学生为中心的学习原则应用到教学方法上,就是罗杰斯提出的促进自由学习的方法,包括构建真实的问题情境、提供学习的资源、使用合约、利用社区、同伴教学、分组学习、探究训练、程序教学、交朋友小组、自我评价等(施良方,2001[392-401])。我们将其进行了适当的归类,论述如下。我们发现,这十种促进自由学习的方法在网络学习的时代被赋予了新的、更强大的意义。

我们从中也可以发现,基于人本主义的教学法构成了现代教育理念的重要部分。如果说先前的学习联结论更多的是从理论的、形而上的层面进行的提炼和概括,是理性主义,那么从维果茨基的社会建构主义开始,尤其是发展到了人本主义,更多的则是从社会人的培养的实际操作层面开展的,是形而下的实施过程,是实用主义。因此,到了人本主义,对学习的探究从"是什么(what is it)""为什么(why is it)"变成了"做什么(what to do)""怎么做(how to do)",各种理论框架和方法论都变得比较具有实操性和实用意义,其实用性也在当代的网络学习中进一步得到了证实。

(一)构建真实的问题情境

只要是对学生个人有意义或有关的问题,就是情境。教师作为学习促进者,首先需要搭建良好的学习情境,使学习情境与学生目前和未来所要面对的现实问题紧密结合,为学生提供各种应对真实挑战的机会,从而充分调动他们对自身环境的好奇心,激发他们的求知欲。教师可以利用网络把最新的资讯、人力或信息资源等以最直接的方式传递给学生,也可以利用虚拟现实技术、网络教育直播平台等进行学习情境的搭建。

(二)提供学习的资源

教师作为学习促进者,除了组织教学、创建情境之外,还有一个重要作用体现在教学资源的提供上。这种资源可以理解为人的资源、社会的资源和学习资源等。教师是连接行业、企业、专业、学科、社会、学校、学生等的纽带,各方的力量和资源最后要到达学生这里,需要教师这个学校最具活力的中介人把各方的资源和力量整合并最终提供给学生。

(三)使用合约

合约是学习促进者为了更好地促进有效学习而采用的与学生共同制订方案的一种方法,在保证足够学习自由度的前提下明确双方的责任和义务。这种合约可以是针对整门课程的学习计划与评价标准,也可以是项目合约,即针对某次项目的学习方案和评价准则。无论哪种合约,一般都包括目标、学习内容、时间、计划、评价标准、签名等。下面是以"英语精读与训练"这一门课程为例在开课初期教师与学生之间达成的个人学习计划。

个人学习计划("英语精读与训练"课程)

Intensive Reading & Practice

INDIVIDUAL LEARNING PLAN[①]

Name: _____

Class: _____

Student ID: _____

Course name: _____

Course code: _____

Date commenced: _____

Level commenced (**English score**): _____

Course textbook: A notebook set for vocabulary and phrases;

      An approved **grammar book**;

      An approved **dictionary**;

      Newspapers as prescribed;

      Novels or short stories as prescribed;

      A **CET-4** book of vocabulary;

[①] 该表仿照澳大利亚霍姆斯格兰学院语言中心针对澳大利亚CSWE Ⅲ (Certificate Ⅲ in Spoken and Written English,英语口语与写作证书三级)开发的课程大纲和个人学习计划(2010年)制作。

Other resources on-and-off line.

STUDENT PROFILE

1. Personal details

Name: _____   Date of Birth: _____

The Place of Origin: _____   Mobile Phone: _____

Hobbies/Interests: _____

2. Goals

Long term goals

Complete CET-4 level ☐

Complete CET-6 level ☐

Complete Shanghai Interpretation Accreditation
(Intermediate Level) ☐

Complete Shanghai Interpretation Accreditation
(Advanced Level) ☐

Others ☐ _____

Short term goals

a. Do you have any problems which might make it difficult to study English? (e.g. personalities, finances, medical, interest, other factors)
_____

b. What language skills do you need the most help with?
_____

c. What can you do in the class to improve your language skills?
_____

d. What can you do outside the classroom to improve your language skills?
_____

e. How much time can you set aside for self-learning every day?
_____

3. Write a short letter to your teacher about yourself and your goals.
_____
_____
_____
_____
_____
_____
_____

4. General assessment plan

- Develop and document a learning **plan and portfolio**

  Task: Develop a personal learning plan and maintain a portfolio showing evidence of class work; homework and vocabulary development; and participate in reviews with your teacher.

- Give **oral presentations** for further study

  Task: Give a range of oral presentations on topics relevant to further study, including both individual and group presentations.

- Attend for **dictation, retelling, recitation and other tests.**

  Task: For every passage, the dictation, retelling, recitation and other tests would be carried out and graded.

- Use language **learning strategies and study skills**

  Task: Use grammar textbooks, dictionaries and other resources to develop language skills.

- Participate in a range of **activities and interactions** in and out of class for further study

  Task: Participate in a range of group discussions, projects, etc.

- Analyze and produce a range of straightforward **texts** relevant to further study

  Task: Write a range of texts including short answers, summaries, surveys, book reviews and essays ...

5. Student responsibilities:

a. Be punctual and notify teachers of absence.

b. Maintain a portfolio of your work.

c. Participate in all class activities.

d. Satisfactorily complete all given homework and assessment tasks.

e. Be involved in a minimum of 10 hours per week for self-learning outside of the class.

f. Do extracurricular readings from newspapers at least 3 times per week.

g. Attend the class with mobile phones put away, except in use.

<u>End of semester review</u>　　　　*to be completed with the teacher*

Progress:

　　　　　　　　　　　　　Circle the appropriate number

　　　　　　　　Not satisfactory　　　　　　　　Satisfactory

I come to the class regularly.　　1 ___ 2 ___ 3 ___ 4 ___ 5 ___

I have organized my class folder.　1 ___ 2 ___ 3 ___ 4 ___ 5 ___

I do my homework.	1 ___	2 ___	3 ___	4 ___	5 ___
I participate in class.	1 ___	2 ___	3 ___	4 ___	5 ___
I use the class recommended resources for the class.	1 ___	2 ___	3 ___	4 ___	5 ___
I learn and use English outside the classroom.	1 ___	2 ___	3 ___	4 ___	5 ___
I have improved my language skills. (See Short Term Goals)	1 ___	2 ___	3 ___	4 ___	5 ___

Self-comment and action plan for next stage：

_____
_____
_____
_____
_____
_____

I agree that the above is an accurate description of my discussion with the teacher.

_____   _____   _____   _____
Signature of the student   Date   Signature of the teacher   Date

  上文是某职业院校英语专业学生英语精读课的学习计划。其中，封面包括了一些个人的基础信息，包括中英文名字、班级、学号、课程名称、课程代码、课程起始时间、已有水平，以及课程常用参考书目类别和学习资源等。学习计划表的主体部分即学生个人档案由五部分组成。第一部分是学生个人背景，包括名字、年龄、籍贯、联系方式以及爱好等；第二部分是学习目标，结合人才培养方案的毕业条件和要求，计划以达到大学英语四、六级以及中高级口译等相关证书水平作为课程学习的长期目标，以通过该课程学习所要达到的技能目标等作为短期或阶段性的目标；在接下来的第三部分，学生可以通过写信的方式与教师进行交流，表达自己当下的各项目标需求等；第四部分是课程评价内容，涉及学习档案、口头报告、测试、学习技巧和策略、课堂活动、文本撰写等，涉及听、说、读、写、译技能及综合能力；同时，在第五部分明确了学生课内外的一些基本学习要求，包括出勤和守时、成长档案维护、活动参与、任务完成、课外学习和阅读，以及课堂纪律遵守等。学习计划的最后一部分是期末评价，学生对整个学期就课程评价内容、学习目标和学习要求等完成情况开展自我评价，涉及出勤率、自我学习档案的建立、任务完成度、课堂参与度、学习资源的利用情况、课外学习情况以及技能目标的实现情况等,学生可以对自己打分,同时对下一阶段的学习进行规划,最后由师生共同签名确认。像精读这类连续开设多个学期的课程,可以以阶段性评价的方式作期末评价,从而推动下一轮学习的开展。

(四)利用社区

根据杜威的实用主义,"教育即生活""学校即社会",故我们可以从更加广义的角度理解社区的意义,利用社区促进学习的发生。社区学习就是利用区域特色、区域优势及资源,进行学习活动的探究等。人才培养方案的制定和修正、课程的设置或改革、教材的开发、教学方法的确立等,都与社区已有资源和特色密不可分。特别是在高职教育中,高职的专业直接对接本地的行业企业,应寻求专业人才培养目标与行业人才需求之间的平衡。因此,在人才培养方案制定(修订)、课程设置、教材开发、引进企业讲师授课等方面,都体现了社区的人文主义。除了在教学的顶层设计上充分利用社区因素,在实际的课堂教学实践中也可以利用本地的场馆、资源等开展各种探究式学习等。

(五)同伴教学、分组学习和交朋友小组

维果茨基提出的儿童"最近发展区"概念其实是对儿童学习潜能的另一种表达,即人生来就具有学习的潜能,并通过社会和合作活动得以发展。作为社会文化理论的核心概念之一,它同时明确了教师、同伴影响与合作学习的重要意义。人本主义和社会建构主义在这方面是相通的,个人的身份构建和认同离不开社会化的过程,是社会关系内化的结果。因此,同伴教学(也称同伴学习)、分组学习和交朋友小组等是兼具社会建构意义和人本主义内涵的教学方法。

同伴学习根据学习的目的可以分为个人自发式、教学组织式和混合式等。在Web 2.0阶段,学习者用户利用社交媒体自己生产学习内容,这使得同伴相互学习变得更加便捷,但整体仍具有零散性、不系统性等缺点。同伴学习在课堂内外教学中是非常重要的教学组织方式,它可以把内容、人、时间、空间等各方面元素交叉融合到学习的时空中,让课堂以各种形式灵活展开。混合式的同伴学习是指将前两种方式融合在一起,即把学习者自主生产学习内容和课堂教学组织结合起来开展学习。同时,结合分组学习方法,采用不同的标准对学习者进行分组,分组还带来内容、时间和空间的单元分隔,并促成介于不同的学习单元、不同学习主体的多种交互模式。而交朋友小组是一种在相对比较轻松、自由的方式下形成的学习团体,学习者的学习过程以一种相对自发的、自由的内容学习和组织方式开展,成员之间以比较坦诚、直接的方式进行交往,这有利于学习者对自我身份的认同和构建,成就更为真实和独立的个体,同时加强其对他人的包容度。

（六）探究训练与程序教学

探究训练即探究教学,和程序教学其实是相辅相成的。杜威的"学生中心""做中学"的实用主义为探究教学奠定了基础。教学是为了培养学生的科学思维习惯和科学探索精神,不只是让他们被动习得相关的概念和理论,更是要让他们在自我的实践和团体的活动中有所获得与成长。在探究教学中,教师一般提出问题,给予学生一定的引导,而不直接给予答案,或者答案是开放式的,让学生通过讨论、调查、实验、思考、数据资料分析等进行主动学习和探究。整体说来,探究教学和训练可以更多地调动学生的学习自主性,让学生能有一个自主发现问题、分析问题、解决问题等的过程,从而获得新的认知、解决方法等。因此,探究教学又叫做中学、发现法、研究法。

程序教学则是把整个知识点、操作或学习过程分小点、步骤化,由浅入深,由点到面。程序教学可以理解为对教学单元的程序化设计。这种程序化可以是直线式的,也可以是分枝式的,或者是两者的结合。

就其学习联结特色而言,在探究教学法中,学生可以在教师引导下通过自主探究,产生更多与网络资源、外在环境和社区、学科知识、学习共同体等直接的联结,而不只是与教师或教师给予的知识体系产生联结。因此,这样的联结会变得更为丰富、生动,其体验性、获得性会有所不同,在联结强度和相关性上也会有所不同。学习者除了知识的提升,其解决问题、探究能力、协调能力等素养也有所提升。而程序教学主要是学生与教师及教师的知识体系发生联结,联结形式相对单一。

探究教学确实可以提升体验性、发挥人的主观能动性,但是如果教师给学生的选题或环节设计不当,将造成时间的浪费。而如果一个问题是教师可以直接用更短的时间就可以讲解清楚的,还让学生花费大量的时间重新探究,似乎意义也不是很大。这时候就需要结合程序教学。在程序教学中,教师的程序化知识点等是教师结合自身经验和学科体系总结而来的一种有效的学习单元,学生在这种程序教学下,学习效率也会提高。而对于一些开放性、社会性、实践性、德育性、综合性等问题,则可结合探究教学展开。程序教学和探究教学并非完全割裂,相反,它们是相辅相成的。程序教学下提出的问题可以成为探究教学的起点,探究教学的结果可以成为程序教学下一步教学的基础。

例如 xMOOCs 和 cMOOCs 结合的混合式慕课就兼具两种教学法的特点和优势。其中,xMOOCs 这种以内容为主的教学设计的优势在于可以在平台把章节内容优化设计,以短小的形式展示,并围绕内容主题构建相对合理、科学的联结单元和通道,而 cMOOCs 这种以网络社交为主的教学设计的优势在于调动在线网络社区和各个学习主体,使其围绕项目、任务等自主开设联结单元和通道。教学实践中两者往往结合起来开展。因此,探究教学和程序教学是混合式慕课比较核心的两大教学设计元素,相关设计在对学习主体分解和学习内容分解的基础上开展交叉联结和互动,大大丰富了学习交互网络,使联结向多样化和纵深化发展,让学习交互网络变得更加的庞杂,也更具生命力和持久力。

(七)自我评价

自我评价是指评价主体根据评价目标和标准对自身的各个方面所做的评定和价值判断,主要流程包括明确目标、制定标准、进行反思性活动、信息反馈和自我矫正等(王文静,2005)。自我评价一般是"做中学"最后一环,也是下一环学习的起点,最终的目的是以评促学。自我评价能够让学生明确学习的目标和方向,主动承担自己的学习责任。

根据评价的学习内容,我们可以把自我评价分成针对整门课程的课程评价和针对某次项目或作业的项目评价。一方面,教师作为学习促进者,需要对课程或项目评价的体系或框架做一个相对较为专业的引导,让学生明确课程学习或某次项目学习的目的和意义,而学生会把这样的评价体系或框架作为学习的目标,从而设立自己的学习计划、评价标准等。另一方面,自我评价是一种自我反思和成长,在用其去衡量阶段性学习进展的过程中,学生可以培养更多的自觉意识和问题意识。

因为课程学习内容具有复杂性,评价也不能过于单一,需要结合课程特色、项目内容选择评价方式,教师评价、自我评价、同伴评价、线上评价、线下评价等多种方式结合运用。更为关键的是,评价一定要做好反馈,在物理空间上做到评价的可视化,在信息空间上做到评价的实时化,在社会空间上使评价达到育人而非纯粹定性的效果,即要使评价的形成性和总结性结合起来,以其形成性和学习成长为最终目标。实时化和形成性这两个评价特性都可以通过可视化操作呈现。可视化带来的展示性对于评价的作用是最直接的。用户基于 Web 2.0 技术可以第一时间把原始作品、带有评价过程的作品、根据评价修改后的作品等逐步展示在平台上,使同伴可以在第一时间获得各个阶段生成的学习材料,共同完成不同阶段的学习成长。

综上所述,我们尝试整合罗杰斯的人本主义教学方法操作框架(见图 5-2)。

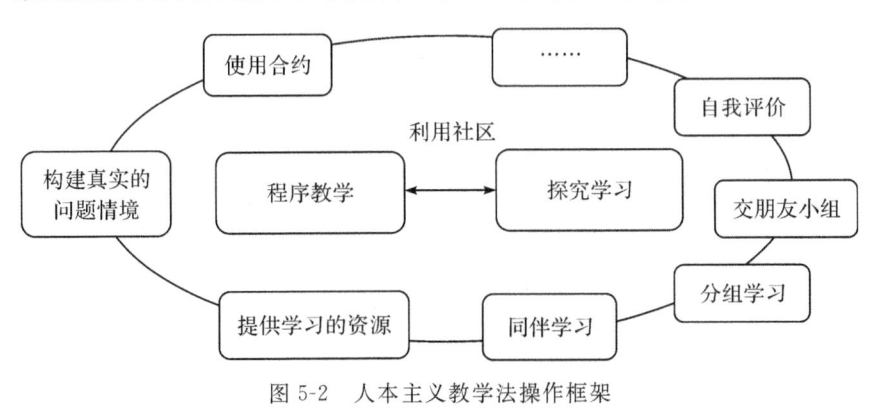

图 5-2 人本主义教学法操作框架

如图所示,程序教学和探究教学整体构成了教学的连续体,在这个连续体中,教师和学生可以通过合约的方式明确课程学习的框架、体系、评价标准等,教师通过构建尽可能真实的问题情境、提供学习资源,让学生通过同伴学习、分组学习、交朋友等方式参与其中。自我评价是学习的后置环节,也可以是新的学习资源或下一个学习活动的前置环节。这些学习活动的设置与展开都是和当地的社区环境等紧密相关的,教师应通过对当地社区资源的整合、利用和开发,融教学与教学环境为一体,明确学生培养目标与框架。

二、生态主义

发展观经历了从物本主义到人本主义,再从人本主义到生态主义的转变。从人本主义转向生态主义在于人们认识到了人与环境和谐发展的重要性,人的能力不可能得到无限放大,而必须受制于特定的环境,在与环境的互动中和谐共生。而在网络信息时代,人与信息生态环境也应和谐共生,我们对信息生态环境的态度决定了我们如何看待学习、反思学习、开展学习和参与学习。

在人本主义理论中,一切都从人出发来看待各种联结。到了生态主义阶段,则从人的中心性中稍加脱离出来,更多从信息生态环境来构建人与环境的融合发展。在人本主义中,离开了人,信息的存在将没有意义,但是在生态主义中,离开了人,信息仍旧有它自身运转的一套体系和规则机制。信息及其环境是相对独立的、可运行的系统,人是其中的组成部分,但同时也是相对独立和可以自循环的一部分。

是什么促使了人本主义向生态主义的转变?从行为主义、认知主义发展到社会建构主义、人本主义以及联通主义等,人们对学习的关注已经从对环境刺激下的人的行为反应、认知的信息符号加工及其因果关系、人的认知分布式加工和相关关系等的探究,发展到了对社会中个体之间、个体与环境之间的社会相关关系的探究。从认识论上,人从把自身作为外界的映射的认识,发展到了注重人与人、人与社会环境的相互作用关系上,进而达到人的自我实现,从这个演进的历程中,我们了解到了学习这个联结的过程中其主体、流程以及呈现的状态的发展变化等。

随着网络信息技术发展的步伐加快,要想了解网络学习的特征,除了要关注人,更要关注人所在的环境和信息这个介质,围绕"人+信息+环境"所形成的信息生态系统进行研究。信息社会确实要从人出发,但是,单单从人出发容易忽略信息化的实质。因此,我们把生态主义作为核心理念和方法论,把人作为中心和本源,信息为人和环境的介质,进一步探究学习的联结机制。而要真正理解信息生态、其相关联结机制及学习策略等,则必须回顾行为主义、认知主义、社会建构主义、人本主义、联通主义等学习理论的层层积淀,发现其中的奥妙和规律。信息生态学习观族谱关系见图5-3。其中,位于图底部的四种理论是相对传统的主流学习理论,而联通主义是新兴的学习理论,是专门针对网络学习时代提出的学习理论。网络教育要以联通主义学习为理论基础;最有效的学习方式是与有价值的信息源建立联通关系,即联通主义学习,其知识生产和传播遵循"联通即学习、学习即生产、生产即传播"的规律(陈丽等,2021)。

信息生态系统及其联结机制根植于之前的各种流派理论,只有从行为、认知、建构、人本、联通等学习观和方法论去理解它,才能得出符合网络信息时代特点的学习机制和学习策略。

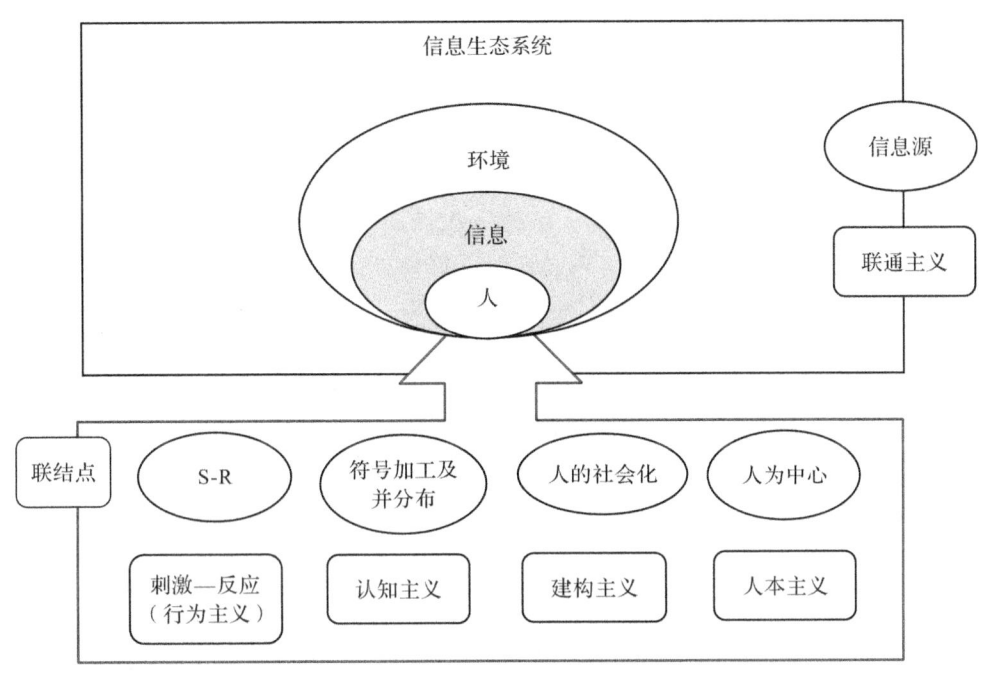

图 5-3　信息生态学习观族谱关系图

(一)信息观的发展

在生态主义的理念下,要了解信息生态学习观及其对我们学习带来的影响和作用,需要对信息观及其发展做一定的了解。"信息"是构成网络学习的内核,是架构起人和环境联结的最直接的载体或介质。对信息生态学习观的发展和应用首先要抓住信息这个最重要的内核。伴随着教育信息化 2.0 改革实施以及"互联网+"时代特色的形成和发展,信息也被赋予了新的意义。各流派学习理论中信息观的演变脉络见图 5-4。

"信息"在不同的阶段被赋予了不同的意义。信息观的发展即学习联结理论的发展。最早的联想主义把感官信息和知识区分开来,认为人类天生的心智能力可以把由感官体验而来的感官信息抽象成知识,感官信息被当成所有知识的基础。

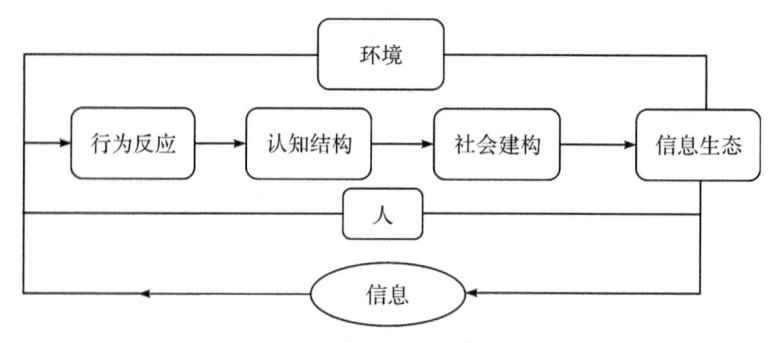

图 5-4　各流派学习理论中信息观的演变

由此衍生而来的"刺激—反应"学习理论用外在行为倾向去投射在特定条件刺激下的感觉印象,而刺激被理解成为一种外在的信号。随着认知科学的发展,人们开始对大脑和意识予以更多关注,对于大脑的信息加工和神经科学有了更多的探索,信息加工过程在头脑中以不同形式得以表征,包括动作、意象、符号等。其中,符号表征是认知科学的重点,理解为一般意义上的信息。人们通过与外界相互作用获得信息,并与头脑中已有的知识和信息进行联结,这种联结以信息流或信息的串行加工的方式呈现,包括注意、编码、储存、提取、迁移、反应、强化等。而根据个人建构主义,各种内外信息的联结通过心理图式来呈现。心理图式表示人们已有的心理认知结构,学习过程中需要与原有图式进行联结,联结方式包括同化、顺应、平衡这三种主要形式。到了 20 世纪 80 年代后期,信息的并行分布加工模型出现,即新联结主义,信息流可同时或平行进行加工活动,大量的信息同时得到处理。

在社会建构主义中,信息从原来关注感知觉、外在信号刺激、抽象符号、心理图式等转变为关注社会历史文化因素、个人与他人关系。而基于神经生理学和社会建构主义的联通主义理论认为,学习就是联结各种信息源、建立各种信息通道的过程。各种携带信息的主体都可以是信息的节点和信息源,包括人、组织、机构以及非人类的设备、网络等。信息的联结变得越来越宽泛,我们的学习也渐渐从建立和探寻内部的联结开始转向外部的联结,产生了实质性的变化。学习建设的重点由此也逐渐向外部转移。信息、信息主体、信息设备、信息环境等融合而成的信息生态系统由此建立。这种外部的联结与刺激—反应学习理论关注外部刺激和行为的联结不同,联通主义学习观和信息生态学习观更多开始关注人之外的东西。信息不能简单地被认为是完全依附于人的存在、反映或表征,以人的行为、人的认知活动,甚至是与人的关系等形式呈现。相反,信息应当被看成是一种具有内在自身生命力,具有独立成长和发展规律的东西。因此,接下来我们将探讨信息本身的运行规律,而我们的信息生态学习观也将基于此开展论述。

(二)信息的本质与特征

"信息"一词,英文是"information",表示"知道的东西"。因此,"信息"和"知识""学习"具有天然的联系。简单说来,信息就是个人或群体所知道的东西。"知识"在这里是广义上的,包括各类知识、技能、素养等,可以是以文字、图片、音频、视频等各类媒介等具体形式描述和表达的,也可以是整体的、对人产生影响的各种环境要素等。根据前者,信息常常被当作媒介,因此有了信息媒介观。信息这种媒介存在于人当中,人就成了知识体。信息存在于各类电子设备中,就有了计算机科学、通信科学等。信息如果与各类行业、领域结合,就有了各类学科的出现。因此,信息具有很强的知识性、工具性和学科性。人们处在信息环境中,通过信息来获取知识、运用工具、实现自己的学科领域成长等。

有人认为,信息和物质不可分,信息是物质的,但又不是物质本身,而是物质与物质之间的一种相互关系,物质和信息之间存在着一个连续统一体,尽管它们之间存在着不连续性,信息之所以为信息是因为它是不脱离物质的形式因、动力因和目的因(黄小寒,2007;Capurro et al.,1999)。同时,信息既然和物质密不可分,那么它是具有能量的。信息本身就具有一种势能和动态性,它具有自身独立运动的规律。例如包括信源发送"东西"的规律,信宿提取信息的规律,信息进化的规律等(黄小寒,2007[48])。

信息是物质、运动和空间综合存在的表现过程,其本质属性是物质体系受到作用所引起的本体状态发生变化的过程,以事物之间的相互作用得到表现,因而"信息传递"某种程度上是一种交互关系,"交互关系"是信息过程的本质,而在这一过程中,"态"作为物质体现实存在信息的总和,由此发生了变化;信息具有时态性,是由物质受到作用引起的自身状态的变化过程所产生的,是一种状态反应,物质相对稳定,而信息是作用过程当中即时产生的;能量就是物质之间相互作用、由对立统一形成的势,因此,从信息与能量的关系上看,信息其实是一种势态,从其与空间的关系上看,信息可以构成一种势场,而在其与时间的关系上,信息是一种过程时态(李炳铁,2007)。由此,信息以物质的态的形式存在,而相关信息发生过程(见图5-5)则是一个运动的,即能量、时间、空间发生变化的过程。

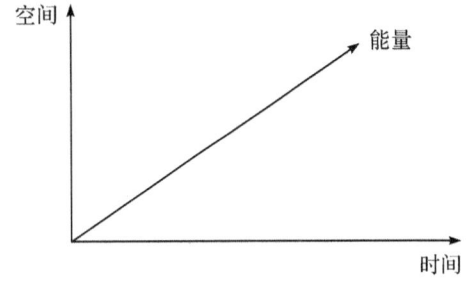

图 5-5 信息运动简约模型

(三)信息能量场运行机制

信息与质量、能量都是人们用来判定物质世界的主要属性。质和量组成能量连续统一体,通过信息的发生和运动得到体现,以信息量和信息质为两端得到表达。因此,信息能量场在特定的时间和空间,以信息量、信息质之间的连续体形式出现。是什么促进了信息能量场的运转和信息过程的发生?申农信息论中定义的信息依赖于一个过程,特别是依赖于人的主观知识,即信息与质量、能量之间表现出明显的不对称性;从这个意义上看,信息是人们对物质认识的一种量度(董春雨,2007)。

信息具有人本主义的特性。在信息为王的网络时代,信息作为人的一种原始向度,在构成人的本质方面逐渐发展为决定性要素,人们在各类环境下的信息发生和运动中,不断同化自然界的自在信息,创造出属人的自为信息和再生信息,同时也不断受到信息的异化(王哲,2007)。从信息生态学的角度,这种同化和异化是以信息为本体,使其在不同的信息节点之间进行联通和转化,并以信息流的形式体现特定的信息生态链和信息生态位。这种信息流是在特定的信息动态机制下产生的,我们把这种机制归结于信息在时间和空间上的信息的动态平衡机制。要达到动态平衡,动因是信息能量场存在着不平衡。平衡是相对的、动态的,而不平衡是绝对的,时时处处的。我们将这种机制简化为"信息不对称"组织运行机制或理论。

"信息不对称"是市场经济术语,20世纪70年代受到美国经济学家关注,并成为市场经济研究的新视角,研究内容包括信息差带来的利益差以及如何应对等问题。这种信息不对称是博弈论的重要前提,交易双方围绕经济利益的较量本身是以双方信息不对称为前提的。在我们的教学上,"信息不对称"的意义要更为广泛。具体说来,它由两个相互影响的角度组成,即我们一方面要打破构成信息屏障的"信息不对称",另一方面要积极建立起推动学习的"信息不对称"。

1. 破除非必要"信息不对称"

首先,教学不能简单地归为"博弈",这是由教学的性质决定的。教学的双方即教师和学生之间的关系并不能够用利益来衡量,且两者也不能定位为利益的双方。教师作为传统教学下的信息提供者,所引发的信息不对称不排除是为了其个人利益,比如为了能够敷衍课堂或者敷衍岗位职责,设置信息屏障,藏着掖着,故意把信息讲得不全或者分开多次讲。当然,绝大多数的信息不完全呈现是因为学科知识递进、教学设计需要以及顾及学生接受程度等多方面考量的结果。因此,我们首先要破除非必要的"信息不对称",摒弃把教学看成是一个获取私利过程的想法,而要从本质上致力于学习共同体的建设。

其次,这种构成信息屏障的信息不对称在互联网面前无处遁形。知识的黑箱被打破,许多学科的知识都会以文字、视频等形式在专门的学习APPs呈现或由学生通过网络搜索引擎搜索获得。信息源已经不再局限于书本和教师,大量的知识来自网络。因此,人为构筑信息屏障导致的信息差除了违背教学的宗旨和性质外,还违背了网络学习的规律,不利于创设共同向上的学习能量场。

在网络学习时代,教师应研究如何利用信息差达到引导学生学习的目的,而不是单方面为了应付或完成自己的教学职责,这是区分非必要"信息不对称"和有必要"信息不对称"的主要准则和出发点。

2. 积极利用"信息不对称"

教师应充分利用"信息不对称",创设不同层面多元展开、和谐有序的学习能量场。从信息生态角度即围绕信息的自组织、自成长规律出发的"信息不对称"是由信息本身的属性决定的,具体体现在信息量、信息质、信息时间、信息空间等要素的不对称上。因此,我们可以利用信息在时间、空间上的不对称、信息量、信息质的不对称开展教学交互,推动教学场及其能量的运行。

我们知道,信息生态研究的是信息人、信息和信息环境之间的关系。在网络时代,网络信息生态研究的则是网络信息资源、网络信息主体及信息生态环境这三者的关系。从信息的存在方式而言,我们可以将信息分成信息本体、信息主体、信息载体等,它们在学习过程中构成不同的信息节点或信息源。信息本体指信息内容,是最直接也是最核心的信息节点,在教学中表现为各类课程、教材、资源、授课内容等。信息主体即信息人,包括个人、机构、组织、团体等,它们是信息的主体携带者,同时也是信息内容生产者和接受者,在教学中表现为国家机构、行业、企业、学校、教师、学生以及各类其他组织机构等。信息载体包括教学设备、移动端或 PC 端平台、各类 APPs 等,是承载信息的工具,也构成重要信息节点和信息源,信息载体带来的技术给养[①]直接影响教学的质量。

(四)教学能量场的运行机制

学习的过程,就是要在细分信息单元的基础上,明确这些不同信息节点之间的关系,利用信息本体、信息主体、信息载体等不同信息节点在时间、空间上的作用,实现它们之间信息的动态平衡。通过组合配对的方式引发信息不对称,使学习过程多元化,构建不同层次的信息能量场。根据信息本体、信息主体、信息载体在时间和空间上的相同或不同(不对称),我们可以得到信息交流五维向度[②]具体不对称组合方式,见表 5-2 和表 5-3。

表 5-2　信息交流五维向度多元信息差异情况表

项目	信息主体	信息本体	信息载体	信息时间	信息空间
信息主体	+/−	+/−	+/−	+/−	+/−
信息本体	+/−	+/−	+/−	+/−	+/−
信息载体	+/−	+/−	+/−	+/−	+/−
信息时间	+/−	+/−	+/−	+/−	+/−
信息空间	+/−	+/−	+/−	+/−	+/−

[①]技术给养又叫技术的可供性。可供性的概念由美国生态心理学家吉布森(James J. Gibson)提出,指生物在物理环境中潜在的各种行动的可能性。技术可供性由此而来。根据 Gaver(1991),它指的是某项技术为可能使用它们的人采取某项行动提供的可能性。

[②]向度是物所具有的一种综合性的势态,是不同节点之间不对称或不均衡关系引起的一种势,综合组成信息能量场。

表 5-3　信息交流五维向度信息不对称具体情况表

情况序号	维度一 信息本体	维度二 信息主体	维度三 信息载体	维度四 信息时间	维度五 信息空间
0	相同	相同	相同	相同	相同
1	不同	相同	相同	相同	相同
2	相同	不同	相同	相同	相同
3	相同	相同	不同	相同	相同
4	相同	相同	相同	不同	相同
5	相同	相同	相同	相同	不同
6	不同	不同	相同	相同	相同
7	不同	相同	不同	相同	相同
8	不同	相同	相同	不同	相同
9	不同	相同	相同	相同	不同
10	相同	不同	不同	相同	相同
11	相同	不同	相同	不同	相同
12	相同	不同	相同	相同	不同
13	相同	相同	不同	不同	相同
14	相同	相同	不同	相同	不同
15	相同	相同	相同	不同	不同
16	不同	不同	不同	相同	相同
17	不同	不同	相同	不同	相同
18	不同	不同	相同	相同	不同
19	不同	相同	不同	不同	相同
20	不同	相同	不同	相同	不同
21	不同	相同	相同	不同	不同
22	相同	不同	不同	不同	相同
23	相同	不同	不同	相同	不同
24	相同	不同	相同	不同	不同
25	相同	相同	不同	不同	不同
26	不同	不同	不同	不同	相同
27	不同	不同	不同	相同	不同
28	不同	不同	相同	不同	不同
29	不同	相同	不同	不同	不同
30	相同	不同	不同	不同	不同
31	不同	不同	不同	不同	不同

　　根据上述两表所示，我们把信息这五个维度每个维度都以相同和不相同进行了二元的划分[①]，因此可以得到 2^5 对组合，即 32 对信息差的状态或情境。把其中

---

　　① 信息在各个向度呈现的量或质的不同或差异化，"＋"表示维度之间没有差异化，"－"表示维度之间有差异化。

相同的信息本体/相同的信息主体/相同的信息载体/相同的信息时间/相同的信息空间这一种情况排除在信息差之外,剩下共 31 种信息差可能引发的信息流的情境。基于信息差开展教学,以差异化和多元化带动空间动力,从信息的组织和管理角度进行信息流的生成,创设条件让各种情境下产生的信息流走向平衡,从而推动教学的开展。每次课或每次活动可以选取一种或多种信息差异化,去设计教学。接下来,在具体分析实际的教学案例之前,我们先对每个维度的"相同"和"不同"的概念进行必要的说明。

应该说,信息参与者,特别是教学设计者对各个信息维度的"相同"或"不同"会有不同的理解。下面我们结合其内涵以及产生的信息流情境进行基本的界定(见表 5-4)。

表 5-4　不同维度信息流转的表现

信息维度		"相同"		"不同"	
		定性	信息流转情境	定性	信息流转情境
维度一	信息本体	信息量相同或信息质相同	①相同的信息因不同的信息主体、信息载体、信息时间或信息空间发生了流动	信息量不同或信息质不同	②不同的信息经由同一或不同的信息主体、信息载体、信息时间或信息空间发生了流动
维度二	信息主体	同一信息主体包括个人、机构、组织、团体等	③同一信息主体因不同的信息本体、信息载体、信息时间或信息空间发生了信息流动	不同信息主体	④不同的信息主体经由同一或不同的信息本体、信息载体、信息时间或信息空间发生了信息流动
维度三	信息载体	同一信息载体包括同一设备、平台、APPs、版块等	⑤在同一信息载体上因不同的信息本体、信息主体、信息时间或信息空间发生了信息流动	不同信息载体	⑥在不同信息载体上经由同一或不同的信息本体、信息主体、信息时间或信息空间发生了信息流动
维度四	信息时间	同一时间	⑦在同一时间因不同的信息本体、信息主体、信息载体或信息空间发生了信息流动	不同时间	⑧在不同时间经由同一或不同的信息本体、信息主体、信息载体或信息空间发生了信息流动

续表

信息维度		"相同"		"不同"	
		定性	信息流转情境	定性	信息流转情境
维度五	信息空间	同一空间	⑨在同一空间因不同的信息本体、信息主体、信息载体或信息时间发生了信息流动	不同空间	⑩在不同空间经由同一或不同的信息本体、信息主体、信息载体或信息时间发生了信息流动

教学能量场域情境及其案例分析如下。

情境① 相同的信息因不同的信息主体、信息载体、信息时间或信息空间发生了流动。

围绕同一内容或话题的信息可在不同的信息主体之间发生交流。由于信息主体不同，其对同一内容的看法也不尽相同，因此会形成内容的交流与互动。例如在教学过程中教师常常让学生就某一内容或话题结合自身的不同看法进行交流，引起信息流动，达到相互学习的目的。而对于同样的内容，如果不同的学习者有着同样或类似的理解，那么，通过把同样的信息在不同主体之间不断重复的方式，可达到学习强化的目的，同时增强信息主体的认同感、归属感等。

把同样的内容从一个平台或渠道搬到另一个，也会引起信息在不同信息载体之间的流动。例如把个人或团队创作的内容发布到网络上，或者把某个平台已有的内容或其链接放到教师自己创建的慕课平台等，这种信息流动会带来信息的分布式传播和扩散流动，体现了基于信息载体的信息共享共建机制。

相同内容的信息在不同的信息时间或信息空间产生流动也非常常见，因为知识总是会在不同的时段或空间进行传播。信息交流有实时和延时两种，同步的或实时的信息可以在不同的信息主体、信息载体或信息空间发生流动，而信息也会以延时的方式在其他时段传播，即在不同信息时间发生流动。例如，教师（或学生）可以把自己以往积累的知识，或者近期学到的知识，甚至是前一秒刚看到的新闻讲授给学生（或其他同学），这就是一种信息的延时流动。同样地，信息也会在不同的信息空间发生流动。例如，对课外网络教学的内容在课堂内以翻转的形式展开学习，或者对学生课外准备的单元测试内容在课堂内进行线上或线下的测试等。上述这些都是信息在不同的信息时间或信息空间发生的流动，是由信息时空差异和不对等带来的，在学习过程中以某种学习活动的方式呈现，但它们在本质上都是利用信息的时空差异性开展的信息流。

以上对相同的信息因不同的信息主体、信息载体、信息时间或信息空间发生的信息流动和学习情况分别进行了说明。实际上，同样的信息内容往往会因为其他多个信息节点的同步的相互交叉的不对称而产生信息流。

情境②　不同的信息经由同一或不同的信息主体、信息载体、信息时间或信息空间发生了流动。

不同的信息可以在同一信息主体之内发生流动，新信息的获取或旧信息的替换和更新就是以这样一种信息流的方式出现。在学习中，我们总是通过获取与自己原有知识和认知体系相异的知识来获得进一步的成长和发展，这种新知识与已有知识的差异性和不均衡性带来的信息流动是学习的主要形式，也是知识更新的主要方式。对于知识体系的构建来说，这种差异性伴随的知识增长是一个"从 0 到 1"的过程，而差异性本身的多少却是一个"从 1 无限趋于 0"的过程。因为一开始我们总是会摄取各种零散的知识点，组成一定模块之后，再去获取新的知识时，就会基于原有的知识体系融入新的知识，此时知识之间的绝对的差异性已经消失，而是转变为以一种相近领域的信息不断去添加或完善原有的知识体系。

不同的信息也可以在两个或多个不同的信息主体之间发生流动。从信息主体的角度来看，不同的信息主要包括两种情况：第一种是同一内容或话题在不同信息主体间产生的不同的理解，第二种是信息内容较为不同。前一种我们为了分类方便，已经归入情境①即相同的信息进行了讨论。因此，在这里我们把不同的信息理解为信息内容较为不同。三人行，必有我师焉。课堂中不同水平的学生之间可以就不同的信息进行交流，而这些信息可以是学生之前积累的，也可以是经过一些临时准备而来的。只要不同信息主体所负责的学习内容不同，这些不同的信息就可以在他们之间流动，使他们相互借鉴和学习。基于不同的信息在两个或多个不同信息主体之间产生信息流动是课堂交流和讨论的主要方式，也是提升学习者团队角色的重要途径和手段。教师可以给不同的学生布置不同的任务，并利用他们之间信息差开展交流活动，完成同伴学习或小组交流等。

我们会通过同一个信息载体得到各种不同的信息，也常常从不同的信息载体中获取各种想要的信息。就像我们可以从一个学习平台上学到各个章节的知识或者各个模块的技能，我们也会使用不同的平台涉猎更多的知识技能等，实现不同信息在某一平台或不同平台之间的流动。这种信息流动可能是一种由学生自发组织的学习，也可能是由教师组织的线上学习或混合式学习。

信息总是伴随着时间和空间的特性。信息的时空不对称也会带来信息的流动，不同的信息可以在相同或不同的时空进行流动，这种流动发生在特定的信息主体或信息载体上。例如，知识生产者可以把不同的知识以同步或异步的方式，通过特定的信息载体公开发布或专门发布给处于同一空间或不同空间的知识获得者。

与情境①情况类似，实际上，不同的信息内容往往也会因其他多个信息节点的同步交叉不对称而产生信息流，即引发信息流的信息不对称往往发生在多个向度上，由多个信息不对称情境同时引发。这种情况在下列各个情境中也同样发生，因此不再逐一阐述。

情境③　同一信息主体因不同的信息本体、信息载体、信息时间或信息空间发生了信息流动。

同一信息主体在获取不同信息时产生的信息流动我们在情境②部分就个人知识的增长等角度已举例论述，可供参考。同一信息主体还可以通过不同的信息载体获取相同或不同的信息，从而进一步加深对某些知识的理解或者扩充所学的知识。信息载体也是信息源，且是网络时代最普遍也是最为广泛使用的信息源和信息节点。如今较常见的信息载体有各类APPs、信息网络、数据库等，一旦人们连接到这类信息载体，信息的流动就开始了，人们的学习也就产生了。因此，信息载体带来知识的流动是直接的、有效的。这就是联通主义所主张的，我们不但从不同人当中学习，还从机器中学习，从设备中学习。人的学习行为和学习能力的很大一部分存在于其与各种网络信息载体建立联结的过程中。

此外，对于同一信息主体而言，不管是基于相同的还是不同的信息内容或载体，皆可以借由不同的时间或不同的空间引发信息的流动，使学习发生。这就是时空差带来的信息流动，是由信息本身的时空特性决定的。这种情况与先前情境①和情境②中由于信息本体时空差异性带来的信息流的情况有所重合。先前两种情境中描述的情况也是依赖于教师、学生等信息主体，阐释信息本体由时空差异性所引起的信息流动和学习过程。而这里是直接从信息主体出发，基于时空差异性而引发信息流动和学习。因此，两者其实是有重合之处的。这是因为信息本体有依赖于信息主体的方面，信息主体也需要通过信息本体推动信息流的产生即学习的发生，信息主体、信息本体以及时空要素是同时交叉相互影响的。但是，上述这两种情况也不尽然相同。因为，信息本体和信息主体都有各自的自主性和独立性，有其能自身产生信息流的一面。特别是在人工智能时代，信息具备一定的自主性。例如基于云计算和大数据在不同时空的信息推送和信息主体就没有直接的依赖关系，它体现的是一种信息的自我联结和运算，以及依据信息本质对信息载体或信息技术环境的设计；而信息主体也具有独立性，除了可以生成、传播或接受信息本体内容，其本身就具有信息媒介的作用，简单举例来说，信息主体的言行、举止、气质、身份、地位等都是与主体融为一体的信号，因而可以因为时空差异直接释放信号，推动信息流动。因此，我们在这里将所涉及的两种不同情形前后做了分类和区分。

情境④　不同的信息主体经由同一或不同的信息本体、信息载体、信息时间或信息空间发生了信息流动。

不同的信息主体经由同一或不同的信息本体带来的信息流动如情境①②所述，不再赘述。从信息载体的角度，不同的信息主体可以在同一个信息载体上进行信息的交流，也可以把各种信息发布在不同的信息载体上进行交流和互动。比如在课程学习中，教师、学生等不同信息主体可以通过一个共有的平台进行信息的发布、分享、展示和评论等，信息基于同一个平台或同一个平台的同一版块在不同主体间流动；他们也可以在不同的平台或同一平台的不同版块发布、接收、交流、共建信息等。

此外,教师和学生等不同信息主体可以利用信息时间和空间的特性进行交流互动。例如,利用信息时间的同步性,以小组游戏或小组活动的方式将各个小组生成的不同学习内容进行实时展示,这种实时的内容不对称性让信息在不同主体之间实时流动,以一种达成信息的实时动态平衡的方式推动课堂的进度、活跃课堂的氛围。同时,也可以利用课内和课外的时间差,进行各个小组学习任务的布置、学习作品的提交、课堂的翻转设计等。

情境⑤ 在同一信息载体上因不同的信息本体、信息主体、信息时间或信息空间发生了信息流动。

情境⑥ 在不同信息载体上经由同一或不同的信息本体、信息主体、信息时间或信息空间发生了信息流动。

信息载体与信息本体、信息主体之间产生的信息流情境①~④已经做了论述,这里我们侧重讲一讲后面几种情况。信息载体平台的最大特点之一是"实时可视化","实时"体现的是信息载体的时间特性,"可视化"体现的是信息载体的信息空间特性,信息空间本质上是对人们学习的物理空间和心理空间的一种信息化表征。总体来说,平台的实时可视化功能是一种时间、空间一体化的功能。基于平台的时间差和空间差,教师可以在同一平台某个版块来设置相关的时间节点,促进小组任务、集体讨论或个人作业等线上线下不同空间学习任务的完成,从而促成信息载体和信息主体之间从由时间差和空间差形成的不平衡走向相对的动态平衡其产生或具有的信息。

除此之外,不同的信息载体构成不同的信息节点,成为不同的信息源,其产生或具有的信息可以在同一时间段或不同的时间段向其他信息节点流动。来自不同载体的信息可能是相同的,也可能是不同的,不管信息是相同的还是不同的,在节点联结和信息流动中都可以带来知识的强化、补充、增长等。在教学中,可以单独利用某一慕课平台或社交软件平台,也可以把慕课平台和社交软件平台等几个平台结合使用,组织实时或延时、线上或线下的、课内或课外的多种教学活动等,例如把慕课平台的知识点讲授、学生自主学习和测评,以及学生在社交软件平台的互动学习等结合起来,形成混合式慕课。

对于学生而言,他们可以基于共同的平台在课前、课后、课中等不同的时段在教室以外的地点学习新知识或巩固已学知识,也可以通过不同的平台同时获取不同的信息以加强对知识的认知和技能的习得等。

情境⑦ 在同一时间因不同的信息本体、信息主体、信息载体或信息空间发生了信息流动。

情境⑧ 在不同时间经由同一或不同的信息本体、信息主体、信息载体或信息空间发生了信息流动。

情境⑨ 在同一空间因不同的信息本体、信息主体、信息载体或信息时间发生了信息流动。

情境⑩ 在不同空间经由同一或不同的信息本体、信息主体、信息载体或信息时间发生了信息流动。

上述情境中时间、空间维度与信息本体、信息主体和信息载体之间的信息流情境①～⑥已有综合分析，这里我们再着重从信息时间和信息空间之间的差异或不对称带来的信息流情境专门进行分析，主要包括同一时间不同空间下的信息流动、同一空间不同时间的信息流动，以及不同时间不同空间的信息流动三种情况。总而言之，网络学习的特点在于在能够利用各种同步、异步、学习空间转化等，使学习的方式更加灵活，影响更加广泛。

同步直播课堂就是一种利用教学直播平台异地授课的典型，同步直播可以说是一种由空间差异引发的信息流带来的信息传播和知识学习的发生，它是同一时间不同空间下信息流动的典型案例。而同一空间不同时间的信息流动则指的是在同一课堂或同一空间内进行学习时，教学组织者可以借助时间差来推动教学设计活动的展开和学习交流的发生。例如利用时间差让某组学生先学习某块知识或技能，在规定时间学会之后再展示或与其他组学生交流，或者进行小组相互交流等，这种交流活动会较好地促成同一空间的同伴学习。而不同时间不同空间产生信息流动是最常见的一种利用时空信息差带来的信息流情境，在传统教学上主要表现为教师将先前其他地方或平台学到的知识在课堂内进行传授等，而在网络学习中则主要体现为慕课学习、网络公开课等将事先准备好的内容供给他人学习等。总之，要充分认识到时间节点和空间节点都是可以利用的、非常重要的信息源。如前所述，它们的重要性不是其自身就能实现的，而常常是与其他节点相互支撑的。例如，同步直播课堂中时间节点重要性的发挥离不开空间差异带来的信息流推动。此外，时间节点重要性的发挥也离不开与信息主体等节点的相互支撑。例如，有时候信息主体就是因为先于其他主体知道某一信息，就可以让这种已知信息流动到接下来的时空中，这是信息的时间差异性带来的信息流，是一种固定的只能随时间推移的由前往后的单向的信息流动。

上述各种信息不对称带来的信息流动很多是交叉进行的，同时发生在多个节点上。然而，从优化教学设计和有效推动信息流的角度，我们仍旧要看到每个节点在信息生态系统中的相对独立性，从而更为充分地利用和设计各种信息源的角色和作用，带来信息流，推动信息的运行能力，提升信息运行的系统性。因此，教师需要充分地挖掘和利用每一个信息节点，根据教学活动与其安排优化某一个或某几个信息源。可以遵循以下基本原则。

(1) 广泛挖掘信息本体

信息本体或信息内容是最直接也是最核心的信息节点。要开展学习活动，第一步是信息资源的生成，这一步我们需要大量生产信息本体。第二步才是教学组织或资源配置，在这一步则需要我们深度挖掘信息本体、灵活配置各类资源。在信息资源的生成上,基本遵循从有到无、去粗取精的信息发展规律。信息要获得周期性的成长,必然经历生成、发展、成熟、淘汰、更新等阶段,但前提是信息资源的生成。我们发现每次政策改变或社会环境改变等调整之后,就会出现相关信息迅速增长的情况。例如,网络精品课程、微课、慕课、精品在线开放课程、课程思政示范课程等课程政策的号召和执行,直接推动了大量课程的建设和信息资源的形成,这种信息本体生长壮大的生命力是由外在环境和政策直接带来的。在环境和政策的推动下,信息本体不断被创建,有一些可以留存下来,或者以另一种新的形态出现。

信息本体的生命力除了由外在环境带来不可逆的推动或改变外,还主要取决于信息的组织与管理方面。在教学相关的信息组织上,学校、专业或教师可以通过深入挖掘学科知识体系,结合决定学科发展和人才培养所需的各类社会、文化、历史背景以及地方特色等,设计不同课程来细分学科体系,同时对这些课程的内容模块进行分级分类,还要对每次课堂内容和课堂活动进行细分等,从而推动信息本体的成长和壮大。因此,信息生成与发展主要受到外在环境的制约,以及内在的信息的细分与组织管理的影响。而这些都离不开开发、生产、接受和携带课程知识的信息主体以及承载课程知识的信息载体。

(2)灵活构建信息主体

开拓和积极维护信息内容的各类生产者和接受者等,全方位灵活构建外语教学过程中涉及的各类信息主体,即个人、机构、组织和团体等,推动教学信息生态系统的发展和演进。信息主体的作用主要体现在信息生产以及信息组织与管理两个方面。首先,从信息生产的角度,要明确各类信息主体在信息网络形成过程中的不同地位和作用,例如国家机构、行业、企业、学校、专业、教师、学生等都是信息生产的主力军,我们要明确他们之间的关系,做好人才培养方案的制定、课程体系的构建、课程的开发、授课的开展、学习活动的实施等,多元的信息主体可以避免单一主体带来的信息的片面、单调、陈旧、缺乏科学性、缺乏实用性等问题。其次,从信息组织与管理的角度,要以信息主体关系建立和维护作为信息组织运行的核心,尽可能以信息主体为本进行信息的组织与管理,从信息的联通出发激活个体和组织。

(3)巧妙搭建信息载体

利用网络和信息化的手段来定位信息源,进行信息的组织、管理和运行,从而推动混合式教学场中信息的流动,这是综合利用信息载体的内涵和意义所在。从教学组织者或教学推动者的角度,可以利用多个信息载体的优势互补进行教学,例如利用行为主义慕课平台传授结构化内容知识体系,同时结合社交媒体平台进行作业或学习作品的生产和分享等。从学生的角度,他们有一部分时间是在课堂教学相关的平台学习,还有很大一部分时间是在自我发现的各类APPs学习,从而利用各平台的优势同时开展正式和非正式学习、有组织和无组织的学习、课内和课外的学习等。

(4)突显信息固有的时空特性

如果说信息本体、信息主体和信息载体是信息的三个具有相对独立性的显性要素,那么信息的时间性和空间性则具有很强的依附性,是信息固有的属性,但其具有较强的隐匿性,因此在教学场的活动设计中常常容易被忽略。一种更为有效的信息组织与管理就是要把时空特性去隐匿化,突显信息的时空特性。这部分我们在信息的时空不对称场域情境中进行了分析和讨论。简单说来,从时间特性上,我们要利用信息的实时性和延时性带来的信息不对称进行教学内容的推送以及教学活动的设计;从空间特性上,一旦进入了相同的空间,我们就可以利用"可视化"刺激该空间的信息实时不对称,推动信息内容在不同主体间流转,带来信息的更迭、能量场的激活。除此之外,也可以利用空间的理念和空间差异性进行课内课外学习、线上线下混合式学习以及课堂的翻转等。

综上,网络信息时代的学习联结主要是建立在以人为本的理论上,同时以信息的生态系统和动态平衡为主要核心理念。这一阶段的学习联结特性概括见表5-5。

表5-5 网络信息生态学习理论中的信息动态平衡理论源起与发展

	联结主体/联结点	联结律/学习律	联结的应用	联结特点
马斯洛	人的本质和价值	需求层次理论	学习动机	自我实现
罗杰斯	教师—学生	以人(学生)为中心	意义学习、自由学习	身心统一下的个人意义的实现:自我投入、自我发起、全面渗透性自我评价等
信息生态观	信息节点	信息不对称	同伴学习、群体学习、混合式学习、翻转课堂等	信息动态对等

下一章我们将结合外语学科特色和外语教学实践,进一步系统分析构建外语教学信息生态平衡过程中的信息动态平衡机制的原理及其应用等。

第六章 外语教学信息生态系统及信息联通机制的应用

信息生态系统本质上探究的是信息的自组织和运行机制,即信息是如何通过相互联结的方式进行流动,完成信息的生产、组织和运营以及增长或改变等。信息生态系统包含网络信息生态系统,网络信息生态系统是指在互联网时代,信息的生成、组织和运行等中融入了互联网的特色,互联网成为信息联结的主要手段和表现形式。以此为背景,我们从外语教学出发,解构和重构外语教学的发生和发展,提出外语教学过程中信息联通机制的表现形式及具体应用等。

第一节 语言的信息化本质

一、语言即媒介

根据侧重的不同,我国把教学和信息化的结合称为教学信息化或信息化教学,西方国家则称其为电子学习(electronic learning,E-learning)、在线教学(online instruction)或者远程学习(distant learning),具体到语言学习的信息化则被称为计算机辅助语言学习(computer assisted language learning,CALL)、移动辅助语言学习(mobile assisted language learning,MALL)、移动语言学习(mobile language learning,MLL)或移动英语语言学习(mobile english language learning,MELL)。我们认为,"信息化教学"某种程度上更能体现信息化技术的特征,表达上更为直观。信息化教学随着信息与通信技术(information and communications technology,ICT)的应用发展而来,是信息与通信技术在教学领域的应用,具体表现为各种教学服务和软件应用等。

信息传播的媒介发展经历了口语传播、文字传播、印刷传播等不同阶段,直到出现计算机及现代通信技术,信息传播进入了新的发展阶段并产生了新的信息传播方式——电子传播和网络传播,提高了传播速度。信息传播过程中,语言,特别是自然语言以最为社会化和外显的形态存在于人们的学习和生活中。

信息往往是抽象化了的逻辑语言和符号,从而可以和技术进行更好的结合。从某种意义上来说,语言就是通信自身的别称,也是用以描述通信借以发生的编码的名称(吕公礼,2016[导论9])。就外语教学而言,胡加圣和陈坚林(2013)认为,信息和语言之间有一种自然相关性或称同体共生性,这种自然相关性决定了信息技术与外语教学的内在共生性、本体性和封闭性,是信息技术与外语教学交融与整合的学理基础及逻辑基础。某种程度上,语言教学的整个过程即信息和语言间自然相关性发生的过程。

二、语言能力的学得即语言信息化的过程

信息技术快速发展的时代,几乎每个人都持有移动的且可随时接入互联网的电子终端,如最为常见的手机。这使得每个人既可以是信息的接受者,又可以是信息的发出者。从通信信息论的角度来说,每个人都是信宿,同时也是信源,统称为节点。这样的节点除了个人这个终端之外,还包括互联网上的各种平台和APPs等。

信息的本质在于传递,而语言与信息的同质性决定了信息的传递过程即语言技能运用的过程,也即完成语言技能训练的过程。信息化的网络和联结就是一个语言能力的集训过程。试想我们在网络学习中通过对各个节点的多听、多读和多说完成了对语言各方面的技能的提升。因此,语言信息化的过程即语言能力学的过程。

语言的信息模块、信息传递的技术路径和学习者的信息接受路径三者之间的同一性完成整个语言信息"族谱"基因的对比认证,形成一个完整的信息传递圈,完成语言信息化教学过程(胡加圣和陈坚林,2013[4-5])。然而,不同于母语的自然习得,外语的学得过程没有这么简单,或者说没有这么自然。这是因为外语学习的过程无法达到完全自然的状态。以英语学习为例,除了在特定的场景(例如课堂、工作场所等),我们缺少开口说的机会,也缺少其他实际使用和表达的机会。从信息化角度而言,这种可供交流和使用的信息模块、信息传递以及可供信息接受的网络节点并不少见,但是整体而言是有限的、人为创设的。如何利用既有的条件创设外语学习内容和学习路径,可以从以下几个方面进行初步思考。

首先,要看到并承认外语学习与母语学习或二语学习的差异,充分认识和评估外语学习的难度。自然语境的缺失导致语言学习无法自然发生,虽信息化可以提供更多人为语境,但是学得的过程仍是艰难的,我们必须付出更多的努力。这里可以区分出外语学习的两种环境——大环境和小环境。大环境指的是整个外语使用的环境,外语不像母语或二语那样随时随地有使用的环境,是国家整体的外语学习的政策、环境和应用方向等直接决定了外语学习的整体走向。因此,我们要在把握

住大环境的同时致力于小环境的建设。在外语学习过程中,我们更多地需要营造适合自己的小环境,这种小环境可以产自外语相关的行业态势、外语学习的高校环境、外语学习的平台、外语学习课程体系、外语学习的课堂等等,以达到联通各类节点的目的。

其次,要尽可能地创建和优化外语学习的环境或各类信息节点。信息节点可以包括上述各类资源、信息主体和信息平台等。同时,还要优化信息沟通的途径、方式方法以及主体单位大小等,明确每次学习活动是单向的、双向的还是多元交叉的信息传输,是个人的还是协作的信息传输等。

最后,加强信息化的沟通、提高交互的频率等。自然语境和节点的缺失可以通过提高沟通和交互的频率来弥补,要有意营造一种学习氛围,使外语学习的频率尽可能接近自然学习的频率。

三、语言即意识——节点的本质和意义

波兹曼(2015)说过,我们的语言即媒介,我们的媒介即隐喻,我们的隐喻创造了我们的文化;而课程是一种特别的信息系统,其目的是影响、教育、训练或培养年轻人的思想和性格。语言的信息化绝对不是简单的使用工具的过程,而是一个思想建设的过程,这决定了我们的语言和语言教育的地位和作用,外语教育也不例外。

根据陈坚林(2010)的观点,外语课程的生态及其构成是动态变化的。课程的构成范式大致可以分成三个阶段。第一个阶段的外语课程以传统课程的形式出现,传统的课程构成要素包括教学理论、教学方法以及课程或教材(即"2+1"模式:理论、方法+课程或教材),该课程范式注重培养学生的语言、文化和技能。随着信息技术的融入,第二个阶段的外语课程构成范式发展为"3+1"模式(理论、方法、技术+课程或教材),即将教学理论、教学方法、信息技术体现于课程或教材之中,强调以学生为中心,运用信息技术促进学生自主学习。根据其后续的观点,到了第三个阶段,随着思政内容的明确和融入,外语课程发展为运用教学理论、教学方法、信息技术,以及通过课程思政在课程、教材和教学上立德树人、守正创新的模式。信息化教学改革几十年来,外语课程生态平衡被打破又到再平衡的过程恰恰体现了信息化从作为教学工具逐渐转向内涵式发展,也再次说明了信息化教学本质上还是在于内容的建设和意识的培养,只有这样才能保证外语教学改革从革命转变为使命。因此,在信息化的过程中即各种信息传递交流的过程中,语音、文字和图形等信息不只实现了课内或课外的连接,还有人与人、历史与未来的连接,形成课内通、课外通、与自己通、历史通、文化通、人人通、未来通等等,人们在这些连接中塑造、创生文化意识形态。

第二节　信息环境下外语教学生态系统的理论发展与实践

一、外语教学生态系统理论与发展

根据陈坚林（2010[212]）的观点，"系统"的"系"指的是相互联系，"统"指的是将各部分统一为有机整体，外语教学系统本身就是一个完整的大系统，包含外语课程及外语教学中的方方面面；因此，他提出外语教学系统可以由以下这些部分有机组成（见图6-1）。

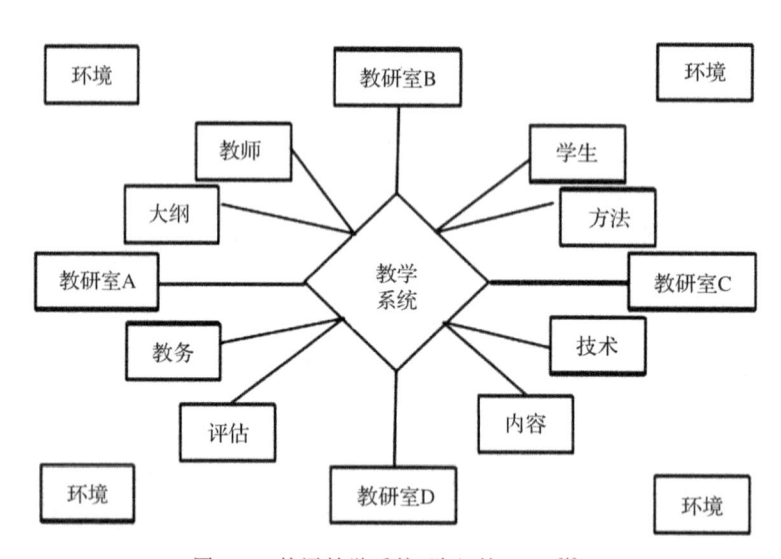

图 6-1　外语教学系统（陈坚林，2010[212]）

从生态发展的角度，外语教学系统是一个教学生态系统。外语教学生态系统有两层生态链，第一层是由信息、知识、技能、学习、技术、方法、设计、评估、管理等组成的抽象的、深层的生态链，第二层是由教师、学生、课程、教材、设备、网络等组成的具体的、表层的生态链，这两层生态链把整个系统串联了起来（陈坚林，2010[214-215]）。信息技术的元素在外语教学中起着越来越重要的作用，从一开始的辅助教学到整合式发展，再到现在的融合式教学，信息技术与外语教学变得越来越密不可分。如前所述，陈坚林（2010[213]）指出，外语课程的构成已由传统的"2＋1"模式，随信息技术发展转变为"3＋1"模式。计算机网络环境下的外语教学构成范式发生了转变，传统教学要素被替代，原有外语教学系统环境的平衡被打破，产生了诸多变化和失调现象。李晨和陈坚林（2017）在分析网络时代大学英语教学生态系统中生态因子和生态环境的基础上,提出了大学英语教学生态系统结构(见图6-2)。

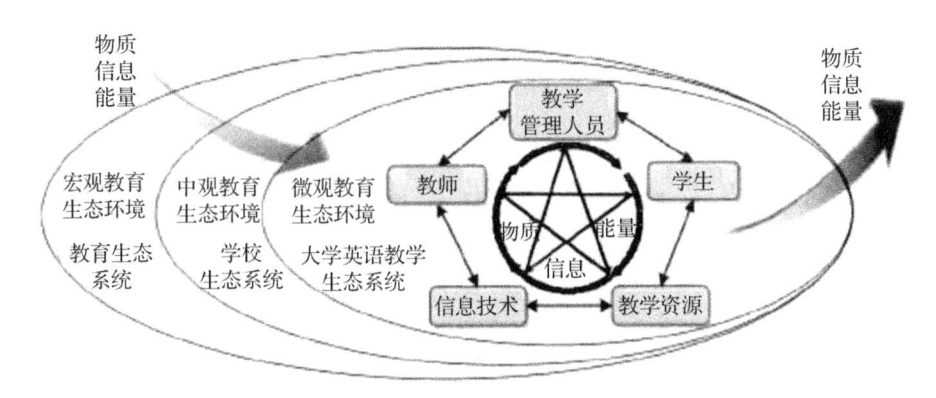

图 6-2 大学英语教学生态系统结构图(李晨和陈坚林,2017[16])

在该生态系统中,教学管理人员、教师、学生、信息技术和教学资源之间形成了信息、物质及能量的循环,是一种物质信息能量三位一体从宏观、中观到微观的教育生态环境的传输和循环。随着信息技术的融入,教学理论、教学方法、课程、教材等各要素的生态结构也发生了改变。外语教育技术学作为一种新兴学科已初见雏形(胡加圣和陈坚林,2013[3]);各个级别的外语教学慕课不断得到开发和建设;立体化、数字化大学英语教材的研发成为主流趋势(陈坚林,2011;鲍敏和李霄翔,2017;等);信息技术等环境影响下外语教师和学生生态位也发生了改变(雷丹和柳华妮,2015;李晨和陈坚林,2017[15];等);各种信息化教学方法得到探索,包括从信息生态视域创新高校英语教学中信息化移动学习等(刘亭亭和吕大,2020)。

二、外语教学信息生态系统的提出

从信息生态学的角度来看,不同的信息本体、信息主体以及信息载体等作为信息节点构成了信息生态系统中的某一个生态因子或生态要素,并以特定的时空位置或时空方式,即生态位呈现,它们以信息不对称和能量交换的形式开展信息的组织和运行,共同构成了高校英语教学信息生态系统运行结构(见图 6-3)。这里我们破除上述外语教学生态链的浅层、深层的限制,把它们统一到信息节点的不同范畴和信息运行环节中。可以把信息、知识、技能、课程、教材、资源等理解为信息本体层面的信息节点,把教师、学生、机构、组织等理解为信息主体层面的信息节点,把技术、设备、网络、平台(库)、应用等理解为信息载体层面的信息节点。简单来说,信息本体即信息主体的学习对象和内容,而信息主体赖以学习的技术环境和平台即为信息载体。无论这些教学元素是处于什么层次的生态链,最终都以信息节点的形式得到了统一,并以信息节点之间的不对称和能量交换方式得到运行。

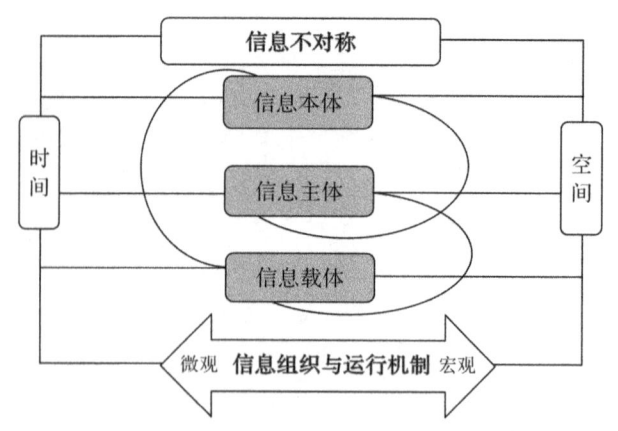

图 6-3 高校英语教学信息生态系统运行结构图

以信息的不对称和信息动态平衡作为根本机制和核心准则，信息本体、信息主体和信息载体等不同类型信息节点之间的信息流动和运行实际表现为学习过程、教学方法、学习设计、学习评估、学习管理等组织形式，以人才培养方案、课程体系设置、教学大纲、授课计划、教案、考核方式等规章内容呈现，最终形成了具体化的信息组织和运行机制，构成了一个从教学管理到课堂教学、从上而下、从宏观到微观的连续体。

信息节点的类型是一个相对的概念。例如，对于学生这个信息主体而言，人才培养方案、授课计划、教学大纲等不是直接用来作为学习内容的信息本体，而更多涉及如何开展教学及管理，因而它们属于信息组织和运行机制。但是，对于教师这个信息主体而言，这些内容却是他们生成的同时也是他们要学习的对象，因而对于教师它们是信息本体。一般情况下，我们以学生为中心来探讨信息本体、信息主体和信息载体三种信息节点类型及其之间的运行规律。

各种类型的信息节点之间存在着交叉的现象。例如对于学习平台而言，平台上的信息内容（信息本体）和平台节点（信息载体）往往是一个互相映射的概念统一体。又如讨论版块的内容构成了讨论版块这个信息载体的节点内容，各章节内容组成了章节内容版块这个信息载体的节点内容。另外，各种类型的信息节点不是孤立的，它们之间存在着互相依存、互相转化的关系，是一个有机的统一体。信息主体经由信息载体生产、传递、整合和创新信息本体，信息主体也通过信息载体接收和学习信息本体从而完成自身认知、行为能力的构建，信息本体是信息主体之间及其与信息载体之间得以维系或联结的内容核心。这些不同类型的信息节点通过信息不对称的信息能量场运行机制进行信息的组织与运行，并以微观和宏观的信息运行与管理的形式呈现。

构建高校外语教学信息生态体系是非常必要的,它有助于我们厘清外语教学的信息本质、信息能量场运行规则以及教学的相互关系,从而为建立联通并在联通中学习提供更多的实际指导意义。

首先我们需要充分挖掘信息生态环境下各级各类信息节点,把专业学科知识体系与外在环境要素(包括历史文化元素、社会经济元素和政策元素等)融合到外语课程和外语教学信息化过程中。同时,以信息技术变革辐射各级各类信息节点,明确环境、学校、专业、教师、学生、技术等各类信息节点的生态位,突出信息节点以及信息联结的特征。据此,我们提出了信息生态视域下的高校外语教学信息生态学习模型(见图6-4)。

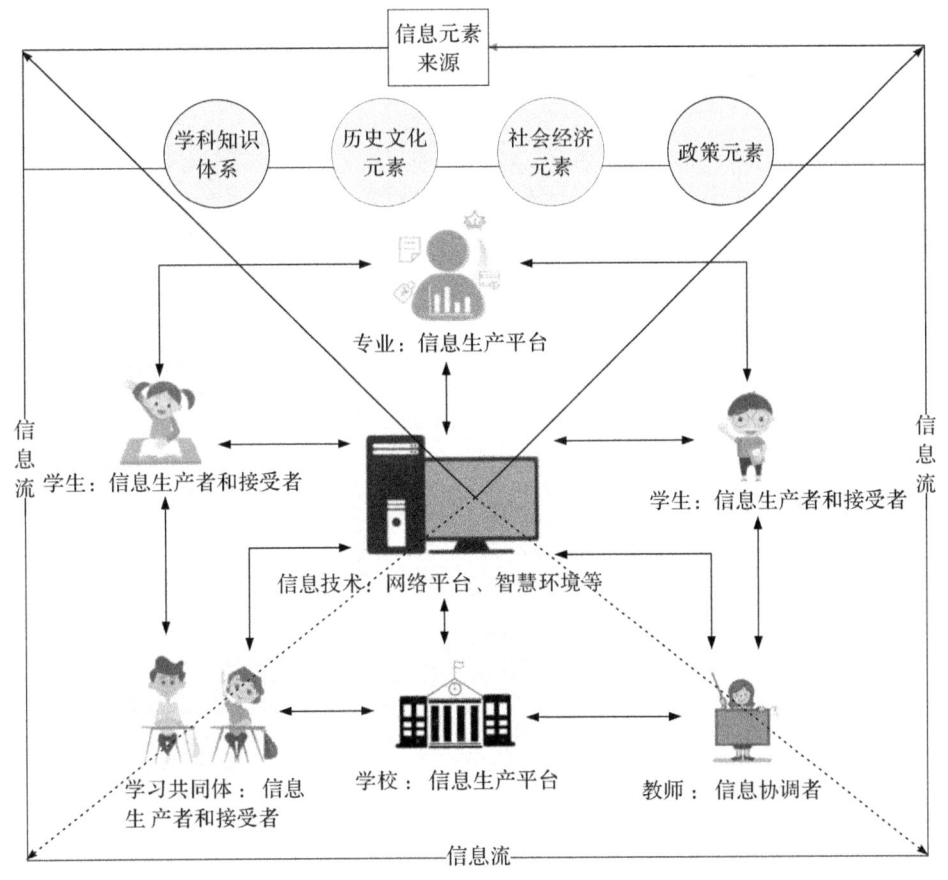

图6-4　信息生态视域下的高校外语教学信息生态学习模型图

该模型以学校作为外语教学能量场的主要场域,其设计思路如下。首先,从顶层将专业学科知识体系、历史文化元素、社会经济元素和政策元素等作为信息本体或信息要素的主要来源。专业学科知识体系是最核心的信息本体,包括外语学科的基础知识、专业技能、行业技能以及综合能力等,以教学资源和教学内容等形成呈现;历史文化元素是指与外语教学相关的国内外、专业所在地以及专业所涉及行业等的历史与文化知识;社会经济元素包括当地行业企业特色、经济发展结构与方向、产业结构和人才需求等;政策元素主要指与外语教学相关的各级各类政策的制定、出台和执行给外语教学带来的直接或间接的影响和作用。与外语教学相关的政策受国家不同时期的发展战略与规划以及国家教育事业发展规划、教育信息化发展规划以及国家教育体制和教育综合改革等的影响,这些政策具体表现为各个阶段颁布的纲要、计划、要点、指导意见、建议、方案、标准、指南、规范、框架、规定、实施办法、其他各类通知等。不同的政策对外语教学改革的方向起着决定性的作用。

学科知识体系、历史文化元素、社会经济元素和政策元素是信息生态环境的重要组成部分,是教学过程中各类信息要素即信息本体的主要来源。此外,形成、发布、挖掘、提炼、解读、学习这些信息本体的过程涉及各级各类信息主体,他们借助各种信息载体以各种信息流转的情境或方式进行信息的输入和输出。其中,在学校的教学能量场域内部,学校、专业、教师、学生、学习共同体等是核心的信息主体,同时也是学校、课堂内外环境的主要信息制定者、生产者或接受者、内化者。这些信息主体在信息生态系统中,以信息技术(即网络平台、智慧环境等)作为信息载体推进信息流转和运行。下面我们将具体阐述外语教学过程中信息流转的实际表现和应用,从信息的解构和重构角度对信息联通和信息组织在外语教学中的应用展开论述,从而进一步厘清外语教学过程中各类信息节点之间的信息流转、信息组织、动态平衡,以及学习的驱动模式等。

第三节　外语教学中信息联通机制的应用

网络信息时代,信息单元的生命力首先在于信息的细分。可以说,微型化设计是外语教学中信息联通设计的首要原则,简称微型化原则。信息单元的细分体现在对信息本体、信息主体、信息载体等信息节点类型的解构、建构、组织与建设中。在教学中一定要对各种信息节点进行细化和分类,并在实施和开展教学过程中从本质上厘清节点之间的信息不对称带来的信息流以及动态平衡关系,从而在教学过程中开展深层次的多元互动。

基于各种信息化教学平台,网络学习空间发展出信息主体、信息本体和信息载体"三位一体"跨越信息时间和信息空间的全方位学习生态体系。在这个生态体系中,信息不对称是根本的组织运行机制,在这个机制下面信息的微型化设计原则是对信息主体、信息本体和信息载体的组织运行规则,从而达到对外语教学的多重解构和重构,使其融于现代化网络教学系统中。

在教学信息生态系统中(见图6-3),信息空间(包含时间)不只是狭义上的物理空间的概念。广义上的信息空间是一种信息的组织和制度,体现了信息本体、信息主体和信息载体等各种不同类型的信息节点的内在关系属性。信息本体、信息主体和信息载体的关系组织和运行是以信息生态系统中特定的信息生态位呈现的,意味着各种类型、各个层次的信息节点最终以其在信息空间中所处的特定的位置来表现,它们之间形成特定的信息流模式即我们所谓的学习的组织和制度等,这些组织和制度反过来对信息流动产生影响,规范或指引信息的流动即学习的进程,以人才培养方案、课程体系设置、教学大纲、授课计划、教学方法、学习设计、学习评估、学习管理等规章内容呈现。从这个意义上讲,学习是一个信息空间结构化的过程。信息本体、信息主体和信息载体三种类型节点以及不同层次的节点的组织运行其实是一个学习空间组织架构的过程,这个过程表现为各类型节点在各个不同层次上宏观和微观的信息组织和运行机制。

因此,这一节我们结合课堂实际教学案例、课后教学反思以及课堂观察与访谈等,从信息本体、信息主体和信息载体三个实体类型节点出发,运用信息不对称联结机制和微型化设计原则对外语教学进行解构和重构,同时对教学过程中存在的问题进行分析和探讨。

一、如何开发信息本体——对信息本体的解构和重构

微型化原则主要表现为通过结构化思维的方式对知识体系和内容知识点进行分解。就语言学科而言,现代语言学之父索绪尔(Ferdinand de Saussure)同时也是结构主义(structuralism)的创始人。结构主义的核心思想是世界不是由事物组成的,而是由"关系"或"结构"组成的,事物只是关系的"支撑点"或"关系项"。结构主义发展到网络学习时代,我们所说的学习联结即"关系",信息节点即"事物"。结构主义是20世纪下半叶语言、文化与社会研究中重要的人文研究范式之一,是后结构主义中人们对知识解构、重构的基础。结构主义认为,只有对对象各部分之间关系进行研究才能适当地解释对象的整体和部分,主张研究结合诸元素的整体结构和复杂的网络(翁光明,1985)。该方法论的本质在于它对联结和包含诸要素关系的复杂网络的关注与研究。结构主义和建构主义(constructivism)的意义范畴不同。结构主义是逻辑哲学和方法论层面的,建构主义是知识学习和认知层面的,是对结构主义的一种运用和发展。两者都基于对结构及其关系的理解。前者是从组合、聚合关系角度对结构进行阐释,强调的是一个相对静态的、稳定的结构运行规则;后者是从主动加工(包括同化和顺应)的角度对认知结构或图式的演进进行阐释,强调的是一个主动解构与重构,以及去结构化的过程。信息本体的研发过程是一种基于结构主义的建构。一方面,信息本体是通过整体、部分的关系联结而来;另一方面,信息本体又是通过各类信息主体(包括教师和学生)的个人已有图式或认知结构去加工、解构和重构相关知识,从而实现同化或顺应等过程。

（一）被动微型化

微型化是在结构主义整体观的基础上对信息及其相互关系的一种分解原则。在这种原则下，最经典的知识体系呈现方式是教材。现有的教材是基于学科体系结构及内容的一种模块化设计，它是从历时和共时的角度、对信息本体作出的一种比较成熟的、固定的、自上而下的分解形式。现成的、已有的教材的内容对于教师和学生来说是一种被动微型化的结果，即教材内容是事先经他人构建的结果。网络教学形式出现后，教材同时以电子形式出现，包括教学光盘、数字教学资源，以及立体化教材等，它们是教材这一信息本体依托于电子设备等信息载体或工具的新的呈现形式。从信息流的运行，以及信息的不对称和动态平衡角度，数字化教材是把教材这一信息本体呈现在网络平台这个信息载体上，它本质上体现的是信息本体和信息载体之间不对称引起的新的动态平衡状态。

下面，我们从不同类型的教材出发对现成教材的微型化进行阐述。外语类教材根据其内容包含语言技能类别的不同一般可分为综合英语（基础英语）类教材、技能英语类教材和行业英语类教材。

1. 综合英语（基础英语）类教材

综合英语类教材一般指大学英语教材，通常围绕不同的英语文章形成不同的教学单元。在每个教学单元中进一步设计听说导入、词汇列表、文章正文和课文练习（包括阅读、词汇、语法、翻译、作文等练习）等版块。综合英语课程的主要特点是以特定语篇为信息内容，分别从听、说、读、写、译、词汇、语法等方面帮助学生综合提升语言能力，是一种依托知识内容实现能力训练的课程。能力训练的过程依托这些分解了的信息内容和能力模块，通过各节点信息不对称流动展开，是一种基于教材的主动微型化构建，具体将在后文中展开介绍。

2. 技能英语类教材

技能英语类教材包括听力、口语、阅读、写作、口译、笔译等教材，是在分解各种内容和能力模块的基础上结合技能训练活动编写而成的。例如，听力教材围绕各种语篇来设计各项听力任务，这些任务在形式上可分为听短对话、长对话、段落等，在话题上分为日常会话、谈话、讲座、新闻等，在内容栏目上分为单词、文化、听力练习等，在技巧上分为泛听和精听等。笔译教材可分解出翻译基础理论和翻译常用技巧，同时它可围绕各类翻译常见文体从语言特点、翻译技巧、英汉差异、翻译练习等方面展开。口译教材可基于社会话题进行单元语篇分类，它可围绕语篇从译前练习、口译课文、词汇、口译技巧以及补充练习等几个方面进行递进式能力分解和训练。一般来说，技能英语类教材仍是围绕特定的文本开展基于某项能力的专项训练。除了阅读教材，其他类型技能英语类教材的学习文本一般比较短小，方便开展基于知识点、能力点的多次训练。总之，技能英语类教材基于学科特色，在对文本内容的挖掘中分解出各项知识点和技能点,并基于各项知识点和技能点之间不对称以及它们和信息主体、信息载体之间不对称推动课堂信息流动和运行,从而开展能力训练的过程。

3. 行业英语类教材

行业英语类教材的内容包括与各个行业和专业结合的常用英语内容知识与能力,例如旅游英语、信息工程英语、国际货运代理英语、跨境电商英语、科技英语,以及法律英语等。还有一种教材内容介于技能英语和行业英语之间,如外贸洽谈口语、外贸洽谈口译、商务英语笔译等,和行业英语等属于专门用途英语。

通过分析、提炼行业英语类教材相关的编写背景、编写规范、编写过程、教材特点等,我们总结出行业英语类教材信息生成过程中的各级、各类信息节点及其相互关系见图6-5。

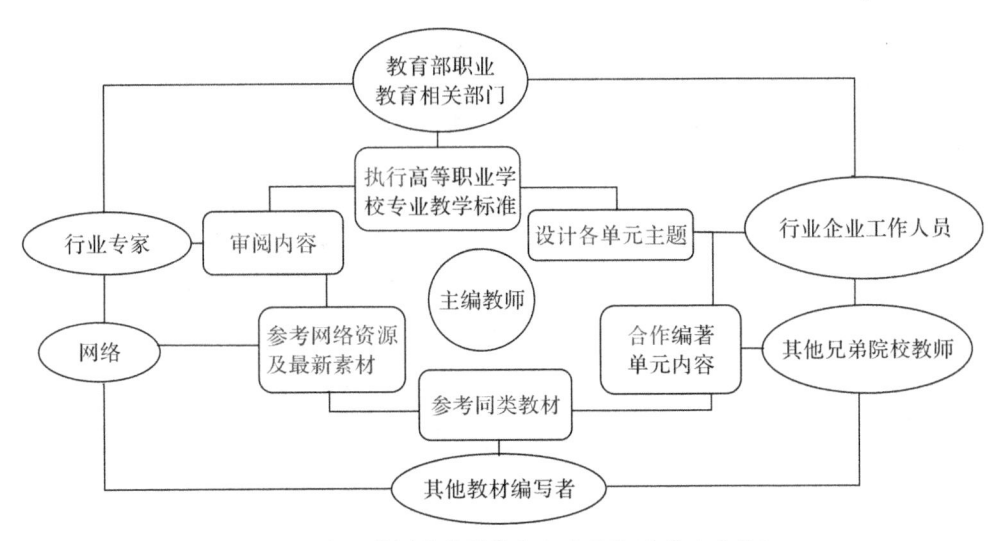

图 6-5 行业英语类教材信息生成系统(含信息主体)

教材作为信息本体的主要形式,其信息流的形成过程为(包括但不限于):教育部相关部门统一制定专业教学标准,明确其对行业英语的教学需求,在该标准和需求指导下,主编教师与行业企业人员设计单元主题、与同类院校专业教师合作编著单元内容,同时参考其他同类教材、网络资源及最新素材,最终由行业专家审阅内容等。在这个过程中,信息不对称发生在专业教学标准、单元主题、单元内容、同类教材、网络资源和素材等信息本体节点之间,同时也存在主编教师不间断与教育部相关部门、行业企业从业人员、其他兄弟院校教师、同类教材编写者、行业专家等信息主体以及网络等信息载体之间的不对称。在这些不对称的信息本体、信息主体和信息载体之间会发生信息的单向、交叉联结,引起执行、设计、合作、参考、审阅等信息流和信息运行的过程,从而形成教材的主要内容。

在人本主义的理念下,我们认为教材信息生成系统中主要由主编教师发挥其核心的主观能动性,教材信息生成过程的每一个环节都是主编教师与各信息本体、信息主体和信息载体建立联结的过程,最终完成教材的设计和编著。主编教师是主要的信息生产者,其在与教育部相关部门、行业企业人员、兄弟院校教师、同类教材编写者、行业专家等其他信息生产者以及网络等信息载体之间以信息不对称的动态交互完成对信息的生产加工,信息生产过程具体包括对标准的执行、对单元主题的设计、单元内容的合著编写、同类教材的参考、网络素材的参考以及接受最后内容的审阅等。

(二)主动微型化

对教师和学生等教材使用者而言,对信息本体组成部分的分解主要体现在信息主体对现成的教材知识内容的理解和加工上,包括教师对教学内容的设计,例如教师对每个教学单元的内容进行模块分解、根据已有教材或资源的内容自主设计制作微课或慕课等、设计与教学内容相关的学习活动等,还包括学生在教师指导下学习、参与活动或通过自身对知识进行理解、加工和重构。这些都需要信息主体运用已有认知图式对内容进行进一步的分解和细化。而这种教师和学生对教材现成知识内容的构建则是一种主动微型化的过程。教学的过程不是生搬硬套,对现成内容的主动微型化分解对教学的开展和实施提出了更高的要求,同时它也是发挥教师和学生主观能动性的关键。

不管是综合英语类教材、技能英语类教材还是行业英语类教材,都离不开文本这种主要的信息本体。因此,我们以篇章(相对正式的文本)这种信息本体为例,从文章主题、文章结构、文章内容等层面,就如何展开主动微型化分解进行举例说明(见表6-1)。

表6-1 信息本体主动微型化建构流程(基于篇章的信息分解列举)

第一步 分解文章主题	第二步 分解文章结构		第三步 分解文章语言内容
利用文化背景对文章内容进行提炼,开展内容导入	论说文	提出问题、分析问题、解决问题	各部分段落的句子、词块
		其他结构等	各部分段落的句子、词块
	描述文	以时间为序进行顺序或倒序的划分、以空间方位进行划分、以人物或事件特征进行划分等	各部分段落的句子、词块
	记叙文	起因、经过、结果	各部分段落的句子、词块
		时间顺序	各部分段落的句子、词块
		矛盾冲突发展	各部分段落的句子、词块
		其他结构等	各部分段落的句子、词块

1. 第一步:利用文化背景对文章主题进行分解

我们可以利用文化背景对文章内容进行提炼,开展相关主题的内容导入。比如围绕与文章主题相关的内容、观点或其他相关文章进行导入学习,从而为开展文章内容学习做好铺垫。例如,由翟象俊主编的《21世纪大学英语读写教程》(复旦大学出版社)第二册第二单元B篇Methods of Education:East and West(《教学方式:东方和西方》)围绕东西方教学的差异展开。针对该主题,在文化导入部分,教师和学生可以结合相关的新闻、纪录片或文章开展学习和讨论,具体可围绕例如东方儒家文化及其影响力、家庭教育、学校教育等话题展开。

信息本体文化背景解构的过程离不开网络工具等信息载体,也离不开教师、学生等信息主体。教师可以是话题的导入者和学习活动的推动者,而学生可以是相关话题内容的直接生产者、展示者、参与者和交流者等。分解文章主题、文章结构、文章内容的过程实质上是信息本体、信息载体和信息主体等各类信息节点之间的不对称引起的信息流动及建立信息动态平衡的过程,这种不对称是多种、多层的不对称,即它不仅介于不同类型的信息节点之间,还介于信息节点细化分层之后各层级之间。

2. 第二步:利用文体类型对文章结构进行分解

对于一篇文章,不论其长短,我们都会根据其学科特征及自身已有的知识结构等将其分解成不同的部分。例如我们可以根据语言组织结构从单词、词组、句子、段落、语篇等角度开展层层分析。这是最常见的文本信息处理方式,也最符合语言的结构和特征。

首先,我们从整个语篇入手,根据文体对篇章进行分类,如论说文、描述文、记叙文等。然后,再基于各文体类型对段落进行划分,例如把论说文划分成提出问题、分析问题、解决问题、结论或建议等组成部分,把描述文以时间为序进行顺序或倒序的划分、以空间方位进行划分、以描写的人物或事件特征进行划分等,把记叙文以起因、经过、结果为线索进行划分等。最后,在划分清楚各个组成部分的基础上,逐步开展每部分的段落结构的学习,了解段落发展的思路,例如如何以归纳法或演绎法推进段落的形成,如何以分类、对比、举例、正反论证、引用等具体手法开展段落论述等。

同样以Methods of Education:East and West这篇文章为例。这是一篇结构比较典型的论说文。一篇论说文一般可分成提出问题、分析问题和解决问题三个部分(见表6-2)。在第一部分,可以通过个人的故事或者某种现象作为文化背景,以提问的方式将话题引导到文章主题。第二部分,对提出的问题进行分析,分析的方式一般采取分类法如对各种原因的分类分析,也可以是对这个问题的进一步细化和举证说明等。最后,在第二部分的基础上,第三部分一般会给出解决问题的方法。如果有些问题不能或者不容易得出解决的方法,则可以给出相关的建议,或者进一步对该问题产生的结果或效应进行分析等。从问题的提出,到原因的分析,再到方法、建议、结果等的提出,每一部分都互相呼应,组成一个完整的框架。

表 6-2　论说文 Methods of Education：East and West 文章结构分解

Structure of the passage（文章结构）	Topics for every Part（各部分主题）	Paragraphs（段落）
Raise the problem (paragraphs 1-2)［提出问题(段落1—2)］	A Canadian teacher's startling experience in a Japanese art class（加拿大老师在日本美术课上的不同寻常的体验）	Paragraph 1（段落1）
	Why are there such big differences between western and eastern way of education? What causes these differences?（为何东西方教育方式有如此大的差异？是什么造成了这些不同？）	Paragraph 2（段落2）
Analyse the problem (paragraphs 3-5)［分析问题(段落3—5)］	Teaching of culture (cultural factors in teaching): attitudes, values and beliefs［文化的教学(教学中的文化因素)：态度、价值和信念］	Paragraph 3（段落3）
	Social and cultural values in the west and the embodiment in the western way of eduaction（西方社会文化价值及其在西方教学中的体现）	Paragraph 4（段落4）
	Social and cultural values in the east and the embodiment in the eastern way of education（东方社会文化价值及其在东方教学中的体现）	Paragraph 5（段落5）
Solve the problem/give recommendations/show results (effects) (paragraphs 6-7)［解决问题/给出建议/给出结果(效果)(段落6—7)］	Advantages and disadvantages of eastern way of education（东方教学方式的优缺点）	Paragraph 6（段落6）
	Advantages and disadvantages of western way of education（西方教学方式的优缺点）	Paragraph 7（段落7）

　　教师在对文章结构进行细分的基础上,可通过让学生绘制各部分(段落)概念图、基于概念图复述等方式使其进一步熟悉、理解和内化文章结构。教师可以先自己给出各部分(段落)概念图并对其进行复述,做出示范供学生参考学习,以降低信息不对称程度,促进学生对信息的接受和转化。

　　总而言之,教师对信息本体的微型化分解是进一步开展信息主体等其他信息节点不对称交流的必要条件。在课堂教学上,教师的引导作用很大一部分体现在其对信息本体内容的微型化分解上,以保后续课堂教学信息的运行。

3. 第三步:利用组合和聚合关系对文章语言内容进行分解

对于一篇文章来说,信息单元从大到小主要表现为语篇、段落、句子、词组、单词等。在对文章主题、语篇和段落结构进行分解的基础上,还需要对文章各部分具体语言点(包括句子、词组、单词等)进行更进一步的分解,通过学习句法、词法及其应用来积累相关词汇量、提升遣词造句和阅读理解的能力。语言学习中的积累最为基本的是词块的积累。词块可以理解为比较独立的、稳定的语言单位,如单词、词组、常见表达等,它是一个具有一定灵活度、黏附性较强的语义单元,可用于不同的语境中。

根据结构主义语言学,语言的意义体现在它的横向的组合关系和纵向的聚合关系中。因此,我们对于词句的分解也应从组合关系和聚合关系两个角度展开。下面我们从这两个角度进行举例说明。

(1)对组合关系的分解

组合关系分解指的是对同时出现的词块及其地位和相互作用关系进行分析。根据难易程度、重要性及其形式,我们可以尝试把词块分成重难点类、较为重点类、一般重点类,同时结合相关语法知识点进行分析。重难点类指的是较陌生的,同时比较容易混淆或理解错误的词块。较为重点类和一般重点类的区别在于前者指的是重要的且较陌生的词块,后者指的是有用的但不难理解或掌握,或者熟悉的词块。语法则是属于词块相关的另一种语言组织形式。我们以 Methods of Education: East and West 这篇文章中的一段为例,对词块各种类型和形式进行标注区别:

In any classroom in any country, the instructor teaches more than just art or history or language. **Part of** what's going on—**conscious**ly or not—is the teaching of culture: the attitudes, values and beliefs of the society. *Every education system* is **inevitably** a mirror *that* **reflect**s the culture of the society *it is a part of*.

如上所示,对段落中相关的词块可以以下划线方式进行标识,表示其是需要关注的学习重点。教师在指导学生标识辨别各种词块的过程中,这样的标识也会在学生的头脑和认知中留下相应的印迹,形成特定的心理符号或印象(symbol/image)。具体来说,这里在微型分解各类词块的过程中,我们用加粗表示相对重要的词块(较为重点类),如段落中的"part of""conscious""inevitably"和"reflect"。同时,用加粗和方框表示重要的且有一定难度、需要特别重视和花更多时间学习的词块(重难点类),如"part of"和"inevitably"。用斜体表示需关注的语法知识点,主要包括对各类词性及其功用、句子成分及其特色、各种句型结构的分析和理解等,如这里"it"这个代词与主句主语"every education system"之间的指代关系,关系代词"that"引导的定语从句以及"it"前省略掉的关系代词"which",等。段落中其他下划线词块则表示一般重点类。

(2)对聚合关系的分解

在对组合关系进行分解、了解了段落中各个词块的重要性和难易程度之后,我们还需要进一步结合聚合关系对词块这种较小的信息单元进行分解,实现对文章全面、深入的理解。聚合关系其实是一种词块的可替代关系,即对某一个词块,我们结合其同义词、反义词、上义词、下义词、分类词、目标语词(运用母语对源语进行翻译)等进行学习,从而更为系统地了解该词块。

结合聚合关系和组合关系,一个信息主体要达到对一个词块的信息量比较全面的动态平衡,需要至少学得如下几个方面,其中,①～④主要从聚合关系出发,⑤、⑥主要从组合关系出发,⑦两者都有。当然,组合关系和聚合关系彼此之间不是割裂的,它们互相影响,共同决定了某个句子句式的意义和作用。

①English paraphrase of the word or phrase(单词或词组的英文释义)

②Chinese translation of the word or phrase(单词或词组的中文翻译)

③Inflectional or derivational transformations of the word or phrase(单词或词组的屈折或派生变形)

④Other words or phrases that are similar, opposite, superordinate, subordinate, etc., in meaning(意义上相似、相反、上位、下位等的其他单词或词组)

⑤Phrases of the word(单词相关词组)

⑥Illustration of the word or phrase(单词或词组的示例)

⑦Paraphrase and translation of the sentence where the word or phrase is located(单词或词组所在句子的解释和翻译)

例如,在分解"inevitably"这个词块时,我们可以从如下几个方面展开。

首先,我们需要学习这个词块的英文释义和中文翻译,即"as is certain to happen and cannot be prevented or avoided"(不可避免地,必然地)。

我们除了要学会这个单词在上例中这句话和这个场合的用法,我们还需要了解它在其他场合的用法。因此,需要在掌握词形即了解这个单词的屈折和派生变化的基础上,同时学会其在其他不同场合的使用形式和意义:inevitably＝in(前缀,这里表示"否定")＋evite(词根,表示"回避""避开")＋able(充当后缀,表示"能够")＋ly(后缀,这里表示副词词性),因而其同根词还有 inevitable 和 evitable 等,它们是形容词,可充当定语和表语使用等。

其次,我们要通过近义、反义以及上下义关系词等激活、联结头脑中的心理词汇,或者扩充该词汇的心理语义场。如,和这个单词意思相近的词有"unavoidably""necessarily""automatically""certainly"等。

同时,学习该词汇的常用词组及表达,以及形似意近或形似意异的词组及表达等:It is inevitable that …("inevitable"的常用表达,表"不可避免的是……");It is unavoidable that …("inevitable"的形似意近表达,表"无法避免的是……");It is inequitable that …("inevitable"的形似意异表达,表"不公平的是……")。

另外,要学会在不同的场景中使用该词块,结合组合关系造句等:Despite the fact that I have tried to be objective, the book inevitably mirrors my own interests and experiences.（尽管我曾努力做到客观,但这本书还是不可避免地反映出了我自己的兴趣和经历。)Such background material inevitably reflects who we are.（这些背景材料必然会反映出我们是谁。）

最后,要能够理解和翻译该词块所在句子,会中、英文释义：Every education system is inevitably a mirror that reflects the culture of the society it is a part of.（英文释义：Every education system is a part of society, and certainly it clearly shows the culture of the society. 中文翻译：每一种教育制度都必然是反映其所属社会文化的一面镜子。）这一部分也需要结合组合关系进行理解。

上文以综合英语类课程的语篇文本为例,对教师和学生对信息本体的主动微型分解的步骤和过程做了说明。对信息本体的微型分解是一切信息交流活动的前提。信息本体的分解和信息交流是一个教师主导、学生主体的过程,这也恰恰说明了教师、学生在信息动态构建中的不同角色和地位。

综合英语、技能英语、行业英语等不同类型的课程中,对语篇等信息本体的主动微型化分解过程和处理方式会有所不同,但是教师主导、学生主体的基本策略是不变的,对文章的分解还是从文章主题、文章结构、文章语言内容等方面展开。不同之处在于,口语、听力、写作、阅读、翻译等技能英语类课程往往依托特定的文本［文字、音频、视频等形式都可以转化成（或同时以）文本进行理解和学习］,侧重对专业技能点进行分解和学习;而行业英语类课程会从业务的流程或任务环节进行信息的分解、学习,同时开展相关行业技能的操作与训练等。例如,商务英语阅读和写作能力课程(参考祝慧敏和吴黄知,2010)可从简历和面试、就业合同、公司简介、迎宾、会议安排、设备采购、市场调研、产品促销、费用报销、财务、贸易合同、纠纷解决等单元出发,在每个单元依托相关的文本进行阅读、练习、讨论、活动等,学习各单元文本相关的话题、熟悉文本常见的结构及组成部分、具体的内容和词汇等,同时结合文本开展阅读和写作等方面的练习与训练等。

信息本体具有相对独立性,一旦形成,就可以依附在不同的信息主体或信息载体上。同时它具有可再生性,可以不断地得到更新和递进。信息本体包括信息话题、知识结构、语言知识点以及由此衍生出来的技能点等。其中前三者的独立性更强。技能点虽然也是基于信息本体内容的分解,但是它对信息主体的依附性更强。基于知识点和技能点等的具体分解方式将在接下来对信息主体的分解这部分进一步说明。

二、如何调动信息主体——对信息主体的解构和重构

（一）概述

如果不去区分信息主体,而把信息主体作为一个整体来对待,那么教学任务的

执行形式容易单一,这是因为联结的信息节点太少,如只有教师—学生(整体)的单向联结,不利于信息在特定时空的活跃流动,以及不同层面信息动态平衡的建立和学习。如果要达到各方联动的效果,不能简单地从整体入手,而应该抓住部分及部分之间的关系来重构整体。

培养教师的外语教学能力需要注重培养其对信息主体的解构能力,因为在课堂中语言能力培养的关键在于利用各种信息不对称场景来创设学习情境,而越小的信息主体单元,越能确保更多学习联结的发生,保证学生更多的实际操练机会。其中,语言课堂的小班化教学是最为典型的一种尝试。除此之外,分小组活动、同伴学习等也是对信息主体的微型化分解。

在外语专业班级规模的设置和各门外语课程的课堂教学中,小班化教学策略由来已久。小班化是针对大班教学而言的,它不仅是指教学人数的相对小额状态,而是更加强调一种教学组织方式,一种以人本主义为理念开展人的个性化培养的教学方式。宏观上而言,小班化教育体现的是一种充分尊重每个学生主体性、基于每个学生特点与差异、为了每个学生个性化发展的教育理念与实践,是小班额的个性化教育,这是小班化教育的核心特征和基本精神(闫守轩和朱宁波等,2012)。微观上而言,从信息节点的角度,小班化教学的内涵在于个体作为信息节点得到更多的联结,在信息场中激发更多活力。

外语教学的关键在于教学情境的创设。因为外语不同于母语或二语,没有一个全时段的自然的语言学习环境,所以在课内外教学中需要通过创设特定的学习情境为外语学习提供学习环境。这种学习情境的创设主要通过基于不同个体之间的信息不对称及其动态平衡的构建得以实现。

教师在做课堂教学准备(备课)时,教学设计的一部分是内容设计,即对信息本体进行微型化分解等,而分解后的信息如何联结则需要教师从信息主体角度入手。备课的关键在于备学生。也就是说,信息本体微型化分解之后,如何依托某些信息载体在学生这个信息主体中展开信息不对称性流动和信息主体微型化设计是教学设计的关键。无论内容怎样细分,关键在于其如何在学生中间开展,以及教师充当什么角色,即教学设计很大一部分需要教师从设计信息主体之间的联结入手。基于信息主体的微型化分解模式见图6-6。

语言学习的关键在于学习主体对知识的构建、对内容的操练,它是通过信息不对称运行机制、以信息主体间的信息流动来完成的,是一个建立信息动态平衡的过程。教师与学生、学生与学生之间存在知识点和技能点的单向、双向或多向传输及动态平衡。例如教师对学生进行知识点的讲解、技能点的演示,对学生知识练习和技能操作环节进行点评等;学生之间通过同伴学习、小组活动等学习某项知识或技能等。教师和学生既是信息生产者,也是信息接受者。但不论是对于信息生产者还是信息接受者而言,学习的过程都是一个自身内外信息从不平衡到平衡的过程,即把他人、别处的信息重组到自身已有的信息场中,进行内部信息的重构,从而达到信息的动态平衡的过程。

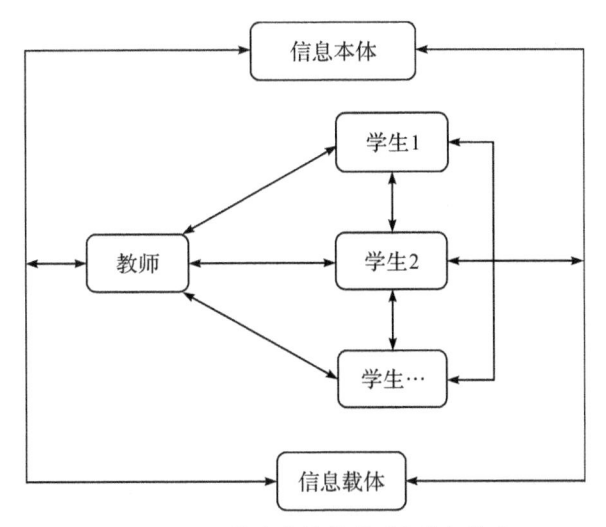

图 6-6　基于信息主体的微型化分解模式

（二）不同课型下的信息主体联结性分析

基于信息主体的信息联结指的是立足于信息主体拓展信息节点，创建各种学习联结。这种联结往往是由更深、更高层次的信息节点不对称而来的，是更深度的学习联结。如果说基于信息本体的联结带来的是浅层的联结，那么基于信息主体设计和开发的联结则往往是深度的、拓展了的联结。

1. 讲授为主型课堂的信息主体联结性分析

外语专业技能培养涉及听、说、读、写、译等方面，基于对语篇、段落、句子、词块等不同文本形式的分解，同时还包括促成词汇量的积累等。外语行业能力还包括行业实操、行业知识和行业词汇等。

讲授课首先是教师对学生的一对多的信息流动。虽然现在的课堂教学改革一直提倡构建互动教学课堂，但教师讲授这种传统的教学方式仍具有不可替代性及其优势。这是因为教师扎实深厚的专业知识结构等能够促成信息量和质在有限时间和空间内的最大化，达到有效传播信息的目的。这种信息流动发生在教师和学生之间，建立在教师对信息本体微型化解构的基础上进行的由浅入深的知识分解。学生此时作为信息接收方，在接收信息的时候会调用并主动加工、重组自身已有的知识体系。讲授课要取得良好的效果，教师需要做充分的准备。首先要明确，讲授课不是表面看起来那种教师和学生之间一对整体的信息流动，而是教师根据信息主体的接受水平以及个体差异对信息本体进行了充足、有效的细分的基础上开展的信息流动。这种细分形成的微型化的、具有较强流动性的信息单元可以被不同的信息主体或者绝大部分信息主体接收、加工和重组等。其次，讲授为主型课堂不是一言堂，也要适当结合教师提问与学生讨论等，灵活创设多样不对称的教学情境，引发各种信息流，推动学习的发生。最后，如果能够同时围绕讲授的信息单元对不同信息主体进行操练、检验或评估，则可以更好地确保讲授的效果。这种操练、检验或评估促进了信息主体对信息的接收、加工和重组等，是对信息主体的个性化分解，可以获得个体间差异，从而开展更多针对性的教学等。

案例1：词块讲授中信息节点的分解与联结

以21世纪大学英语读写教程（复旦大学出版社）第二册第四单元A篇Turning Failure into Success（《反败为胜》）中三段内容为例。其中，下划线表示需要学习关注的独立的词块或短语，灰色表示需要进一步开展检测复习、加深巩固的词块及其句子，斜体表示相关语法知识和结构。

Failure is never pleasant. It hurts adults and children alike. But it can make a positive contribution to your life once you learn to use it. Step one is to ask, "Why did I fail?" Resist the natural impulse to blame someone else. Ask yourself what you did wrong, how you can improve. If someone else can help, don't be shy about inquiring.

When I was a teenager and failed to get a job I'd counted on, I telephoned the interviewer to ask why. "Because you came ten minutes late," I was told. "We can't afford employees who waste other people's time." The explanation was reassuring (I hadn't been rejected as a person) and helpful, too. I don't think I've been late for anything since.

Success, which encourages repetition of old behavior, is not nearly as good a teacher as failure. You can learn from a disastrous party how to give a good one, from an ill-chosen first house what to look for in a second. Even a failure that seems total can prompt fresh thinking, a change of direction.

根据上述三个段落，我们整理出如下词块和相关语言点清单（见表6-3），并将它们与信息主体建立联结的过程予以呈现，这是一种基于分解了的信息本体（即词块）与不同单位大小的信息主体（即学生个体或学生群体等）之间的信息不对称所引发的联结。表中，原始节点指原始的信息本体，这里主要指从句子中分解出来的字、词、短语、表达等词块，中心节点指教师在讲授该词块时对该词块的信息加工，包括通过提问、肢体或语言交流等方式激活与学生这一信息主体的各种样式的个性化联结。这种联结不仅包括学生与词块在其组合关系和聚合关系下等不同信息节点的联结，也包括学生与其他学生、与老师、与社会等信息主体的联结。它是信息主体（老师、学生、社会等）之间依托信息本体以及信息载体实现的联结。

表6-3 词块讲授的个性化联结列举

序号	词块	教师讲授		检测[通过"paraphrasing(英文释义)"等方式]	
	原始节点	中心节点	激活的主体个性化联结类型	中心节点	激活的主体个性化联结类型
1	Failure is never pleasant.	教师提问1: Have you heard of the expression "Life is not easy."?[你听说过这句英文表达吗?](教师边提问边将这句英文表达写到电子白板上)教师提问2: How do you understand it?(你是怎么理解的?)	A.与其他学生联结(个人或多人)。B.与下划线短句所在组合关系和聚合关系下的不同信息节点联结。C.与电子白板(信息教体)联结。D.与社会层面相关价值观联结		
2	It hurts adults and children alike.	教师提问1: Please translate the sentence "Estelle and Shadow look alike."(请翻译这句话。)教师提问2: 上述例句中的"alike"是什么词性?书本上原句中"alike"是什么词性?	A.与其他人,如与例子中的"Estelle"和"Shadow"两位学生的专门联结以及由"Estelle"和"Shadow"触发的其舍友、同学等的联结。B.与下划线词块所在组合关系和聚合关系下的不同信息节点联结		

续表

序号	词块 原始节点	教师讲授 中心节点	激活的主体个性化联结类型	检测[通过"paraphrasing(英文释义)"等方式] 中心节点	激活的主体个性化联结类型
3	But it can make a positive contribution to your life once you learn to use it.	教师提问 1:Please translate the underlined part in the sentence.(请翻译句子下划线处。) 教师提问 2:Please translate the Chinese phrase "做出持久性的贡献"。(请翻译这个中文短语。) 教师提问 3:Can you name some of the lasting contributions to the human being? (你能说出一些对人类的持久的贡献吗?)	A.与其他学生联结(个人或多人)。 B.与下划线词块所在组合关系和聚合关系下的不同信息节点联结。 C.与社会历史文化百科知识联结。	—	—
4	Resist the natural impulse to blame someone else.	教师提问 1: What is the meaning of "resist"? (这个单词何意?) 教师提问 2: Do we use "resist doing" or "resist to do"? (一般用哪种表达?) 教师提问 3: What is the meaning of "impulse"? (这个单词何意?) 教师提问 4: What is the meaning of "blame someone else"? How do we express the Chinese phrase "自责" in English? (这个短语何意? 中文"自责"这个词如何用英文表达?)	A.与其他学生联结(个人或多人)。 B.与三个下划线组块所在组合关系和聚合关系自序下的不同信息节点联结	教师在平台讨论版块要求学生解释(Paraphrase) "Resist the natural impulse to blame someone else."这句话	A.与其他学生联结(个人或多人)。 B.与信息平台联结。 C.与词块及其所在句子的不同信息节点联结(基于句子联结之间的组合关系和聚合关系)

续表

序号	词块 原始节点	教师讲授 中心节点	教师讲授 激活的主体个性化联结类型	检测[通过"paraphrasing(英文释义)"等方式] 中心节点	检测[通过"paraphrasing(英文释义)"等方式] 激活的主体个性化联结类型
5	The explanation was reassuring (I hadn't been rejected as a person) and helpful, too.	教师提问1: What is the meaning of "reassuring"? (这个单词何意?) 教师提问2: Can you tell the difference between "reassure", "assure", "ensure" and "insure"? (你能说出这几个单词之间的区别吗?) 教师提问3: How do you understand the sentence "I hadn't been rejected as a person."? (你如何理解这句话?) 教师提问4: So many people are so afraid of failure, since they tend to assume they are rejected as a person when in failure, rather than look for the specific reason. Do you have similar cases? If not, I can share one of my experiences in college with you. If you were there, what would you say to me then, after learning this passage? (如此多的人害怕失败,因为失败时他们倾向于认为在失败时是他们受到了否定,而不是这个具体的原因。你有过类似的情况吗? 如果没有,我可以和你分享我在大学里的一段经历。如果当时你也在学完这篇文章后,会对我表什么?)	A. 与其他学生联结(个人或多人)。 B. 与两个下划线词块各自所在组合关系下的不同信息节点联结。 C. 与词个人阅历及教师个体建立更深联结。 D. 与社会层面相关价值观联结	教师在平台讨论版块要求学生解释(Paraphrase) "The explanation was reassuring (I hadn't been rejected as a person) and helpful, too."这句话	A. 与其他学生联结(个人或多人)。 B. 与信息平台联结。 C. 与词块及其所在句子的不同信息节点联结,句子间组合关系和聚合关系)

163

序号	词块	教师讲授		检测[通过"paraphrasing(英文释义)"等方式]	
	原始节点	中心节点	激活的主体个性化联结类型	中心节点	激活的主体个性化联结类型
6	Success, which encourages repetition of old behavior, is not nearly as good a teacher as failure.	教师提问1:Success and failure, which one is a better teacher, according to the sentence? (根据这句话,成功和失败哪个才是更好的老师?) 教师提问2:Do you know the meaning of "not nearly"? (你知道这个短语的意思吗?) 教师提问3:Can you translate the sentence "**Hardy** is not nearly as professional a basketball player as **Herbert**."? (你能翻译这句话吗?) 教师提问4:Can you give more examples of "not nearly as ... as ..."? (你能给出该词组更多相关的例子吗?)	A.与其他学生联结(个人或多人,如与例子中的"Hardy"和"Herbert"两位学生的专门联结以及由"Hardy"和"Herbert"触发的其挚友、同学等的联结)。 B.与下划线词块所在组合关系和聚合关系下不同信息节点联结。 C.与社会层面相关价值观联结。	教师在平台讨论版块要求学生解释(Paraphrase) "Success, which encourages repetition of old behavior, is not nearly as good a teacher as failure."这句话	A.与其他学生个人联结(个人或多人)。 B.与信息平台联结。 C.与词块及其所在句子的不同信息节点联结(基于句子各成分之间的组合关系和聚合关系)

续表

序号	词块 原始节点	教师讲授 中心节点	教师讲授 激活的主体个性化联结类型	检测[通过"paraphrasing(英文释义)"等方式] 中心节点	检测[通过"paraphrasing(英文释义)"等方式] 激活的主体个性化联结类型
7	You can learn from a disastrous party how to give a good one, from an <u>ill-chosen</u> first house what to look for in a second.	教师提问1: What is the meaning of "ill-chosen"? What is the meaning of "ill" here? (这个短语何意? "ill"在这里何意?) 教师提问2: Can you give more examples of "ill"? (你能给出更多相关例子吗?) 教师提问3: Do you know the meaning of "learn from ... how to/what to ..."? (你知道这个表达的意思吗?) 教师提问4: Can you give another example of "learn from ... how to/what to ..."? (你能再给出一个相关的例子吗?)	A. 与其他学生联结(个人或多人)。 B. 与两个下划线词块和聚合自所在组合关系下的不同信息节点联结。 C. 与斜体部分所在组合关系和聚合关系下的同信息节点联结	教师在平台讨论版块要求学生解释(Paraphrase) "ill-chosen"这个短语	A. 与其他学生联结(个人或多人)。 B. 与信息平台联结。 C. 与词块及其所在短语的不同信息节点联结(基于短语各成分之间的组合关系和聚合关系)

续表

序号	词块原始节点	教师讲授 中心节点	教师讲授 激活的主体个性化联结类型	检测[通过"paraphrasing(英文释义)"等方式] 中心节点	检测 激活的主体个性化联结类型
8	Even a failure that seems total can prompt fresh thinking, a change of direction.	教师提问1: What is the meaning of "prompt"? (这个单词何意?) 教师提问2: Can you give some similar words of "prompt"? (你能备出相关近义词吗?) 教师提问3: Besides being a verb, what other parts of speech can the word be used as? (除了单词还可用作动词,这个单词还可用作其他什么词性?)	A.与其他学生建立联结(个人或多人)。 B.与下划线词块所在组合关系和聚合关系下的不同信息节点联结	教师在平台讨论版块要求学生解释(Paraphrase) "Even a failure that seems total can prompt fresh thinking, a change of direction." 这个句子	A.与其他学生联结(个人或多人)。 B.与信息平台联结。 C.与词块及其所在句子的不同信息节点联结(基于句子各成分之间的组合关系和聚合关系)

由于讲授课是基于特定内容使信息本体与信息主体建立联结同时带动信息主体之间联结的过程,因此,教师首先要充分把握信息本体的分解原则,即对词块基于组合关系和聚合关系等进行分解,厘清它们在同一个句子中的前后组合关系,还有词的变形,同义、近义、反义、上下义,以及中英文对照关系等聚合关系。其次,教师应在此基础上促使分解了的信息本体与各个信息主体单元(即不同的学生或学生群体)发生联结。与各种信息主体发生联结的这一过程是整个教学过程当中最为核心的部分,可从如下几个方面开展创建。

①借助视觉效果使信息本体与信息主体产生联结。例如,教师在讲授课的过程中,借助信息载体端的显示屏幕,先把词块分离出来,同时以下划线、加粗、颜色标记等方式引起学生更多的注意,从视觉上建立起信息本体与信息主体的联结。这是一种节点凸显的方式,目的是引起信息主体的视觉关注,从而进一步产生信息本体与学生已有知识体系的联结。

②通过对词块举例等方式使信息本体与不同的学生直接建立联结。表 6-3 的例子中,教师有时会以学生作为句中角色来造句。这样,例句中的学生被即刻联结、吸引到这个例句上。而与这个学生相关的学生群体也会积极主动地建立起各种联结,如就该例句发表自己的看法、评价等,甚至干脆自己给出关于这个学生的例句。这种方式从信息主体出发,以点带面,带动信息主体间的交叉联结,以及其与信息本体的最终联结。

③基于词块通过交流分享在学生与教师之间建立联结。教师可以基于某些词块将自身的知识储备、学习体验、社会阅历、学术经历等与学生分享交流,实现教师和学生及其所具有的信息本体从不对等到相对对等的过程。这种联结是构成师生之间情感关系的纽带,也是师生之间产生共鸣、满足双方情感需求的较为重要的组成部分。

④建立社会化联结。学习是一个社会建构的过程。基于信息本体与信息主体建立联结的过程是一个社会化建构的过程。这里的社会化可以小到学生与同班学生、与教师之间,也可以是学生与全校、与社会之间。因此,我们除了可以把词块以学生、教师为例进行诠释,联结到学生、教师,然后与更多学生建立起联结之外,还可以结合学生所关心的学习、社会等话题使学生与其建立联结。把词块和人生观、世界观、价值观三观结合,能够带来对学生的"三观"建设和思想道德培育;把词块和当今的社会现象与热点话题结合,则可以培养学生的社会责任感、批判性思维能力等。这种社会化联结会促进学生建立百科知识体系和形成良好社会价值观。

讲授课的最后一环可以是以练习、测验等方式开展的评估、检验、反馈和改进等,这也是确保各类信息节点与不同的学生建立个性化联结、带来个性化学习的最后一环。学生在练习或操练的过程中会暴露出尚未与教师、平台具有的信息本体对等的知识点或技能点,学生和教师就可以有针对性地开展进一步的联结,通过补测等方式进行改进等,使学生的知识点、技能点尽可能达到最大化对等。另外,如果把检测的内容呈现在平台公共讨论版块,则将带来更多学生之间的相互联结和学习。

案例2:文体结构讲授中节点的分解与联结

除词块外,文本结构一般也采用讲授为主、其他授课类型为辅的教学方式。我们仍以21世纪大学英语读写教程(复旦大学出版社)第二册第五单元 A 篇 Holding onto a Dream(《坚持梦想》)为例,对其文体结构讲授过程中体现的信息微型化分解和联结进行呈现和说明。

第一步　教师讲授前对信息主体和信息本体的合理定位与分析

这是一篇以记叙文为主要文体类型的文章,因此,教学的过程会涉及文体学的一般知识、记叙文的结构和发展线索等。基于此,我们结合学生的需求将教学内容进行拓展、延伸,将学生联结到与他们的已有知识不对称的一些信息节点上,包括文体学所在的整个语言学科相关领域知识、记叙文所属的文体类型体系及其不同文体发展线索等。基于课程的性质和规范,以及学生自身的学术探求,我们可以对文体学所属的整个语言学科及其分支进行简要的阐释,同时,对文体学中常见三大文体的定义、结构、开展线索等进行拓展和回顾。

第二步　教师讲授前先让学生讨论

在讲授之前,教师先让学生围绕"How many styles of writing do you know about? What are their features? What is the clue respectively?"(你知道几种文体风格？它们的特征是什么？线索分别是怎么样的?)开展小组内部的讨论。同时,教师以黑板为信息载体将信息可视化,在黑板上对讨论的问题列表(见表6-4),要求每组学生根据该表格把小组讨论结果填入表中,并将讨论结果提交到学习平台这个信息载体进行更进一步的联结和展示等。

表6-4　常见文体及其特征、线索(空表)

Styles(文体)	Features(特征)	Clues(线索)

第三步　教师拓展语言学科知识不对称性

在学生完成讨论并在平台提交讨论结果后,教师可以进一步就文体学所在的语言学科相关领域知识进行拓展,涉及 phonetics(语音学)、phonology(音系学)、morphology(词法学)、syntax(句法学)、semantics(语义学)、pragmatics(语用学)等不同分支(见表6-5)。而 stylistics(文体学)是和语言学科各分支相关、研究不同语言风格和文学艺术特点的交叉学科。

表 6-5　语言学科的分支

Branches of linguistic disciplines	语言学科的分支
phonetics	语音学
phonology	音系学
morphology	词法学
syntax	句法学
semantics	语义学
pragmatics	语用学
stylistics	文体学
…	…

教师在进行这一步时,可先把学科各分支的英文名列在黑板上,然后让学生猜测中文含义。这部分内容对于学生来说信息不对称性较强,因此教师需要通过一些英文解释唤起学生已知的对等的部分,在此基础上利用不对称性达到知识的流动。以"phonetics(语音学)"为例,教师可以通过列举一些常见音标对该单词进行释例,因为学生已经具备基础的音标知识和听音能力,所以他们可以根据释例去猜测这个词的中文含义。在实际授课过程中我们发现,当教师给出常见的几个元音发音时,学生以为"phonetics"的意思是"元音",而当教师又进一步补充辅音的发音时,学生又以为是"辅音"的意思,无法给出准确的答案。因此,这也充分说明了信息的不对称需要建立在相对对称的基础上。如果学生没有先前的知识储备,就需要教师在解释说明的基础上,基于学生已有知识体系做好一定的铺垫,形成相对对称,最后由教师自己给出新的知识点或技能点才会更好被接受。只有一开始教师对于这个单词有所解释而学生又具备一定的语音知识和基础,相关知识点所引发的才是一种在学生接受范围之内的信息不对称,才能促进有效学习的发生。

教师在讲解这部分内容时还可以应用自己的学科知识体系、结合自身在各学科分支的一些求学经历进行个人故事的演绎,将学生通过教师这个信息主体及其故事线索以叙事的方式联结到学科知识上。这种以叙事的方式展开的讲授,不单是人与信息知识的联结,更多的是人与人的联结,是一种人文的、有温度的联结,能够起到情感纽带的作用,本质上是一种温情的、鼓舞人心的情绪信号联结。

第四步　教师对各小组讨论成果的展示、讲解与回顾

在讲授完语言学科相关领域知识体系后,再回到其中文体学这一分支。我们通过观察第二步中学生的讨论发现,学生对这个略显枯燥的话题讨论得非常热烈。

这是因为一方面在每次分析新课文章结构时教师都会讲到相关文体知识,因而学生大多可以利用已学的知识体系来解答。另一方面,对于那部分问题中还不太明确的地方,又可以在小组内经过多人之间的信息交流进行互补,信息主体之间以及其与信息本体之间达到一种动态平衡,完成对问题的吸收和理解。学生在把讨论结果提交到平台之后,教师再对各个小组的讨论结果进行点评、讲解和补充,小组之间得以互相学习,最后教师给出自己的结论和总结,同时在黑板上完成第二步的表格(见表6-6),使教师、学生、平台、知识点等各类信息节点之间达到一种相对动态平衡。

表6-6 常见文体及其特征、线索

Styles(文体)	Features(特征)	Clues(线索)
Narrative writing (记叙文)	To tell/narrate a story (来讲述/叙述一个故事)	Chronological order (时间顺序); Conflict and the development (冲突和发展); Cause-course-effect (起因—经过—结果); …
Descriptive writing (描述文)	To describe somebody/something (来描述某人/某物)	Chronological order (时间顺序); Spatial order (空间顺序); Feature-description oriented (特征描写为导向); …
Expository-argumentative writing (论说文)	To explain some problem/issue: problem-oriented (来解释某个问题/议题:问题导向)	Raise the problem-analyze the problem-solve the problem/give recommendations/show results (effects) [提出问题—分析问题—解决问题—给出建议/展示结果(效果)]

第五步 教师进一步就该文章中的三条记叙文体线索进行讲授

在讲授具体的三条线索之前,教师先提出如下几个问题,让学生对文章进行快速阅读,明确人物、地点、时间、事件等记叙文几大要素,获取大意①。

——What was the girl in the story called? ——*Priscilla*.

(故事中的这个女孩叫什么?——普里西拉)

——What was her dream? ——*To attend the University of Washington and be awarded with BA*.

---

① 每个问题对应的答案随即附在破折号后。

（她的梦想是什么？——就读于华盛顿大学，并获得学士学位。）

—How long did she spend on realizing her dream? —9 *years*, *i. e. from 1987—1996*.

（她花了多少时间来实现她的梦想？——9年，也就是从1987年到1996年。）

—What is the main idea of the text?

（这篇文章的大意是什么？）

第一个问题回答故事中主人公是谁。对于第二个问题，在某次课堂中学生只答出了事件的开头部分，但没有答出事件的结果（见答句中波浪线部分）。第三个问题比较难，在教师的提醒和指引下，学生找到了文章中的时间节点，最后一起得出答案（见答句中波浪线部分）。如果教师的讲授只到这里是不够的，因为由此而引起的信息不对称比较有限，仅有书本段落知识在教师和学生之间的不对称引发的信息流动。也就是说，学生得到的是基于书面内容的浅层次学习，没有达到基于人这个信息主体的深层次学习。要对人这个信息主体产生联结，除了唤起他们与信息内容的联结，满足他们对知识层面的需求，还需要将其联结到其他层面的需求。如果说知识层面的需求是与授课中一种基础的需求，那么个人的自我、理想、价值、信念等则是授课中更高层次的需求。满足基础需求是满足更高层次需求的前提，在授课中教师需要结合学生的基础需求作进一步的拓展、延伸，从而使其在"人"这个层面实现更为全面的、动态的、均衡发展。

由此，我们进一步拓展信息不对称。我们基于答案中BA(Bachelor of Arts，文学学士)和9 years(9年)这两个知识点，围绕教师、学生这两个主体节点相关的经验、认知等，以叙述故事的方式使学生主体与更多信息本体产生联结，立足于学生这个信息主体及其高层次需求拓展信息节点，创建各种学习联结。具体节点创建与联结情况说明如下。

在学习了什么是"BA"的基础上，学生可以通过教师这个主体节点进一步联结到高等教育可获取的其他各种学位，包括"Master"（硕士）、"Doctor"（博士）等。教师结合自身的求学经历、认知等进一步对各种学位相关知识用中、英文进行阐释，另外，针对文中主人公9年才获得学士学位的情况，教师进一步对主人公所在高校的学制和助学体系，以及所在国家的家庭观念和社会价值等进行解释和说明，同时结合教师自身的实践等进一步对国内这些方面的情况进行说明。

经上述拓展之后，教师进而总结文章大意。为了让文章大意这个信息内容尽快通达学生，进而与学生快速产生联结，教师发出指令让学生齐声朗读如下所给出的文章大意作为一个学习小结。

This text focuses on how Priscilla attended college after her graduation from high school and acquired the BA degree in nine years' time, no matter how hard the life proved to be.（本文主要讲述了普里西拉如何在高中毕业后进入大学，并在九年后获得了学士学位，不管生活有多么艰难。）

然后，在此学习的基础上，课堂继续围绕记叙文体的三条线索，进一步开展不同节点之间的联结和学习。

①时间顺序 Chronological order（见表6-7）

表6-7 对记叙文时间线索的学习联结

	1987—1996：How did she pursue college education in each period of time? （她在各个时期是如何追求大学教育的?）
Time （时间）	Pursuit of College Education （对大学教育的追求）
1987年	Graduated from high school and waited for the acceptance letter (Para. 1～6) [高中毕业，等待录取通知书（第1～6段）]
1990年	Reapplied to the University of Washington and was accepted (Para. 7,8) [重新申请了华盛顿大学，并被录取（第7、8段）]
1992年	Pursued her archaeology major and got a job in a related project (Para. 9) [她主修考古学并在一个相关项目中找到一份工作（第9段）]
1993年	Studied arts in the Wenatchee Valley College (Para. 10) [在韦纳奇山谷学院学习艺术（第10段）]
1994年	Graduated from the Wenatchee Valley College, with Associate of Arts Degree；Reapplied and was accepted and enrolled to the University of Washington once more (Para. 11) [从韦纳奇山谷学院毕业并获得文学副学士学位，重新申请，被华盛顿大学又一次录取并入学（第11段）]
1996年	Be awarded BA and graduated from University of Washington (Para. 11) [毕业于华盛顿大学并获文学学士学位（第11段）]

阅读课时，需要培养学生对记叙文时间点的关注。因而在阅读训练时，教师需要有意识地把学生主体引导和联结到相关信息本体上。例如，可以让学生轮流回答各时段主人公是如何学习的。以时间为线索的这一系列事件作为信息内容节点对学生的不对称性强度一般，学生基本上可以很快与原文内容产生联结，构建信息动态平衡，做出相关的回答。

讲授到这里只是局限在对文章段落字面的理解，教师需要进一步引导学生达到对文章深度的理解。例如，教师可以基于上述表6-7所示已经建立了动态平衡的知识点继续挖掘、建立与学生信息不对称的地方，并就此提出如下五个问题，从而推动更进一步的动态平衡与发展：

——How many colleges did she attend? What were they?

（她上过几所大学？是什么大学？）

——What was her dreamed college?

（她梦想中的大学是什么？）

—Since she had already accepted the acceptance letter, why would she re-apply to the university?

（既然她已经接受了录取通知书，为什么还要重新申请该大学呢？）

—How many times did she apply to the university? What was the reason for every time?

（她申请了多少次这所大学？每一次申请的原因是什么？）

—After giving up the study opportunity, what did she choose to do?

（放弃学习机会后，她选择了做什么？）

上述五大问题中，信息不对称性逐步递进，随着最后一个问题的解答，引出"学习"和"工作"之间的矛盾冲突发展线索。

②矛盾冲突发展 Conflict and the development

教师提问：Besides the chronological order as a clue in the development of the story, the conflict between _____ and _____ assumes another clue throughout the passage. (Key: work, college study)

[除了以时间顺序作为故事发展的线索外，_____与_____之间的冲突也是贯穿全文的另一条线索。（答案：工作，大学学习）]

在这一条线索中，一共出现四次信息动态平衡的构建。

第一次构建。对前面五个问题的解答和学习为学生铺垫了已有知识。在此基础上，教师让学生解答上述提问中的两处空格，达到对工作、学习矛盾冲突发展线索这一不对称信息节点的动态平衡构建。一开始，学生对这条线索不明确，而教师是明确的，因此教师和学生之间同时构成了信息主体和信息本体节点的不对称，也就是说，作为信息主体他们是不对称的，因为他们在矛盾冲突发展线索这个信息本体上不对称。因此，由教师首先通过提问的方式构建此处的信息不对称情境→学生对教师的提问进行联结→学生之后再与课文、同学或自己的先前知识联结→学生最后通过回答问题的方式将自己的不可知、未知变成可知或已知，实现与教师及其已知信息之间的动态平衡。这就是提问情境下的教学动态平衡构建"四步法"。在实际课堂教学中我们观察到，学生基于先前五大提问铺垫的已有知识，很快就能准确填入上述两个空格内容、完成这种动态平衡的构建。

第二次构建。教师就该线索做进一步的分解和讲授。教师根据文中主人公工作和学习环境的变化，分出四个阶段，每个阶段体现的工作和学习之间的矛盾冲突各不相同。教师要求学生用"full-time""part-time"和"no"这三个词来填空（见表6-8），构建相关信息内容从不对称到对称的动态平衡过程，这个过程与第一次信息动态平衡构建类似，也是四步法。根据对实际课堂教学的观察，我们发现，学生能够对应到课文原文来快速构建与教师创设的这些不对称信息之间的动态平衡。

表 6-8　学生主体对矛盾冲突发展线索的学习联结

Q. How did she find the balance between work and college study for every period of time?
（提问：她是如何感受每一阶段工作和大学学习之间的平衡的？）

Stages(阶段)	Balance(平衡)	Feelings(感受)
Stage One (para. 1~6) [第一阶段 (1—6段)]	_____ work & _____ college study (key: full-time; no) (全职工作 & 无大学学习)	_____ (key: hard lifestyle) (艰难的生活方式)
Stage Two (para. 7~8) [第二阶段 (7—8段)]	_____ work & _____ college study (key: full-time; full-time) (全职工作 & 全日制大学学习)	_____ (key: difficult balancing, hard time) (很难平衡，艰难时期)
Stage Three (para. 9) [第三阶段 (第9段)]	_____ work & _____ college study (key: full-time; no) (全职工作 & 无大学学习)	_____ (key: no longer doubted, comfortable) (不再怀疑，舒适)
Stage Four (para. 10~11) [第四阶段 (10—11段)]	_____ work & _____ college study (key: part-time; full-time) (兼职 & 全日制大学学习)	_____ (key: such a luxury, almost sorry to graduate) (如此奢侈，几乎不忍毕业)

Q. What do you learn from these changes of feelings toward work and study?
（提问：你从这些对待工作和学习的感受的变化中学到了什么？）

　　第三次构建。在表 6-8 所有空格填好之后，教师进一步通过提问的方式再一次创设信息不对称：How did she find the balance between work and college study for every period of time? Please find related adjectives or nouns in the corresponding part.（她是如何感受每一阶段工作和大学学习之间的平衡的？请在相应的部分找到相关的形容词或名词。）学生再次联结到原文，比较快地给出一些关键的词汇对问题进行解答：hard→difficult, hard→no longer doubted, comfortable→luxury, almost sorry to graduate（艰难→困难，艰难→不再怀疑，舒适→奢侈，几乎不忍毕业）。从而构建起又一次动态平衡。

　　第四次构建。基于前三次构建的信息动态平衡，教师继续通过提问的方式促成新的信息不对称：What do you learn from these changes of feelings toward work and college study?（你从这些平衡工作和大学学习的感受的变化中学到了什么？）学生一般不会想到这个深层次的问题，因此和教师之间存在信息不对称关系。也就是说，这些未知带来的信息不对称促成了学习的发生。在讲授时，教师需要把这些未知以提问的方式呈现，形成教师与学生之间的信息差。通过让学生回答提问的方式，达到信息的动态平衡。在学生给出他们的答案之后，教师作最后的评论和总结：The conflict and its development clue depicts how she is growing from these experiences.(矛盾冲突发展线索描绘了主人公如何从这些经历中成长起来。)从而将学生引导到教师的深层次已知中。在实际教学中我们发现,学生非常认可这一结论。同时教师进一步联结到学生以及教师自己的相关兼职经历,进行了师生之间、生生之间一次更为深入的交流和学习。

总之,讲授课可以构建直达信息主体、信息本体的个性化学习联结,而其中常见的实现方式之一是教师提问。讲授课除了是对信息本体的联结,也充分证明是良好的育人教学方式,关键在于做到时时以信息主体为导向来开展联结、通达各种不同的信息节点。讲授需要把传授知识和育人充分整合起来,实现对主体个性、价值、人格的全面培养。

③起因—经过—结果 Cause-course-effect

教师可以以课后作业的形式让学生完成对起因—经过—结果这条线索的分析。教师在课堂上以前三段(1~3段)为例给出相关思维导图的示例,然后让学生以小组为单位,在课后分别完成各组负责的其他段落的思维导图,分析出段落中的起因、经过和结果,然后将导图上传学习平台的分组任务版块,用于下次课堂中的同伴学习或其他形式的学习,以讨论、交流课型为主。这条线索也是充分利用了教师、学生、小组等不同信息主体节点之间的不对等来完成学习的联结和展开学习活动。

与上述提问情境下的教学动态平衡构建"四步法"一样,这里也是通过四步法来构建教学动态平衡的,不同的是,这次教师不是通过提问来构建信息不对称和推动信息流动的,而是通过示范的方式,这种方式使该线索的思维导图直接通达学生,进而与学习主体产生快速的联结,形成一种新的动态平衡,使学生掌握了该线索并学习了其思维导图的绘制。课堂中不同类型节点之间具体的信息流动方式和信息动态平衡构建路径将在单元教学设计部分进行论述。

由上可知,讲授课可以实现对信息本体和信息主体的微型化分解。微型化原则本质上是一种具体的教学信息组织原则,和课型没有直接的关系,无论什么课型的课堂中,都可以做好信息的微型化分解,促进信息的流动。此外,学习的联结很大一部分是基于信息本体的联结,具体表现为信息本体与信息主体的联结以及不同信息主体与信息本体之间的联结等。

我们知道,学习的联通理论是从联想主义、行为主义、认知主义、建构主义、人本主义、联通主义、生态主义等发展而来的。因此,上述各种情况下的学习联结体现的是联想的、行为的、认知的、建构的、人本的、联通的和生态发展的本质。此外,教师在讲授这种课型中发挥着主导作用。讲授课中,一方面,教师是主要的信源主体,而学生是信宿主体;另一方面,教师通过创设信息不对称情境使学生也成为信源主体,教师此时成为信宿主体,信息因而发生多向的流动。具体说来,教师利用自己的知识来联通学生的知识,使学生与他们自己、教师、同学、平台等不同节点的知识点及技能点联结,从而内化发展自己的知识体系和技能,同时,这个过程反过来也能促进教师和平台等不同节点的成长和丰富,例如帮助教师更好地积累相关的教学知识和技能,促进平台资源的更新,为下一阶段更多学生提供更为完善的服务等。

2.讨论为主型课堂的信息主体联结性分析

除了讲授课外,还有个人汇报、课堂讨论、实操演练、实地学习等课型,这些课型同样要求对信息主体进行个性化的分解和设计,由此发生的信息不对称不但涉及课堂内外主要信息主体之间的不对称(包括学生与学生之间、小组之间、学生与教师之间),还包括信息主体、信息载体和信息本体之间的不对称,即教师、学生、从业人员、其他社会有机体、网络、平台、各类知识内容之间的不对称。我们要充分利用个性化的信息主体之间的不对称关系,创设不同类型节点之间的不对称关系,促进信息的流动和学习的发生。

我们前面说到,讲授课可以实现微型化原则,而有些讨论课却不一定能实现。正如有些小组活动看上去是对信息主体以分组的方式进行了微型化分解,但是实际操作的效果却受信息本体、信息载体或信息主体自身等因素的影响,这些小组活动的信息联结和互动效果并不一定好。因此,教师需要在教学中不断地反思和总结。

我们以某次讨论为主型课堂的教学反思日志为例(如下所示)。

课后教学反思日志:基于文章结构的讨论与展示——以《反败为胜》一课为例

今天上课以小组为单位让学生分析新课 Turning Failure Into Success(《反败为胜》)[21世纪大学英语读写教程(复旦大学出版社)第二册第四单元 A 篇]整篇文章结构,并绘制成思维导图,最终以小组为单位将导图上传到超星平台。主要教学步骤和学生课堂表现情况记录如下。

1.第一阶段:导入(教师讲授方式)

教师以近期学过的几篇文章为例,复习英语论说文体的文章结构以及"提出问题—分析问题—解决问题"的逻辑思维方式。教师指出,提出问题的方法往往包括举例法、下定义法(包括明确内涵和外延)等,分析问题通常指对原因、现象等进行分析,解决问题指列出解决问题的各种具体方法。如果难以给出解决方法,则通常提出相应的建议,或者对可能带来的结果进行分析等。教师在讲授时通常以提问的方式让学生参与进来。问题类型包括一般疑问句和特殊疑问句。

课堂效果观察分析:基于前期学习的文章结构的基础知识,学生在教师讲授时基本能够解答教师提出的问题,整体上可以跟上教师的思路。

2.第二阶段:学生个人准备

教师要求学生大声朗读课文,在 10 分钟内根据论说文的思路明确三段论的分法:哪几段是提出问题,提出的问题是什么?哪几段是分析问题,分析了哪几个方面的问题?最后如何解决问题,有什么具体的途径?

课堂效果观察分析:学生们的求知欲让他们开口大声朗读起新课文来,朗读过程大约持续了有10分钟。学生们的朗读进度不一。有的学生读两页的时候,有的学生还在读第一页。观察发现大部分学生基本可以读完文章。有的学生会对文章的主题句划线。有的学生总是查字典,因而影响了其阅读进度。

3. 第三阶段:小组讨论

学生朗读完之后,以小组讨论的方式探讨文章结构的划分。教师要求学生以小组(共6组)为单位,在15分钟之内,将1000多词的文章的结构划分结果以思维导图的形式上传呈现到超星学习通平台课程分组任务版块。

课堂效果观察分析:这部分小组活动开展效果比较一般。班级26人,在教室空间布置上,学生以小组为单位,依惯例而坐,位置比较固定。在小组活动时,有2个组的分工比较明确,组内讨论气氛比较活跃,他们会一起讨论,然后由某个同学绘制思维导图,或者每人分工几段,然后再把各段落思维导图整合在一起。另外有2个组比较安静,小组内的讨论几乎没有或者很少。还有2个组的讨论状态介于前两种状态之间,小组成员有条不紊地分工合作,整体讨论交流状态尚可。10分钟后,6个组的同学均没有完成讨论。鉴于此,教师对文章三大部分内容以及各段落主题句做了进一步的说明,然后走近观察和询问各小组讨论情况。教师发现交流较少的这2组学生是因为组中有的学生还在理解文章内容,没有准备好交流,或者有学生(这里称为学生A)干脆自己一个人绘制起思维导图,教师经询问发现她已经一口气绘制好了10段(一共16段),而组里其他学生也不介意,只自顾自地在阅读,等教师说要提交了,他们稍作讨论,决定谁绘制好谁提交。

4. 第四阶段:小组展示

各小组把思维导图传到平台之后,派出代表基于该小组思维导图对全文的大意进行复述。

课堂效果观察分析:到了展示阶段,学生的注意力似乎又重新集中起来了。他们一边侧耳倾听,一边观看思维导图,整体效果良好。我们对各组思维导图进行了比较,发现之前交流较好的4个组中有3组的思维导图比较全面和深入,而有1组内容不够全面,没有抓住重点。2组交流较少的小组中有1组的思维导图相对较差,由2个学生分别发上来,因之前没有经过小组交流,关键词也没有抓住。而另1个小组的思维导图还可以,由学生A独立完成,她与其他同学几乎没有交流。

最后的反思

同样都是建立在对学生主体进行分组的基础上的讨论,为什么有的小组讨论可以开展起来,有的比较难以开展?通过反思,我们总结出如下原因。

①讨论话题的兴趣度。如果讨论的是相对轻松、活泼或社会性的话题,学生会更加愿意交流,产生一些共鸣。

②讨论内容的难易度。这篇文章1000多词,要在短时间内抓取文章大意难度较大。如果教师可以把文章先行分解,然后再开展小组讨论,导图绘制的操作性会更强一些。因此如果时间充裕,可以对教学设计进行以下改进。

第一阶段:教师首先和学生一起完成文章分段落的讨论,将文章分成提出问题、分析问题和解决问题三个部分。第二阶段:每个小组只需选择完成其中一个部分的思维导图即可,例如第一组和第二组分别完成提出问题部分段落的思维导图,第三组和第四组分别完成分析问题部分段落的思维导图,第五组和第六组分别完成解决问题部分段落的思维导图。教师要求组内成员互相帮助,确保小组每位成员都能够流利复述所绘思维导图。第三阶段:小组间进行交流,即分别从第一组、第三组和第五组(或第二组、第四组和第六组)各抽取一个学生形成新的三(或四)人组进行交流,由某个同学向另外两(或三)个同学复述讲解其所在原小组的思维导图,直到对方也能流利表达该思维导图。第四阶段:直到新小组中每个学生均掌握三部分思维导图,再由教师检测复述。如果时间不充足,则可以在任何一个阶段结束课堂,其他阶段以课后作业的形式完成,或者延续到下次课。

③不是所有的话题都适用于小组讨论,有的话题可以让学生单独完成,或同桌之间完成。特别是对于那些基础较好的学生,他们往往可以独立完成任务。教师要发挥这部分学生的作用,为其留够充足的时间开展同伴教学,指导其他同学,加深巩固自己所学。如果课堂时间不够,则教师可利用课堂翻转形式在课前发挥好这部分学生在小组的示范作用。

④教师的指令非常重要。一开始学生以为是要对整篇文章进行全面的思维导图绘制,因此他们逐句地找关键词,这样很费时间。后来教师提醒学生是对整篇文章大意的提炼,只需把握每段的主题句、绘制围绕文章整体大意的思维导图即可,文章中的例子只需略读,他们才终于明白教师的用意。因此准确的指令对引导学生、推动任务的展开非常关键。指令就是具体的学习目标。如果教师在学生个人准备阶段要求学生们以快速阅读的方式把每段关键词或关键句划出来,为下一阶段小组绘制思维导图作准备,学生的学习目标会更明确、学习效率会更高,而不会把很多时间放在弄懂文章细节上,影响课堂的进度。

下面我们从信息节点类型和信息动态平衡构建角度对上述教学日志进行分析。在分析之前,我们先来厘清一个概念。信息主体之间联结性的强弱取决于信息流动的方向,即信息节点之间相互作用的关系及顺序等,体现为信息流走向的下一个意向性的节点。例如,教师发出的某个信息是流向某个学生的,则该学生这一节点就会被更多地激活,教师和这个学生之间的联结就会加强。对于课堂授课来说,教师的责任是让每一个学生都尽可能学到比较多的知识或技能,因此这里会存在两种意向型的信息流:教师生产和提供的所有信息都均衡地面向所有的学生发出;与此同时,教师需要通过时不时与不同的学生建立一对一个性化的联结,实现个性化教学,这也是提高整体学习效果的手段和方法。这种流向某个学生的个性化教学同时也是开放的,因此对其他学生来说,也是接收信号和学习的过程。因此,这种联结的强度不仅取决于信息发出者的信息流的意向,还取决于信息接收方的接受意向。除了上述主观原因确立的主体联结性,下面我们再从其他方面对主体联结性作进一步的分析。即我们将主体之间因为意向性因素主观建立的联结作为一种既定要素,进一步来分析其他方面存在的决定信息主体联结性的要素。

如前所述,教学信息组织的一个首要原则就是微型解构原则。根据上述教学日志我们发现,信息主体之间联结性的关键在于教师是否对各类信息节点做了足够细致的微型化分解。如果教师对内容即信息本体的分解还不到位的话,仅仅是对信息主体进行分组是不够的。信息本体没有经过足够的细分,这最终会影响到信息主体与信息本体的联结,以及信息主体之间的联结。例如,对于有些学生来说,由于内容太长或太难,他们与这部分内容之间在短时间内较难达到一种对等的状态,因此他们很难就自己学到的内容再去与其他同学进行讨论交流。反过来,即使信息本体已经经过了分解,但若信息主体没有被真正意义上分配不同的角色,即纵然在形式上给学生分了组,若组内成员的角色没有真正调动起来,信息主体之间则没有真正联结起来,这也会影响到最终整体学习效果。总而言之,本体和主体会互相牵制,若一方没有足够微型化则会影响另一方,进而影响信息流动的效率,无法达到预期的课堂气氛和效果等。在阐述信息流的微型化原则的基础上,我们接下来进一步从信息主体的角度对教学日志中各阶段体现的信息动态平衡构建情况展开分析。

如前所述,信息不对称是信息流及学习开展的前提。信息节点各自的特性决定了每两个节点之间或多或少存在不对等的情况。基于此,我们把各类信息节点之间引起信息流的信息不对等的程度大致分为四种情况:①少量不对等,②中度不对等,③基本不对等,④完全不对等。

在上述教学反思日志的第一阶段,老师和学生这两种信息主体之间的信息动态平衡基本可以维持。一开始双方的信息会不对等,教师对论说文文章结构的知识更为系统和稳固,但是学生经过先前一轮又一轮的学习后,也具备了相关文体知识的基本概念。因此,这时的不对等应属于少量不对等。教师可以通过提问的方式实现从少量不对等到对等的转变,最后教师和学生对论说文体的结构知识达到了对等。一般在初阶、中阶或是较为基础的知识和技能的教学中,教师和学生之间为少量不对等的情况会更多。如在讲述为主型课堂部分案例 1 对词块的阐释中,教师讲的很多语言点其实是为了帮助学生复习和巩固由组合关系和聚合关系引起的词块知识体系,教师通过提问的方式唤起学生既有的知识体系,学生在少量不对等情况下能够积极参与信息互动,以新旧知识交换的方式引起师生之间的信息流。但是在高阶或是行业知识和技能的教学中,鉴于学习难度的提升以及学生的自我学习能力和学习包容性也变得更强,会有更多中度不对等、基本不对等的情况出现,这就要求教师在教学设计中做更好的铺垫,使学生逐步从已知过渡到未知,进而实现师生之间相关知识动态的对等。完全不对等指的是主体双方没有任何相似或相同的基础,因而很难进行沟通和达到信息的流动,例如语言的屏障、学科的壁垒等等,基本阻隔了信息流动的可能性。除了上述四种常见不对等情况,还存在无不对等情况,即完全对等。信息节点之间多少都会有信息的不对称,但是也不能排除无不对等情况。例如,当学生已经完全知晓教师讲授的知识点或技能操作而学不到什么新的东西时,此时就是一种无不对等情况。无不对等情况下信息流动停滞,节点之间无法真正联结,学习也很难开展。

在第一阶段即教师讲授阶段,各种信息不对等及其引发的信息流不仅存在于教师和学生之间,还常常存在于学生与学生之间。例如,学习能力较强或对知识点比较熟悉的同学与学习基础相对薄弱或对知识点不熟悉的同学之间的不对等。在前者通过回答老师的提问等方式与教师从少量不对等转变为相对对等的过程中，后者也与前者建立起一种对等，进而与教师也建立起对等关系。后者会被前者的回答激发，调动起自身已有的知识体系，或者跟着前者一起回答教师的提问，构建起一种与其他同学以及与教师的相关知识点的动态平衡。

第二阶段即个人准备阶段，是建立书本的信息内容即信息本体与学生这个信息主体的对等的过程，也就是书本内容和学习者自身知识体系之间的对等。教师为了培养学生在长篇阅读中快速阅读并抓住主干的能力，没有让学生提前预习，这给部分学生带来了一定的难度。在规定时间之内，大部分学生对文章有了一定的概念，一部分学生运用之前学过的论说文结构能够对该文章结构进行一定的划分，还有一小部分学生没有完成阅读。因此，这个阶段信息本体和信息主体的对等情况取决于学生个人的阅读能力、专注度等，大部分学生和文章内容结构之间存在少量不对等、中度不对等情况。而下一阶段的小组讨论的目的是通过同伴学习以主体之间动态对等的方式，促使主体与本体之间建立起更进一步的对等。

在第三阶段即小组讨论阶段，信息不对等现象进一步发生转变。之前，学生在个人准备阶段，学生的阅读能力等因素导致了其与文本内容之间的信息不对等。在这个阶段，不同学生对于文本的理解可能不同，学生可通过与其他组员的交流和学习，达到与其他组员之间从信息不对称到相对对称，从而建立起自己与文本信息的对等。在这个过程中，理解力相对薄弱的学生可以从其他学生处学到内容，而理解力较强的学生也能在交流中进一步巩固加深已学内容，提升自己与文本内容的对待程度。从教学日志的反思可以看出，这个过程中最大的问题是学生不愿意交流。这一方面是因为学生自己还没有准备好，另一方面是学生本身不太愿意交流，即发出或接收信息的意向值低。但不管是哪种原因，均会导致无法通过生生对等实现学生与书本的对等。因此，对于没准备好的学生，教师可以通过课堂话语激励、细化小组考核等进行规约。教师还可以通过调整下一次授课的方式，将内容和主体进一步微型化，降低难度，使对等更易建立，具体如教学日志"最后的反思"部分②所示。而对于本身不太愿意交流的学生，教师需要更多地了解学生当下的情绪、当前的需求、最近的困扰等因素，以及通过适当的小组考核要求等进行引导。

第四阶段的小组展示是对学习成果的最后复习。如果把展示的学生当作当事主体，则在这一阶段当事主体与其他主体建立了信息对等关系。一方面，平台上各小组的思维导图呈现在大屏幕上，这是一个构建信息载体上的信息本体即各组思维导图与信息主体即学生的信息动态平衡的过程。另一方面，当事主体对思维导图进行展示，是实现当事主体及其信息本体与其他学生主体的信息的动态平衡的过程。在当事主体展示的时候，会激发台下同学自身在这节课已学的知识内容，会发现有些是一样的，有些是不足的，最后在信息动态对等的流动中，一样的信息内容将得到强化，而不一样的或者不足的部分将得到改进或改变。当然，最终当事主体与其他主体能够建立什么程度的动态对等的效果则受制于多方面要素包括主体意向性、本体微型化程度、信息不对等程度以及不同信息节点之间的联结和转化情况等。

(三) 信息节点之间不同信息流的状态分析

促进信息流的发生和发展是教师课堂革命的主要任务。但是信息流的形成并不意味着信息动态对等能完全实现。任何信息流,基于不同程度的信息不对等情况,从其产生、传递到被接受和内化,受制于多重因素,最后达到的是一种相对的动态对等。课堂中在各类节点不对称信息流作用之下,节点之间最终会呈现如下几种对等情况:①完全对等;②基本对等;③一般对等;④少量对等。这几种对等状态和前述几种不对等状态之间互相作用和转换,推动了学习的发生,构成了学习的不同信息运行模式。

完全的对等是一个理想化的目标。不管是教师还是学生等信息主体,作为信息的生产者、发出者,一般情况下,总是希望信息接受者可以接收到与自己所发出的完全一致的信息容量,达到一种完全的理解或者学得状态,但事实上这样的状态很难真正实现或保持。这是因为对等状态如何一方面取决于信息接受者既有的知识结构和当下的学习状态,另一方面取决于信息发出者对各类信息节点的微型化分解能力等。因此,如果能够达到基本对等,已经是比较理想的效果。除了理想状态下的完全对等,在其他三种对等情况下,都或多或少存在不对等的情况,这种不对等使得信息交流在这个相对对等环节结束后能够开展下一个环节的进一步对等。信息的交流就是这样一个螺旋循环往复、无限向上的过程。除了上述四种常见的对等状态,还有一种是零对等状态,即完全不对称,表明信息交流的不成功,动态平衡未建立。

信息的不对称是信息流动的动因,也是促使学习发生的机制。反之,信息的相对对等是信息不对称及相互作用的基础和前提。其中,少量不对等、中度不对等和基本不对等这几种不对等情况是以不同程度的相对对等为前提的,而完全不对等和无不对等则分别以零对等和完全对等这两种绝对的不对等或对等为前提。简而言之,信息流是由相对对等和一定程度的不对等引起的,完全对等或完全不对等则较难引发信息流动。

下面我们来具体分析信息节点之间各种(不)对等情况下的信息流状态。

1. 基本对等+少量不对等

少量不对等是以基本对等为前提的,在基本对等的前提下对少量的不对等进行动态平衡的构建较易。因为在基本对等的前提下,少量不对等可较好促进信息的流动和学习的发生。教师在设计知识信息时,需要基于这种信息流状态加工和设计教学节点。教师首先应确保能够唤起学生大部分已有的知识或技能点,然后在此基础上提出一些新的知识或技能点,以少量的不对称促进不同节点之间的信息流动,完成学习的过程。

2. 一般对等+中度不对等

中度不对等是以一般对等为前提的,在一般对等的前提下对存在的中度的不对等进行动态平衡的构建,形成相关信息流状态。需要在把握适度信息量或信息质的前提下,进行不对等信息的拆解,对信息节点进行充分的微型化解构,从而达到良好的信息流动效果。

3. 少量对等+基本不对等

基本不对等是以少量对等为前提的,在少量对等的前提下对基本不对等进行动态平衡的构建较难,关键要看信息发出者如何调用各类信息节点包括信息接受者和其已有的知识来加工和传达信息。

综上,2和3这两种信息流是在不同程度的相对对等的前提下,对不同程度的不对等信息要素进行化解,在更为微小或微量的单元上提升对等程度,并最终达到基本对等的状态,实现学习的交流。

4. 零对等+完全不对等

完全不对等以零对等为前提,即不同类型节点之间没有共同的既往知识,缺乏构建信息动态平衡的前提和基础,因此信息动态平衡的构建非常难,学习的发生比较困难。

5. 完全对等+无不对等

无不对等以完全对等为前提,表明节点之间几乎无信息差,这会使信息流停滞,无法激活相应的信息节点、带来信息的流动,因而学习的交互也较难推动。

总而言之,信息的流动是课堂运行的前提,同时也是学习主要的表现形式。图6-7为信息动态对等螺旋图,也即当代学习模型图。从该图中我们发现,信息流体现为一个从右到左逆时针方向,从各种不对等转变为相对对等的状态,包括从基本不对等(少量对等)到少量对等(中度不对等),从中度不对等(一般对等)到一般对等(少量不对等),从少量不对等(基本对等)到基本对等(趋于无不对等)。其中,相对对等是各种不对等以及产生信息流的前提(如右列括号内容所示)。信息流从右到左由各种不对等达到各种相对对等状态之后,此时的各种对等和右边括号内原有的对等不同,它是一种升级后的新的对等。而这时的相对对等也不是绝对的对等,它们仍包含着更为少量的不对等情况(如左列括号所示),继而能够引发下一个环节的信息流动和动态平衡的构建,信息流螺旋上升,知识体系、技能结构由此发展、壮大。

信息一直不断朝着对等的方向流动,信息的对等程度逐级上升,整体是一个从基本不对等到中度不对等再到少量不对等的递进过程,同时也是一个从少量对等到一般对等再到基本对等的过程。在这个螺旋线圈之外还有两种"互为"的情形,

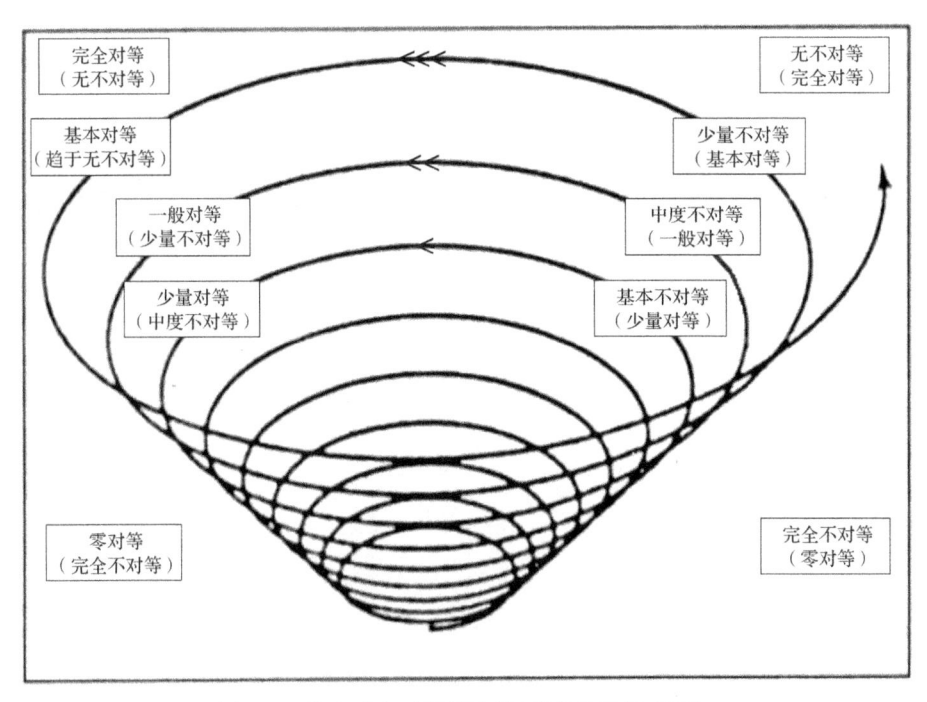

图 6-7　信息动态对等螺旋图（当代学习模型图）

即完全不对等和零对等、无不对等和完全对等彼此之间两两互为（见图 6-7 四个角）。它们无限接近这个螺旋线圈，但却总是在学习这个范畴的极限状态或之外。这几种情况无法或很难带来学习，因为前一种情形不存在对称性，即无法提供信息运行的前提和保障，后一种情形不存在不对称性，即缺乏信息运行根本机制。

（四）基于信息主体不对称情境的单元教学设计

外语学习缺乏充分的环境，因此需要教师去创设学习情境，而情境创设的关键在于围绕信息主体构建信息不对称。因此，接下来我们从基于信息主体的信息不对称情境创设出发，结合完整的单元教学设计，对课堂学习过程中的信息流动方式进行分解论证，并且突出学生主体在这一过程中所要获得的知识点、技能点和素质要求等，明确信息流在不同主体之间动态创建的过程也是一个信息主体在知识点、技能点和素质要求等方面寻求动态平衡的过程。

我们继续以 Methods of Education：East and West 这篇文章为例对某次课堂（两节课，共 90 分钟）的教学设计（见表 6-9）进行展示。该课堂一共分成三个环节：个人展示、复习和学习新知。在时间安排上，前两个环节一般会在第一节课完成，第三个环节分成四个步骤，后三步在第二节课完成，而第一步视时间安排可以在第一节课最后或第二节课完成。

表6-9 基于信息主体的信息不对称情境创设

基于主体的信息不对称情境单元教学设计

上课环节	第一步:个人展示			第二步:他人复述			第三步:小组讨论		
环节一:个人展示(新闻阅读报告)	不对称信息节点:当事主体(个人)VS 教师VS 网络VS PPT VS 学习平台VS 其他主体等	专业知识点	新闻话题	不对称信息节点:其他主体(个人)VS 当事主体VS PPT VS 学习平台VS 教师等	专业知识点	新闻话题	不对称信息节点:小组VS 个人VS PPT VS 网络VS 学习平台VS 教师等	专业知识点	新闻话题
			新闻文本结构			新闻文本结构			新闻文本结构
			新闻内容知识点(单词、句子等表达)			新闻内容知识点(单词、句子等表达)			新闻内容知识点(单词、句子等表达)
		专业技能点	新闻阅读和概括整合能力		专业技能点	速记能力		专业技能点	新闻阅读能力
			口头表达能力			听力、阅读理解能力			口头表达能力
		综合素养点	沟通展示能力		综合素养点	专注的能力		综合素养点	团队合作能力
			自主学习能力						信息搜集等信息素养
			PPT制作、信息搜集等信息素养						
			良好的社会文化思想和价值观			良好的社会文化思想和价值观			良好的社会文化思想和价值观

个人活动:学生口头翻译

上课环节	第一步:个人展示			第二步:个人竞赛活动			第三步:个人测试		
环节二:复习	不对称信息节点:当事主体(个人)VS 学习平台VS 教师等	专业知识点	课文知识结构、内容点	不对称信息节点:当事主体(个人)VS 词块VS 学习平台VS 教师等	专业知识点	课文知识结构、内容点	不对称信息节点:当事主体(个人)VS 学习平台VS 教师等	专业知识点	课文知识结构、内容点
		专业技能点	口头表达能力		专业技能点	口头表达能力		专业技能点	知识应用能力
		综合素养点	沟通展示能力		综合素养点	竞争意识		综合素养点	专注的能力

知识应用能力

上课环节				第四步:教师勤勉的专业精神		
环节三:学习新知	不对称信息节点:当事主体(个人)VS 词块VS 学习平台VS 教师等	专业知识点	课文知识结构、内容点	不对称信息节点:教师VS 词块VS 学习平台VS 学生等	专业知识点	课文知识结构、内容点
		专业技能点	口头表达能力		专业技能点	知识应用能力
		综合素养点	竞争意识		综合素养点	专注的能力
			时间观念			合作意识

认真的学习态度和教师勤勉的专业精神

下面我们参照某次线上教学的教学计划，对课堂各个环节主要的信息流及其特征进行逐一分析。

某次线上教学的教学计划

Learning procedures and rules for online class, para. 15～19, text A, unit 2（2A）
（课文 2A 段落 15～19 网络课堂学习流程和规则）

Ⅰ. Learning and grading rules（学习和评分规则）

（1）Appear on camera all the time，60％（总是在镜头前，占 60％）

（2）Complete all the class activities，10％（完成所有课堂活动，占 10％）

（3）Volunteer to answer the questions，1％ for every time（志愿回答问题，占 1％）

（4）Take notes in class，10％（作课堂笔记，占 10％）

Ⅱ. Learning procedures（学习流程）

  1. Daily report（每日报告）

    （1）One student reports in 3～5 minutes（一名学生作 3～5 分钟报告）

    （2）The rest of us take notes while listening to the report（其余人边听边做摘记）

    （3）Show us your note and retell what you know about the report（展示个人笔记且复述你所知道的报告内容）

    （4）Do group discussion online on the open－ended question given in the report（围绕报告所给开放问题进行小组在线讨论）

  2. A review of lexical chunks of para. 11～14, 2A（复习 2A 第 11～14 段词块）
    Review by interpretation for the practice of the previous class（以口头翻译方式复习上一次课的练习）

  3. Lexical chunk learning of para. 15～19, 2A（学习 2A 第 15～19 段词块）

    （1）Individual work：Send the notes made when watching the video for para. 15～19 before class to the discussion section in Chaoxing, and report in public what you know about the words/phrases and how we use them according to on the notes（个人任务：将上课前观看视频时做的笔记（2A 第 15～19 段）发送到超星的讨论版块，并根据笔记向大家报告你对单词/短语的了解以及我们如何使用它们）

    （2）Individual work：Compete online in QQ group and make sentences of the words and phrases given by the teacher（个人任务：在 QQ 群中进行在线竞赛，根据教师给出的单词和短语造句）

    （3）Students do practice online for the part（学生在网上进行该部分相关练习）

    （4）Teacher makes a summary of the part（教师对该部分进行总结）

  4. Assignment（作业）
    Watch the video about the structure of Text B, Unit 2（2B）and practice as follows（观看有关 2B 文章结构的视频，并按如下方式进行练习）
    Make a mind-map on your own based on the video and prepare to retell to your partners in class for the next day（根据该视频自己制作一张思维导图，并准备第二天在课堂上复述给你的伙伴）

1. 环节一:个人展示(新闻阅读报告)

个人展示环节是一个比较重要的个人能力训练环节,是一个由学生个人的3～5分钟的自我呈现的过程,主要训练学生的信息搜集能力、阅读和概括整合能力、PPT制作能力、沟通展示能力和自主学习能力,以及培养学生良好的社会文化思想和价值观,同时注重引导学生挖掘新闻文本话题、文本结构和知识点,使其具有良好的单词、句子组织能力和口头表达能力等。

对于教师来说,切忌让个人展示环节只是个人的展示而导致和其他大部分同学无关。为了避免这种情况出现,教师需要充分运用信息主体不对称性,以展示学生(当事主体)及其已知(信息本体)与观看展示的学生(其他主体)及其未知(信息本体)的不对称关系为主导关系,同时调动他们与信息载体(如设备、网络、课堂学习平台等)的不对称关系。我们在该环节利用各类信息节点之间的多样信息流,创设信息动态平衡构建过程中的多元学习情境(相关情境教学设计见图 6-8)。长方框内表示各类信息节点,线条表示它们之间的联结。数字序号为信息节点序号,表示相关信息流动的主要联结过程与步骤。从序号可以看出信息节点是按什么顺序联结的,信息在节点之间是怎样流动的,序号体现了节点之间前后作用的关系。同一个节点可以被多次激活。我们以(1)(2)(3)……表示从信息主体发出的第一轮信息流,以①②③……表示第二轮信息流,以 123……表示第三轮信息流。如果某个节点信息同时向多个其他节点发出或某信息同时由多个节点发出,则用例如⑬-1、⑬-2、⑬-3、11-1、11-2 等进行标识与区分。

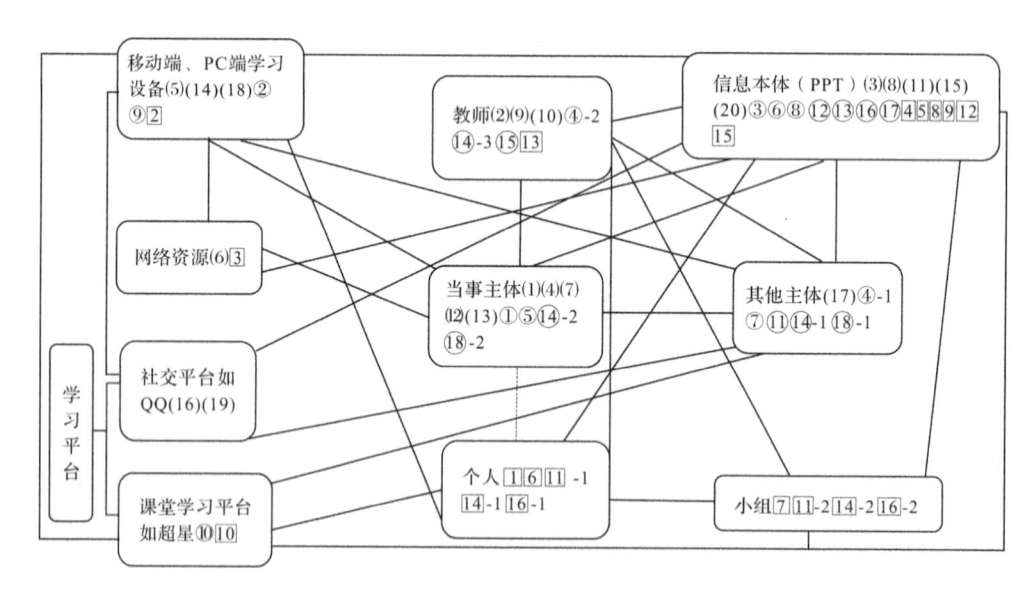

图 6-8 基于主体的信息不对称情境教学设计(个人展示环节)

第六章　外语教学信息生态系统及信息联通机制的应用

首先,是个人展示准备阶段。这一阶段主要利用的是当事主体和教师、学习设备、网络资源、学习平台等之间的联结关系和信息不对称。即(1)学生从(2)教师那边获取(3)新闻阅读PPT相关的指导,就展示的话题、内容等方面得到建议。然后,(4)学生发挥主体的自主学习、信息检索、阅读和概括整合、PPT制作能力等,(5)通过移动端或PC端等学习设备,(6)从海量网络资源中学习相关知识,在(7)学生制作好(8)PPT之后,发给(9)教师,根据PPT的话题(观点)、结构、内容等角度(10)教师把(11)意见和建议等反馈给(12)学生①。最后,经过修改,在课前,(13)学生在(14)移动端或PC端把(15)修改了的PPT发送到小班(16)QQ群,(17)其他学生从(18)各终端联结到(19)QQ群预习和学习(20)PPT内容。

到了真正个人展示环节,我们从信息主体微型化原则出发,在个人展示之外还增加了他人复述、小组讨论等,旨在利用当事主体与其他主体之间的多元不对称创设学习情境。在个人展示时,信息从当事主体向其他主体流动。其他主体首先通过速记接收内容,再通过与小组成员讨论完善笔记、研究当事主体提出的问题,然后将讨论形成的观点利用学习平台等二次展示,从而以此推动信息的多重转换、层层递进,达到对话题、结构、知识点等方面的更深层次构建,这部分具体信息节点转换流程如下。

个人展示和他人复述这两步是围绕同一PPT汇报内容的,因此我们把这两步放在一起作为继个人展示准备阶段之后的第二阶段。在这一阶段,主要搭建的是当事主体、其他主体(个人)和教师之间的信息主体不对称情境。围绕新闻制作PPT的第一轮信息流的相对闭环操作在其他学生预习QQ平台的PPT时已经完成。到了个人展示这一步又开始了第二轮的信息流和信息的动态构建。具体说来,①当事主体通过②PC端设备对③PPT内容进行展示,④-1其他主体和④-2教师对⑤当事主体的⑥PPT关键要点做好记录,然后⑦其他主体把⑧个人笔记通过⑨手机上传到⑩超星学习平台讨论版块,⑪其他主体用自己的语言组织⑫要点并将其⑬复述展示出来,反过来与⑭-1其他同学、⑭-2原当事主体和⑭-3教师之间形成信息流动。教师在这一过程中是各步骤的指令发出者,同时也是主要的信息主体节点。例如,在其他主体对PPT展示内容复述完毕之后,⑮教师可以再回到⑯PPT这个信息本体进行更进一步的⑰讲授,把关于信息本体的话题、结构、内容点等更为系统地反馈给其他主体⑱-1和当事主体⑱-2。这一步主要是为了让学生掌握新闻话题、结构和内容等专业知识点,训练他们的速记、听力、阅读理解和文本复述能力等专业技能点,同时培养他们的专注力、良好的社会文化思想和价值观等综合素养。

值得注意的是,我们不能把除当事主体之外的其他主体完全当作一个无差别的完整体,需要对他们作出有差别的细分。例如,在当事主体展示时,可以要求其

---

①这里会有多次的反馈,为了简便,我们只呈现一次反馈。

他学生对展示内容的要点进行记录并上传到平台讨论版块,同时准备复述。当事主体个人展示完毕之后,随机邀请的数名学生就他们上传的要点分别进行内容复述,形成对已展示内容在当事主体、其他主体和教师之间的再一次信息流动,达到对知识和技能反复训练的目的。

　　围绕个人展示,第二轮信息流的相对闭环操作在教师总结反馈的时候已经完成。到了小组讨论这一步,围绕的信息本体转变到了PPT相关话题,因此又开始了第三轮的信息流和信息的动态构建。这一步主要搭建的是个人、小组、教师、网络和学习平台等之间围绕PPT相关话题的信息不对称情境。这个时候,前一阶段的当事主体和其他主体这一阶段都同时参与到了PPT相关话题的讨论中,因此这里就不再专门区分,都以"个人"来表示(如虚线所连接的方框内所示)。①个人通过②移动端或PC端学习设备从③网络资源获取对④相关讨论话题的⑤理解和见解。之后⑥个人参与到⑦小组活动中,讨论和交流⑧观点,并汇总整合成小组的⑨集体意见,上传到⑩超星学习平台小组活动版块,然后由⑪-1 某个学生代表⑪-2 该小组进行⑫小组观点展示。⑬教师在每组展示完毕后对⑭-1 展示个人和⑭-2 小组作一个⑮内容等方面的归纳或点评,对⑯-1 其他个人和⑯-2 其他小组也起到指导作用。这部分主要培养学生的团队合作能力、信息搜集能力,以及良好的社会文化思想和价值观等综合素养,同时训练他们的新闻阅读、口头表达等专业能力,以及帮助他们积累相关新闻文本话题、文本结构和内容知识点等。

　　教师和学生是这一整个环节的两大信息主体。教师在这些过程中一直起着"催化剂"的作用,以各种指令的方式促成不同信息节点之间的信息流动。例如以下指令:

　　指令1:[课前提供选题范围让某学生准备汇报]

　　指令2:[课前让该学生对汇报内容进行修改]

　　指令3:[课上邀请该学生作汇报]

　　指令4:[课上让其他学生做笔记上传平台并准备复述]

　　指令5:[课上让其他学生复述]

　　指令6:[课上让学生以小组为单位开展讨论]

　　指令7:[课上让各小组上传讨论成果到相应的平台版块]

　　指令8:[课上让小组展示]

　　指令9:[课上给予评价]

　　教师以其口头或书面指令推动了全程的信息流动,这种指令可以理解为一种指令型的信号。教师促进着每一次不同信息节点之间的信息流动和节点联结的发生。教师在这里主要有两种角色:一种是作为学习内容的直接提供者或接受者,教师及其相关内容我们称之为显性节点;另一种是教师不直接给予学习内容,但是会通过指令型的信号促成其他信息节点的联结,我们把教师及相关信号称为隐性节点,体现的是教师个人的隐性教学模式。无论是学习型还是指令型的信号,都是信息本体的组成部分,由教师、学生等不同信息主体发出。不仅教师会发出指令型信号,学生自己也会发出指令型信号。例如在小组讨论过程中,学生之间会存在任务的分配,这和学习的内容不是直接相关的,但是会决定学习的走向和内容节点的建立等。指令型信号和学习型信号在构成信息本体这一类节点并引发与其他节点的信息动态对等过程中,起着同样重要的作用。

  指令型信号和学习型信号之间的界限相对模糊,且指令型信号和学习型信号有所重合。按其功能,我们可以将指令型信号分成两种,一种是操作型指令,一种是内容型指令。上述九个指令中,指令3~8其实是操作型指令,它本身是一个节点,同时也是促使某几个节点之间发生联结的指令。操作型指令属纯粹指令型信号,是指令型信号的原型,更具隐性节点特性。而内容型指令是兼具操作功能和内容学习功能的指令,最常见的形式为教师对学习内容的提问即教师提问。在教师提问中,教师让学生就学习内容中的某个问题进行解答,相关指令兼具显性和隐性功能。除教师提问外,教师发起讨论、活动、任务等话题内容让学生参与等也属于内容型指令。另外,教师的指导和评价等往往也是针对内容学习展开的,兼有指令性质,如上述指令1、2和9。从信息动态平衡角度而言,不管是操作型还是内容型指令,它们都是在已有动态平衡的基础上以指令的方式引起新的信息本体与信息主体以及信息主体之间的不对称,从而引发新的学习,促成新的信息动态平衡的建立。

  学生在各种信号和指令下,一直是信息的主动构建者,对信息本体、其他信息主体以及信息载体发起主动的联结,使他们之间的信息从不对等逐步走向动态对等。学生在与各类不同信息节点建立交错联结关系的过程中获得了多样的信息构建,这种构建具有重复性、递进性和连贯性,从而形成一个有机的信息生态链。在每一条这样的信息链中,信息主体群借助信息载体等完成了对信息本体的生产、加工、利用等一系列步骤,以相应的行为使信息在课堂环境中得到传递,各种类型的信息节点按照信息流转顺序排列而形成特定的链状顺序和网状结构(见图6-8)。

  在课堂教学的各个环节中,信息的节点及其流动具有一些明显的特点,包括例如发散性、联动性、演进性等特征。下面以第一环节个人展示为例,对其相关特征进行说明。首先需要明确的是,信息场中的所有节点都是直接或间接相互关联的。这意味着,每一次信息的生产加工都不仅涉及两个信息节点之间的单向信息流动,且涉及共时的多个节点之间的多向信息流动,即存在"一对多(一个节点/信息源流向多个节点/信息源)"的发散式分布。其次,信息往往会以某个单向流动引发链锁式反应的其他流动,即历时角度的"一带多(一个节点/信息源带动多个节点/信息源)"的链锁式反应。我们可以把信息流直接涉及的两个(类)节点之间的关系叫作直接关系,而把因此带来的与其他节点的附带或链锁式关系称为间接关系。这里的直接关系和间接关系是一个相对的概念。因为前一个阶段某两个节点之间的间接关系到了下一个阶段可能变成直接关系。如果从信息的时空特性而言,当前关系则是绝对的,它代表的是信息在当下的两个节点之间的直接流动。因此,图 6-8 从当前关系的形态对信息节点之间以直线连接的方式进行了标识。另外,图中"同一个"信息节点却被标上了不同的节点序号,在多数情况下它们可以理解为不同的节点或者是随着上一个节点的作用而发生了某些改变之后的节点,我们将其称为节点的"一变多(一个节点/信息源演变出多个节点/信息源)"的演进性特征。下面我们结合例子对信息节点特性和信息流动特征进行说明。

(1)"一对多"发散性

从共时的角度,例如,在第一环节第二轮信息流动中,在个人展示时信息从①展示的学生向④-1 其他学生流动,同时也向④-2 教师流动。这是一种由一个节点出发向多个节点的平行发散流动,形成了这个主体与多个主体的发散性联结。同样地,当⑪其他主体将上传的⑫笔记要点进行⑬复述展示时,也存在其与⑭-1、⑭-2 其他学生和⑭-3 教师间的信息流动。接收信息的一方则根据接收到的信息作出反思、反馈、评价等进一步的信息加工,并带来新的信息流。

(2)"一带多"联动性

从历时的角度,例如,在上述第一环节第一轮信息流动中,课前[(13)学生在 (14)设备终端把(15)PPT 发送到小班(16)QQ 群]可以拆解出[学生—设备终端] [设备终端—PPT]和[PPT—QQ 群]的联动关系,它是由学生与设备终端、设备终端与 PPT、PPT 与 QQ 群等之间的两两当前关系联动起的一个前后整合的信息流过程。结合在这一流程之前教师对学生就 PPT 内容的指导和修改反馈、学生在设备终端对网络资源的获取和加工,以及在这一流程之后其他学生主体通过他们的设备终端打开 QQ 群查看 PPT 等都是与此相关的间接关系,它们共同组成一个前后相继的联动关系。

信息节点不是割裂和孤立的,他们之间存在向前或向后互相延伸交错的信息流。就信息本体、信息主体和信息载体等类型信息节点而言,信息的本体性、主体性和载体性都具有不可拆分性,糅合在信息的流动过程中,但在信息流本身的逻辑意义上还是有所差别的。信息也是一种语符,信息本身有语言逻辑的意义所在。借助语言命题的逻辑视角,信息主体和信息本体是信息流的逻辑主干,是显性的成分,缺少了这两者就无法产生信息流动,而信息载体等是信息流的分支、从属或中介,信息流可以借助信息载体更为自由地流动,信息载体是一种自然存在但是往往隐形融入于信息主体或信息本体的节点。例如,在各轮信息流动中,信息主体与信息本体的各种联结其实都离不开各种设备、平台等,如这一环节第一轮信息流中,"(7)学生制作好(8)PPT 之后发给(9)教师",以及"(10)教师把(11)意见和建议反馈给(12)学生",这里的"制作""发给""反馈"是"通过手机或电脑""制作"以及"通过手机或电脑上的 QQ""发给"或"反馈"等,即相关行为已经隐含了各类设备网络平台在其中而没有将每一个载体都单独进行标识,只是在相关信息流段中标出几个典型的或能带来较强学习情境性的信息载体。但其实信息载体是时时刻刻融入于信息主体与信息本体的联结中的,体现了信息化环境中信息联结与转换的特色。

同样地,把信息载体隐掉后,[①当事主体(展示学生)通过②PC 端设备对③PPT 内容进行展示,④-1 其他主体和④-2 教师对⑤当事主体的⑥PPT 关键要点做好记录]这一信息流段可以拆解为[展示学生—PPT][PPT—其他学生/教师][其他学生/教师—展示学生][其他学生/教师—PPT 要点]等两两当前关系联动起的一个前后整合的信息流过程。PC 端的确是一个非常重要的当前节点,但是在学生展示的时候 PC 端其实已经在人们的认知当中被隐形化了,其他学生的注意力更多在展示学生和 PPT 上。在这个信息流过程中,展示学生在将 PPT 内容展示出来之前存在其自身与 PPT 这个信息本体的交流,他看着 PPT 读或者基于 PPT 信息把内容提炼出来传送给了其他学生或教师。其他学生或教师同时也建立了自身与展示学生的联结,他们将对 PPT 展示内容进行接收和加工等。

与 PC 端这个节点的功能类似,PPT 本身也是微软公司开发的一种信息载体,用以更好地呈现和展示内容。但是这种载体在人们对类似的信息技术习惯性的认知加工中已经被完全融入内容中,从而被忽略了,人们只关注 PPT 这种形式所承载的实际内容。

教学设计本质上是对信息流的优化配置,信息流"一带多"的联动性决定了教学设计中我们需采取两种取向——"有形设计"和"无形设计"。一方面,信息主体和信息本体相关节点之间具有更明显的联动性,因此,需要以这两种节点类型为核心开展设计,实现信息资源在信息主体之间的优化配置,即以本体和主体为聚焦点开展"有形设计"。另一方面,信息载体这种节点的联动性相对更为隐性,因此,教师在设计时要让学生习惯使用这一载体形式。与此同时,教师需要通过采取统一的平台和操作方式尽可能降低学生对信息载体的信息负荷和使用成本。例如,学校面对一些突发情况临时改为线上教学时,不同课程的老师往往会让学生登录不同的平台接受线上教学,这就会给学生造成不必要的负担和压力,如果可以统一使用同一平台且同一课程采用固定的会议号或链接,从信息流角度则可以更好地实现"无形设计"的效果。

(3)"一变多"演进性

另外,在同一个信息节点上,由于本体、主体、载体及时间、空间等因素,运行的不会是同一个信息流。我们也可以把在信息不对称的不同情境下激活的信息节点看作不同的信息节点,或者将其理解为某一个信息节点的不断演进。图 6-8 为了构图简便,把某一个信息节点以不同的数字序号进行了区分,表示与该信息节点交汇的不同的信息流。下面我们以不同的信息节点类型来分类举例说明。

——以信息本体为例

在信息本体(PPT)中经历了三轮的信息流。第一轮用信息节点序号(3)(8)(11)(15)(20)表示,第二轮用信息节点序号③⑥⑧⑬⑯⑰表示,第三轮用信息节点序号④⑤⑧⑨⑫⑮表示,分别涉及个人展示准备、个人展示与他人复述,以及小组讨论这样三个阶段。在第一轮信息流中,PPT这一信息本体的发展演变流程如下(前后两端的"→"表示流程的前后延续性,下同;另外,为了标识具有条理性,我们把围绕信息本体的序号标在每个信息流段前,下同)。

→(3)教师对PPT主题、内容的指导→(8)学生在指导下第一次制作好的PPT→(11)教师的修改意见和建议→(15)学生根据意见修改后的PPT→(20)其他学生对PPT内容的预习→

从PPT的发展演变流程中我们发现,流程中间的过程可以反复循环,即教师不断给予修改意见和反馈,学生不断改进。归根结底,该流程所体现的是教师、学生这两个信息主体之间因信息不对称引发的信息流过程中信息本体不断地演进的现象。

在第二轮信息流中,PPT这一信息本体的发展演变流程如下。

→③当事主体对PPT内容进行展示→⑥其他主体和教师对展示的关键要点做好记录→⑧其他主体把记录的个人笔记上传到平台讨论版块→⑫其他主体用自己的语言组织要点→⑬其他主体复述展示相关要点→⑯教师再回到PPT→⑰教师就话题、结构和内容点等做更进一步讲授和反馈→

信息的不对称及其流动发生在信息本体、信息主体和信息载体之间。从各轮信息流中我们发现,信息本体的演进与信息主体和与信息载体的作用关系是不一样的。信息本体的演进和信息主体有着直接、密切的关系,即信息主体直接构建了信息内容。而信息本体与信息载体之间的不对称引起的信息流动更多的是一种信息的拓展和散播,信息载体对信息本体的演进一般不存在直接的作用关系,而是起着一种推动作用。信息载体通过其良好的传播特性使得更多的信息主体对信息本体进行更快的改造或升级。应该说,信息载体这个节点在时间和空间上极大地促进了信息本体的演化,导致更多不同的信息主体对信息本体的改造。当然,机器自动生成语言等信息本体则属于另外一种情况。例如批改网对学生作文的自动批改就是信息载体对信息本体的直接生成。因此,信息主体和信息载体对信息本体演变的促进是相辅相成的,在两者共同作用下可以带来包括对信息本体的重复、加工、应用、改进等。

在这一轮信息流中,当事主体展示的PPT内容被其他主体和教师加工成关键要点,其他主体再把个人笔记上传到平台进行二次展示,然后以口头复述的方式进行重复和三次展示,最后教师对PPT内容进行再次提炼、归纳和改进等。由于个体存在差异,不同个体对PPT相关内容的个性化重复和展示已经是信息本体的一种差异化的演变。

在第三轮信息流中,PPT这一信息本体的发展演变流程如下。

→④基于PPT相关讨论话题→⑤个人就话题形成相关的理解和见解→⑧小组讨论和交流观点→⑨小组整合成集体意见→⑫小组观点展示→⑮教师做归纳或点评→

第三轮信息流是针对话题的讨论形成的,是利用不同信息主体之间的知识结构和理解的不对称、不同信息主体从不同网络资源获取的信息本体的不对称等情境,完成对信息本体的多次加工,最终汇总成小组的信息结构且进一步在不同小组、教师等之间开展流动。最后,教师对小组的信息作出相应的建议和归纳等。信息本体在这一轮信息流中的演变形式包括搜索、形成、复合、散播、反馈等。

除了 PPT 这个信息本体之外,网络资源在序号(6)、③指代的状态下是处在设备端的另一种信息内容本体,分别指的是展示 PPT 的当事主体在制作 PPT 时主动构建的从设备端流向其自身的资源内容,以及其他主体在讨论 PPT 相关话题时向网络寻求的信息资源内容等。这两个内容是相关的,后者是对基于前者给出的相关话题的拓展和延伸。

——以信息主体为例

课堂第一环节个人展示涉及的信息主体主要包括展示 PPT 的学生(当事主体)、观看 PPT 的学生(其他主体)、教师、个人、小组等,具体信息节点及信息流动序号标识如下。

A. 当事主体(1)(4)(7)(12)(13)①⑤⑭-2⑱-2
B. 其他主体(17)④-1⑦⑪⑭-1⑱-1
C. 教师(2)(9)(10)④-2⑭-3⑮⑬
D. 个人②⑥⑪-1⑭-1⑯-1
E. 小组⑦⑪-2⑭-2⑯-2

通过对信息流的路径的分析,我们发现,信息主体的演进是围绕着知识结构这个信息本体的改变带来信息主体状态的提升、变化等。而信息主体知识结构的改变是在主体、本体、载体等不同类型节点由信息不对称引起的动态平衡的联结中发生的,主要有"主体+本体"和"载体+本体"两种基准联结模式。

在"主体+本体"模式中,信息主体的演进主要指信息主体与自身(主体)及其已有知识结构(本体),或者与他人(主体)及其已有知识结构(本体)构建动态平衡,以实现个人的改变,以及个人知识的成长等。在"载体+本体"模式中,信息主体的演进主要指信息主体从网络设备(载体)获取资源(本体),从而构建新的动态平衡,达到对个人的改变和知识的成长。我们以当事主体这个主体节点的演进性为例,对两轮信息流中他们的发展演变流程分别罗列如下。

→(1)学生从教师那里获取话题和指导→(4)学生通过网络资源自主学习→(7)学生制作 PPT 并发给教师→(12)学生获得教师反馈和修改意见→(13)学生修改 PPT 并上传平台→

→①学生展示 PPT→⑤学生展示时对关键要点的把握→⑭-2 学生听其他学生复述其展示内容→⑱-2 学生获得教师对 PPT 相关内容的反馈→

上述当事主体在 PPT 的制作过程中,不断与教师发生联结,这是因为其自身及知识结构与教师及其知识的不对等产生了信息不对称,从而引发了信息的流动,产生了学习。首先是学生向教师学习,得到了教师的意见和指导,这个过程中构建的是"主体+本体"层面的动态平衡。然后,学生利用网络资源制作PPT,这个过程中构建的是"载体+本体"层面的动态平衡。之后,教师也向学生学习其制作的PPT内容,并且进一步给出意见和建议,这个过程中构建的是"主体+本体"层面的动态平衡。学生在课前上传PPT之后,在课内与大家交流,对关键点进行展示,之后听取其他同学对其展示内容的复述以及反思学习教师最后给予的反馈等,这个过程中构建的是"主体+本体"层面的动态平衡。总之,在不同的联结模式下,不同的主体以及载体等节点之间产生了信息流动,节点之间构建了新的平衡。

其他类型主体的演进性也是如此。值得注意的是,我们这里只是为了标识的方便而把围绕同一类型主体节点的序号进行了罗列,在实际的信息流动过程中,各个主体节点离不开他们所依托的信息本体、信息载体以及其他信息主体,信息流动发生在各主体节点与信息本体、信息载体以及其他信息主体的联结中。另外,无论是什么类型的信息节点,其演进性不是单一的线性流动,而是多条交错的信息流动的结果。上述课堂第一环节中的五种信息主体的演进性是一种各自时空纵向聚合和相互横向组合的关系作用的结果,每个主体的成长都离不开与其他主体以及载体等的联结。

——以信息载体为例

对于设备或平台来说,其演进性主要体现在两个方面。首先,体现在学习平台或课程平台的信息资源的扩充、内容的创造等方面,比如教师和学生共同创建下的学习平台内容的生产、讨论、评价等。在这个意义上,信息载体的演进性依赖于它的信息内容即信息本体。其次,信息载体的演进性还体现在学习或课程平台自身功能的改进。例如,通过后台大数据,分析用户的搜索内容以及使用习惯,推动平台功能的改进以及内容的改变等。从技术接受模型角度而言,信息载体的这种演进性表现为用户对设备、平台使用的接受度(包括感知有用性、感知易用性、态度、行为意向等方面)的增强或提升。在这个意义上,信息载体的演进性依赖于平台自身技术或功能的完善。保证平台演进性和生命力的关键在于开放性。这种开放性可以是在特定群体内的开放性,也可以是不设限的完全开放,最终是为了能够更多地完善和改进平台的内容和功能,从而使平台作为载体联结更多的信息主体等节点。

总之,信息节点的"一对多"发散性、"一带多"联动性和"一变多"演进性等信息流动特征决定了信息(本体)循环及再创造的意义,也带来了信息主体的自我成长以及信息载体节点功能的完善等。同时不仅作为例子的第一环节具有信息节点的上述特征,教学的任何一个环节都具有这些特征。

2. 环节二:复习

在这个环节,我们对前一次课的内容进行回顾和复习。该环节涉及的信息节点和信息流相对比较简单(见图6-9)。

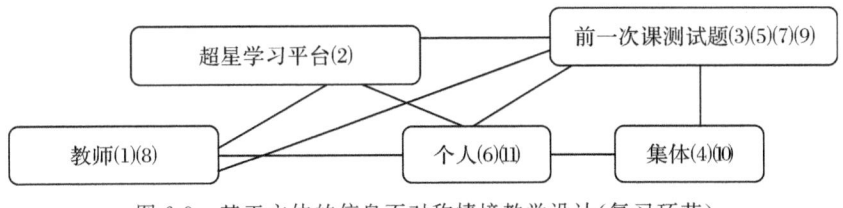

图6-9 基于主体的信息不对称情境教学设计(复习环节)

这一环节主要由(1)教师这个信息主体借助(2)超星学习平台,与学生复习回顾平台上前一次课堂学生做过的(3)语言点(词块)翻译测试,复习形式可以是(4)集体回顾,即学生一起以口译的形式复习和运用(5)词块,也可以穿插(6)个人回答的方式,即邀请某个学生对词块进行(7)口译,然后,(8)教师对学生表现作出(9)反馈,用以进一步指导(10)学生集体或(11)学生个人。这一环节流程比较明晰。学生共同或独立地以口译的方式复习词块的过程,激活了基于"主体+本体"和"载体+本体"两种模式的两个不同层面的信息主体节点不对称情境,由此产生的两种信息流(见图6-10)。

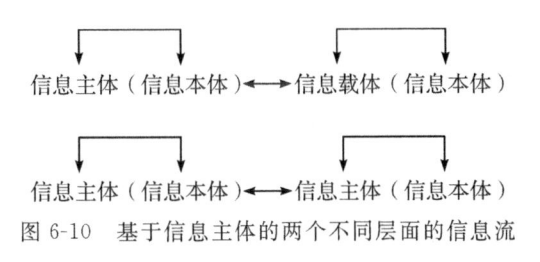

图6-10 基于信息主体的两个不同层面的信息流

学生看到了平台上相关的词块,首先激活自己原有的知识点,这里主要指其上一次学过的一些词块。然后相关信息流从学生自身(信息主体)的认知结构(信息本体)节点向平台(信息载体)的测试题(信息本体)节点流动,构建起不同节点之间动态平衡。此外,当每个学生口译词块的时候,个体与个体之间也会互相联结发生学习,即从一个学生(信息主体)发出的语言(信息本体)会进入另一学生(信息主体)的大脑而同时激活双方的知识结构(信息本体),这个过程补充、复习了学生原有的知识结构,促进了学习个体知识成长等。这一环节主要引导学生了解、掌握和应用课文知识结构和内容点,同时培养他们认真的学习态度和勤勉的学习精神。

这一环节的信息流动同样具有"一对多"发散性、"一带多"联动性和"一变多"演进性特征。例如,学生在口译回顾相关词块时,不仅学生之间存在信息流动,也存在学生与教师间的信息流动,教师可以继而对学生表现做出反馈,指正其错误或带领其复习,通过重复、加工、应用、改进等促使他们的个体知识结构不断演进。这个环节的相关信息流特征和上一个环节是一样的,此处不再赘述。

3. 环节三：学习新知

第三个环节（见表6-10）围绕新的段落中的句子、词块开展学习，即学习段落句子中的单词、词组、常见搭配、语法点等语言点。开展语言点的学习不仅要立足于语言点本身，教师更应把握住语言点的学习主体即学生，围绕学生这个信息主体进行微型化教学设计，即我们通常所说的"要备课更要备人"。教师要以细分信息主体为出发点，借助信息本体、信息载体以及各类节点的时空特性，创设细分之后的不同信息主体之间的信息不对称情境（见图6-11）。这一环节所培养的知识点、技能点和综合素养点目标与前面两个环节类似，主要包括培养学生对知识内容的精通，学生的表达能力、知识应用能力，以及其他沟通展示能力、竞争意识、合作意识、专注力、时间观念等。

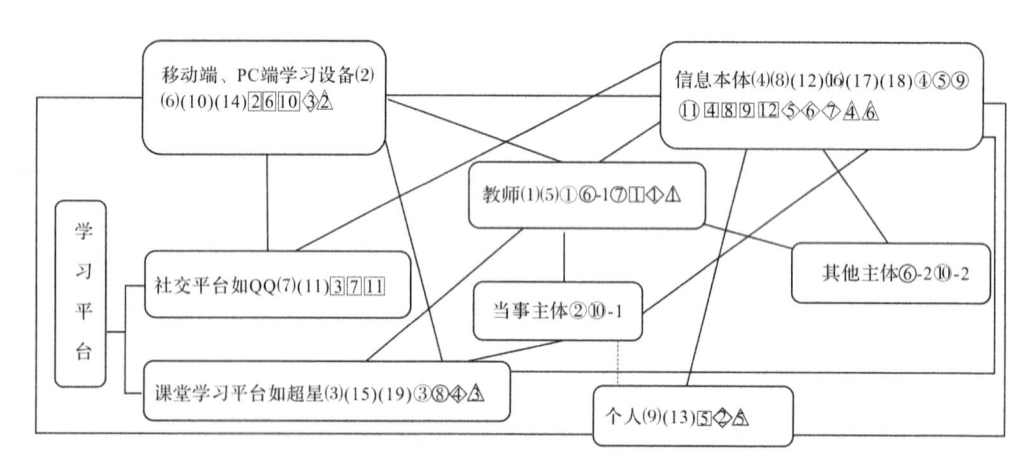

图6-11 基于主体的信息不对称情境教学设计（学习新知环节）

在这一环节，我们以线上教学的形式、通过让学生操作和展示为主要方式开展课堂。我们将该环节分解成个人展示、个人竞赛活动、个人测试、教师总结四个步骤。下面我们就该环节课堂教学实际展开的过程以及碰到的问题进行说明，从而系统地认识和理解信息主体微型化教学设计。

首先是个人展示准备阶段。与环节一第一步个人展示类似，在这个环节第一步个人展示之前也有一个个人展示准备阶段。（1）教师事先通过（2）移动端或PC端在（3）超星平台章节版块上传（4）语言点注解版的段落文本和相关微课学习视频，其中对词块的注解包括对词块的组合关系和聚合关系等各个方面的分解。然后（5）教师在课前通过（6）设备终端上的（7）QQ社交软件以（8）课后作业形式通知学生使用平台学习。（9）学生个人通过（10）设备终端把自己联结到（11）QQ社交软件，获取教师布置的（12）课后作业，（13）学生再通过（14）设备终端到（15）超星平台学习教师上传的（16）章节语言点文本和视频内容并以（17）学习笔记的形式记录在（18）书本上并拍照上传到（19）超星平台讨论版块。这一阶段学生学习平台内容的过程即学生基于平台内容与自己头脑中已有的知识结构联结、内化知识、构建动态平衡的过程,这个过程为下一阶段课堂展示做了准备。平台能够提供学生的学习记录,即学生的章节学习次数、访问情况等都会被记录并保存为平台的过程性考核数据。也就是说,平台本身具有强大的节点联结功能来推动学习的开展。

其次是个人展示阶段。在这个阶段,学生把自己在个人展示准备阶段内化了的课文段落知识点进行展示讲解。①教师通过指令①让②学生以自愿或随机点名的方式作为当事主体对③超星平台讨论版块上传的④个人学习笔记进行⑤讲解。⑥-1教师和⑥-2其他学生作为信息接受者观看当事主体的展示讲解。学生讲解的过程中或者讲解完之后,⑦教师可以回到⑧平台讨论版块就学生所展示的⑨语言点进一步与⑩-1当事主体和⑩-2其他学生讨论,对其进行⑪补充和修正等。根据实际课堂观察发现,在当事主体个人展示的过程中,其他主体主要是被动地观看,教师并没有设计其他主体该做什么,因此其他主体没有进一步主动联结。这会带来一系列的问题。

在实际的授课过程中,我们也发现,学生对于词块的口头讲解能力最为薄弱。他们对话题讨论以及其他项目任务还能比较顺利地完成,但词块展示讲解这一任务他们中的绝大部分比较难以完成。这是因为,讲解词块非常考验信息主体知识结构的系统性,而只有具备系统性知识结构的学生在讲解的过程中才可以把握住重点和难点。否则,就会出现学生讲解的点很杂,对一个点讲解很久,讲解过程出现大面积空白和停顿等。一方面,课堂节奏感和课程的进度会因此而受到影响,另一方面,对于信息的接受者也就是其他学生来说,信息流动慢会导致他们注意力不集中,而且因为他们也没有收到教师要求他们就此节点进一步联结的指令,会陷入激活缺失的状态,从而容易出离学习场。

学生学习词块的过程本质上是构建新输入的知识和其原有知识体系之间的平衡过程,而个人展示过程是再现这一过程,其中,原有的知识体系占据了非常重要的地位,学生的原有知识越扎实,他就越容易把握住新的知识点,从而使其展示重点突出,从其知识体系中分解出新的知识,更好地利用信息的各种不对等促进信息流动。因此,个人展示任务开展一段时间之后,还是回到了教师这个信息主体上,由教师来带领学生完成学习,更能达到教师、学生、信息本体等之间的更为有效的平衡。教师除了能够更好地把握信息本体及其不对称性之外,还能良好地把握和利用时间和空间的不对称,以适当的时间节奏和适度的空间转换保持住信息不对称状态,带来有效的信息流动。

第三个阶段是个人竞赛阶段。这一阶段,我们围绕线上教学及其环境来分析

---

①根据上述章节,我们将指令型信号当作隐性节点,和学习型信号作为显性节点相对,两者作为信息主体表达内容的不同类型,同样非常重要。在这里,为了将指令型信号与学习型信号区分开,同时为了标注方便,我们把指令型信号作为教师这个信息主体的自然的一部分,不专门作为信息节点单独列出序号。

具体的课堂情况以及出现的问题，同时与线下类似教学活动对比。学生上网课期间词块的个人竞赛活动主要通过 QQ 平台开展。我们经过测试发现，通过 QQ 群聊天对话框输入的语音信息可以立马在 QQ 群聊里输出呈现，但通过其他教学平台例如讨论等版块，语音等信息从对话框输入之后，其输出呈现存在延迟，这影响了信息传输的效率，因此我们选用 QQ 群作为学习平台。这一步的信息流程如下。①教师通过②设备终端的③QQ 群输入并发送④个人竞赛的词块，⑤学生通过他们的⑥设备终端的⑦QQ 群看到⑧该词块并迅速作出反应即⑨使用词块造句并以语音的形式通过⑩设备终端发送到⑪QQ 群进行⑫呈现。然后继续使用下一个词块造句，开启同样的流程。在每一个流程中，教师和学生对设备终端这一信息载体的依赖性很高，信息本体的输入和输出等完全离不开这个信息载体。这同时说明了信息载体这一类型节点的超强联结能力，但正如前所述，人们的关注点始终在信息内容（即信息本体）上，主体对这些载体的惯用已经无形将其融合于信息本体中了。

在这个阶段中，我们利用信息的时间和空间特性以及 QQ 的实时记录功能，以抢答的形式根据语音发送的先后给学生计分，发送前三条正确语音的学生每人加 2 分，后面的每人加 1 分。学生在课后需要截取 QQ 群相关记录佐证其所得的分数，并将记录发送到平台练习或作业部分，方便教师课后计分。这种利用信息呈现的时空特性而设置的实时计分考核方式加快了信息的流动节奏，促进信息内容从一个节点转向另一个节点。这种方式调动了学生学习的积极性，提高了学生的课堂参与度，但是也带来一些问题。下面是一位学生在经历了近一个月的网课之后在期中教学检查的学生座谈会上的反馈。

"希望所有任课老师，不要总是为了调动学生积极性，提问时就会说可以加分，造成竞争激烈，大家一直在争，久而久之就变成是为了加分而学习，那么换个角度思考，是不是这样的学习方式就不太对了；有些同学总是抢不到，这样可能不公平，也会让同学进入一个误区，'要想成绩好我必须加分'，这样的学习意义不大。"

个人竞赛、抢答等可以推动信息在不同的主体之间快速流动，但是也会给信息主体带来很大的信息负荷和压力，这种负荷和压力一方面来自时间的紧迫，另一方面来自指令型的信号干扰过多。每发一条正确信息就可以加一分，这其实是一种考核的指挥棒，当其落在学生的身上时，由于个人因素或其他因素等带来的过度联结会让他们无法更好地投入学习型信号中，而被这些考核指令型的信号所激活和占位过多。学生在接收教师相关指令达到与教师动态对等的过程中，这种操作型指令不能带来直接的学习，而是会让学生陷入一种完全的不对等以及被迫接受的状态，却又不能将其内化成为自身真正的知识或技能体系的一部分，无法达到真正对等。

在线下教学即课堂教学中，同样的个人竞赛活动中师生主体之间的矛盾冲突性又会降低一些。因为在线上教学时，师生之间的联结只能依靠机器设备及平台产生联结，所以教师的指令信号变得更为突显，缺少线下课堂那种主体与主体之间直接面对面的人文联结的温度。学生能感受到的只是相对比较冰冷的语言符号，其透过指令的形式，带给学生一种被动的信息接受以及与教师之间的动态平衡的被动构建。而在线上线下混合式课堂教学中，同样是对词块的造句，我们采取小组竞赛的方式。在正式竞赛之前，组内每个学生根据小组成员个数被配置了 1、2、3、4 等不同的号码。教师先在黑板上用粉笔列出各个小组并分别在下面计分，同时在超星平台开通小组分组任务，同步使用平台计分。然后，教师把要竞赛的词块列表展示在电脑屏幕上，让各小组讨论或分配角色等。竞赛开始之后，教师在课堂上报出一个词块，学生则站起来进行抢答，教师会重复一遍抢答学生造的句子，予以评价和修正，如果基本准确或符合要求，则该学生可在黑板上把自己的号码写到小组计分榜上。活动结束后，各组总分为每组下面出现的号码个数乘以 10 再乘以不同的号码数，按高到低进行排列，折算成百分制计分。然后学生把自己小组的分数和结果拍照上传到平台分组任务版块，教师课后在分组任务版块对各小组予以计分。

首先，这种加分方式使竞赛压力分散到了整个小组，而非集中在每个学生身上，相对来说，学生个人的压力会小一些。另一方面，在教室里，教师有对学生面对面的点评和鼓励，学生之间也有更多的团队分工合作，这些都体现了主体直接联结产生的人文温度，并释放了良性的情绪信号，这将会缓解纯粹的加分指令型信号带来的不平衡和压迫感等不良的情绪信号。

因此，指令型信号和学习型信号的差别同样体现在这里。如前所述，指令型信号属于隐性节点，学习型信号属于显性节点。我们需要尽可能围绕和突出显性节点，同时创造更多良性的情绪氛围，而对于隐性节点则更多采取一种隐蔽的设计，避免因指令的繁杂产生的不良情绪。

此外，前面我们提到过，对信息载体的设计一般采取"无形设计"的原则，对信息本体和信息主体则更多采取"有形设计"。在线上教学中，学生要在 QQ 聊天群发送语音造句，同时课后要把自己相关的语音记录上传平台以佐证所得的分数，便于教师给学生计分，这大大加重了学生的学习负担。结合信息载体的"无形设计"原则，教师或平台开发者可以将加分的指令型信号消解于信息载体中，即依托平台这个信息载体开发基于内容识别的课堂自动计分功能等，而不是专门由教师或学生以手动加分的方式完成计分，这样才能降低主体自身联结过程中过多的信息负荷。如果无法通过升级平台做到这一点，则需由教师适时调整或摒弃相关做法。

关于指令型的信号还有一点值得关注。与学习型信号相同，指令型的信号也遵从微型化设计的原则。例如，在作业的布置上，我们可以对信息主体进行细分，针对学生的不同水平有差别地布置作业。例如，某次布置作业指令如下。

Assignment 1（任务 1）

You can choose to complete any of the following tasks before or in class the day after tomorrow.（你可以选择在后天上课或上课前完成以下任一任务。）

A. Recite the whole three parapgraphs（para. 1~3），with a full score of 100.

（A. 背诵整个三段(第1～3)段,满分为100分。）

B. Be dictated with 5 sentences from the 7 ones marked in grey color, with a full score of 90. Each sentence will be read for 3 times. (B. 从灰色标注的7个句子中听写其中5个句子,满分为90分。每句话读三遍。）

C. Read very fluently the first three paragraphs, with a full score of 70. If you are not fluent enough or if there is some error with your pronunciation of the words, 60 will be given as a full score. (C. 非常流利地朗读前三段,满分是70分。如果不够流利,或者单词发音有些错误,满分将为60分。）

上述作业指令是针对课文前三段的一个消化型学习,教师要求学生通过学习掌握句子结构、积累重要词块。针对学生的不同水平,我们要求学生可以背诵三段,满分为100;也可以听写其中几个句子,满分为90;而要求基础薄弱的学生能够流利朗读即可,满分为70或60。

又如,某次课堂词块练习(卷面笔试)指令如下。

Assignment 2（任务2）

Prepare for the practice this Thursday. There are some blanks required to be filled in through translation, which is related to paragraphs 6 to 8, with a full score of 100. You can choose to do it in an open-book way, but the full score will be only 70. (准备周四的练习。要求通过翻译填写空格,内容与6～8段有关。满分为100分。你可以选择开卷,但满分只有70分。）

再如,某次课堂词块练习(三项练习中后两项为在线测试)指令如下。

Assignment 3（任务3）

There are three choices for the practice tomorrow concerning para. 9～13. You can choose one of them to do. (明天9～13段的练习有三个选择,你可以选其中之一来做。）

A. Recite Para. 9～13, with a full score of 100. (A. 背诵9～13段,满分100分。）

B. Go to the teacher and do the online practice with your mobile phone. You have to do it without referring to the answer. The full score will be 100. If dishonest behavior is found, 10 points will be deducted from the total score of your daily performance as punishment. (B. 到老师这儿用自己的手机做在线练习。你必须在不参考答案的情况下做练习。满分是100分。如果发现不诚实的行为,将从日常表现总分中扣除10分作为惩罚。）

C. Sit in your own seat and do the online practice with your mobile phone. You can refer to the answer at any time. The full score is 70. (C. 坐在自己的座位上,用自己的手机做在线练习,你可以随时参考答案。满分是70分。）

在上述这两次词块练习指令中,学生可以选择闭卷测试(卷面或在线)或者段落背诵,满分为 100,也可以开卷测试,满分为 70。一开始学生还比较顾忌满分上限,绝大多数学生还是选择满分 100 分的任务方案。对于词块的练习,不管是线上还是线下,学生一般会从背诵、闭卷测试和开卷测试这三种方式中选取比较折中的闭卷测试。但是多次测试之后,一小部分学生发现每次获得高分并不容易,因此他们在题量相对多或者准备时间不足的情况下会直接选择开卷测试。

上述指令型信号是针对不同学生主体的微型化分解,可以让学生按自身情况学习(即分层学习),降低"一刀切"带来的学习压力。但是相关指令也需要根据实际情况进行调整。这种分解最终的目的不是考核,而是调动不同层次学生的学习积极性。例如,一开始每次测试全班只有几个学生选择开卷,但是有一次全班一小半学生选择了开卷,原因是测试内容量大,准备时间短。这种情况如果继续,则达不到教师预期的学习效果。于是教师适度调整了试卷难度,延长了测试准备时间,同时降低了开卷这种测试方式的满分率。结果到了下一次测试,班里选择开卷的学生又降到了个位数。

作业指令的最终目标是联结学生、激励学生开展学习。因此,教师要根据学生这个信息主体的反馈随时调整作业指令。如果学生的信息输出无差别,则达不到分层学习的效果。例如,在上述作业指令(任务 1)中,同样的指令要求,不同的班级出现了不一样的信息输出。A 班 26 人,有 8 个同学选择了 A 方案(背诵,满分 100),有 2 个同学选择了 C 方案(朗读,满分 70/60),还有 16 个同学选择了 B 方案(句子听写,满分 90);B 班同样为 26 人,却全部选择 B 方案(句子听写,满分 90)。从这两个班级的大学英语四级考试以及期末考试情况来判断,B 班学生的整体基础水平要稍微好一些,但是从学生的学习态度以及平台平时在线学习记录等来看,A 班学生更认真也更在乎学习结果。这两个班级学生的整体性格特征也有差异。A 班比较注重个人理想、追求自我,而 B 班整体更随性也更注重集体协调性。但无论如何,在 B 班该作业指令作为分解了的信息本体在学生表现出来的信息输出等方面并没有实现主体差别化,即没有达到对信息主体微型化分解的目的。教师的目的是鼓励部分学有余力的同学选择 A 方案,多多进行背诵,但是该指令似乎并没有推动他们背诵。这一方面和主体特性有关,另一方面与该指令中 A 和 B 方案的分数上限差距不大有一定关系。对此,教师可以在课堂上再次引导学生,或者转变指令拉开分数上限差距,或者统一实行一个方案等,做出相应的调整,以有差别或无差别的方式灵活适应主体的差别化特征。

第四个阶段是个人测试阶段。这部分主要以人机交互的方式开展。即在①教师的指令下,②学生联结到③设备终端的④超星平台⑤试题,进行⑥在线测试,并且马上得出⑦结果。

第五个阶段是教师总结阶段,△教师首先通过△设备终端联结到△超星平台,然后根据上面显示的具体的△测试题目与△学生复习回顾和反馈△语言点。这个过程主要围绕测试题目以教师讲授提问和学生齐声回答的方式在学生之间,以及学生与不同的语言点之间再次建立联结,让信息内容在学生之间作最后的盘复和激活。

三、如何搭建信息载体——对信息载体的解构和重构

如前所述,信息载体包括教学设备、移动端或 PC 端平台、各类 APPs 等,是承载信息的工具,同时也构成了重要的信息节点和信息源。信息载体带来的技术给养(技术可供性)直接影响着教学的质量。要了解信息载体,我们需要从技术可供性这个概念入手,在第五章我们已经对其做了一些说明。技术可供性指某项技术在由使用者支配时,被用来达成某项事项的可能性,它一方面体现了技术本身的物质属性,另一方面体现了用户的主体性或社会属性。从传播研究的角度,可供性带来的这种用户的主体性展现的是用户对于技术使用的权利。技术决定论和社会建构论在技术可供性中得到了统一,其中技术提供了用户使用的可能性,而用户的使用使得这一可能性得以实现,技术和用户之间因而达到了一种平衡。

技术被开发出来的时候具有其本身的物质属性,而用户在使用技术的过程中,则会赋予它某些特殊的社会属性。在用户使用某项技术时,最终体现的是它的社会属性。在信息传播和信息动态平衡的构建过程中,信息技术载体和信息主体之间的联结以技术的可供性特征体现。信息载体和信息主体密不可分。信息载体中的微型化原则与设计的实现和信息主体密切相关。在开发和使用一项技术的过程中需要更多地把用户的社会属性纳入考量,教学平台也不例外。一方面,教学平台开发商要把教师和学生的需求及社会属性纳入技术设计标准;另一方面,教师在使用平台的过程中,需要把学生的需求及社会属性纳入教学设计标准。只有这样,才能让信息载体真正以人为本,为人服务,充分体现其技术可供性,同时推动学习资源以及信息的良性循环和发展。

各种信息载体构成了不同的信息节点。信息载体可以以多个角度细分,有硬件方面的功能细分,也有软件方面的功能分类。我们接下来基于微型化解构和重构原则对常见移动学习平台及其功能进行说明,对信息载体的微型化创建和使用过程予以探究。

我们知道,信息本体指信息内容,它是最直接也是最核心的信息节点,在教学过程中表现为各类课程、教材、教学资源、授课内容等。我们从课程、资源这两个信息本体搭建的信息环境和功能出发,对信息载体节点联结功能和特性进行说明,阐述在教学过程中信息载体节点是如何在不同类型信息节点之间起到联结的作用、推动学习发生的。简而言之,信息载体离不开信息本体,信息本体是信息载体的最终体现形式;同时,信息本体需要依托信息载体来发挥其作为信息本体在更多信息

主体之间的辐射、联结功能。在这一部分,我们的重点对信息载体进行挖掘,主要通过对在线开放课程平台和在线开放资源平台功能及其使用的说明,展示信息载体的解构和重构带来的信息主体、信息本体等之间联结的变化,从而探究学习的过程和本质。

(一)在线课程平台的创建与使用

学习平台基于不同设备可分为移动端和 PC 端,基于不同信息主体可分为教师端和学生端。在各类信息载体中,以移动学习平台最为常见。常用的移动学习平台包括超星、职教云、雨课堂、云班课、U 校园、对分易、UMU 以及其他自主开发的平台等。对移动学习平台这一信息节点的细分指的是基于信息内容架构为满足信息主体不同活动需求而设置不同的学习版块。下面我们从课程的创建和使用出发,对信息载体这个节点的特色和功能进行说明。以超星平台为例,作为一个专业的网络慕课信息载体,超星平台具有较强的节点联结功能,主要体现在它对教学功能的设计和细分,分成包括章节内容、分组任务、讨论、活动、作业、考试、资料、统计、通知、管理等版块和功能,每一个版块和功能下又细分出很多层面。

经微型化解构后的移动学习平台及其功能节点与信息主体节点会产生不同层面的信息不对称,产生一种信息主体分化后的"小班化"的信息协作模式(见图6-12)。

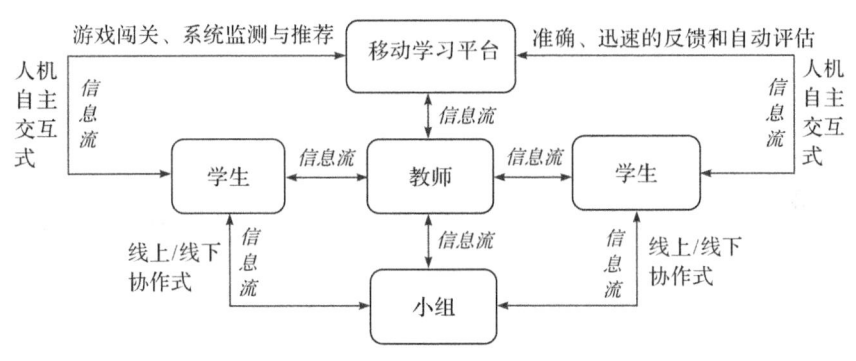

图 6-12 融合信息本体和信息载体节点的"小班化"协作模式

基于平台的各个版块,平台能够实现游戏闯关、系统监测与推荐、准确迅速反馈和自动评估等人机自主交互式信息运行方式,以及在学生、小组等不同单位大小的信息主体之间开展线上线下协作式信息运行等,产生不同层面的信息流,构建不同类型信息节点之间的动态平衡。

下面,我们以在超星平台开设的某英语精读在线开放课程(简称精读课程)为例,结合平台使用情况、教师相关教学实践等,就信息运行中涉及的信息节点描述、节点联结功能、节点特征、节点功能使用意见和建议等对该平台各个版块进行分析和评述,具体见表 6-10。

表 6-10　超星平台版块功能描述与分析(以某英语精读课程为例)

平台版块	版块一:章节内容	版块二:分组任务
节点描述	这一部分是平台的内容主干部分。基于该版块,精读课程从文化背景(culture)、文体结构(structure)、语言点(lexical chunks)以及每课一练(practice)等方面对每篇课文进行细分,提供节点内容的在线学习和操作,帮助学生完成主体认识、技能的自我构建等	开展小组活动,就教师或学生提出的问题展开讨论、研究、学习等,同时把小组活动结果或作品上传并开展小组展示、师生评价等
节点(联结)功能	①教师据此节点进行信息内容的搭建;②学生主体通过该节点可以联结到内容这个信息本体;③学生通过该节点进行内容的操练;④教师通过该节点对学生主体学习情况评价反馈等	①小组内部互相交流讨论;②小组之间互相展示、交流讨论;③小组与平台之间信息的输送与学习等;④小组成员对学习结果互相评测等;⑤教师对学生学习结果的评价反馈等
页面示例	(章节目录截图：8.2 Education Methods-East and West，含 8.2.1 Culture、8.2.2 Structure、8.2.3 Lexical Chunks 等子节点)	(小组任务页面截图及课堂展示图片)
节点特征	①内容以文档、视频、PPT 等丰富的形式呈现,体现节点内容形式多样性、渠道多元化特征;②在线操练(practice)可以以视频、测验、图片、文档、讨论、表格、音频、录音、问卷、直播等不同方式展开,节点运行方式更为灵活;③在线操练关联章节内容,以操练的形式巩固学生学习的章节内容,体现节点互联;④教师可通过设置任务点的方式,设定截止时间,节点实时性强	①节点内容形式多样、媒介丰富、渠道多元;②节点展示可视化,小组展示效果良好;③主体节点联结形式多样,包括自选分组、组长建组、随机分组、面对面建组等,同伴学习可在组内或组间与不同对象展开;④节点内容评价多元化,包括教师评价、组内互评、组间互评、自评等;⑤教师可规定任务时长,节点实时性强

续表

平台版块	版块一:章节内容	版块二:分组任务
功能使用意见和建议	章节内容这一版块是行为主义慕课的核心,即由教师自上而下发出所有的学习内容(包括单向的考核),是一种讲授型的信息传递。但如果能够再加上一些联通主义慕课的设计,即由学生去生成部分章节内容也许更好。毕竟,章节内容是最核心的学习版块和节点,它同时由学生生成会大大提升节点的主体联结功能,更好地发挥学生主体生成内容的能力。可以尝试在该版块专门开辟一个入口让学生可以生成内容。例如:①课文文化背景导入部分可以由学生提供原始或自己加工的资料;②在文体结构部分学生可以提交思维导图;③在语言点部分学生可以直接进行在线文本注解和同伴学习等;④在操练部分学生可以互相批改、标注评语等。这样可以在平台的内容主干部分大大增强学生主体之间的分工细化和联结,促使他们形成更为紧密的学习共同体	该版块如果能够全程同屏展示、实时对比各小组的完整成果,则更加容易提升小组竞争性和活跃度。具体说来,就是把各个小组回答全过程实时同步投屏展示,如果有6个小组就分6个屏幕同步显示(每个分屏还可以以滚动条显示或点击放大显示),在每个分屏把提交时间(精确到秒),提交者名字,提交的文字、图片、视频等作品都完整展示出来,可能全面、实时、可视化。这样一方面可以将学生个体以直观的方式联结到学习进程中和不同信息节点,增强学生主体的信息联结,另一方面,可以通过实时展示推动小组竞争,以游戏竞争的方式和实时计分的考核标准等加快教学的节奏。 然而,现有平台每次只能展示一个小组的最终成果,在投屏状态下可以同时展示各个小组的最终成果,但无法实时显示各个小组成果提交时间,也无法将各小组完整成果各自以滚动条形式同时呈现在各自分屏幕中以在时间、内容上对比各组,因而无法实现各小组更好地抢答、竞赛,也无法达到更好的实时化展示效果,同时也无法促成同一小组内部和不同小组之间更强的主体联结性
平台版块	版块三:讨论	版块四:活动
节点描述	教师或学生可以发布各种讨论的话题,由其他人回复等	课堂活动包括签到、选人、抢答、问卷、投票、评分、群聊、计时器等小活动节点,也包括随堂练习、主题讨论、分组任务等专门的学习活动节点,以及直播、同步课堂、腾讯会议等其他整体学习活动节点
节点(联结)功能	①话题参与者回复话题发起者发起的问题; ②其他话题参与者学习话题回复者回复的内容; ③话题参与者对话题发起者或话题回复者点赞、回复等; ④教师对话题参与者评分等	①教师发起各种类型的活动; ②学生参与其中; ③教师或学生对提交到该节点的活动成果进行展示、评价、总结等

续表

平台版块	版块三：讨论	版块四：活动
页面示例		
节点特征	①节点内容形式多样，媒介丰富，渠道多元； ②这是整个平台唯一一个用户可以完全自主创建内容的节点，体现了较强的主体联结功能，类似于博客、论坛等，呈现的是联通主义慕课的特色，混合式慕课中的联通主义学习很大一部分可以通过这个版块来完成； ③通过置顶、加精、创建文件夹等方式对讨论话题进行分类、筛选等，个性化锁定目标主体、细分讨论话题和内容	①节点类型丰富，包括签到、投票、选人、抢答、问卷讨论、随堂练习、评分、分组任务等，除了分组任务，其他几个活动形式倾向于学生个人的联结和学习； ②互动性强，签到、投票、选人、抢答等活动任务时间紧凑、见效快； ③兼有耗时长短不一的各种类型的活动； ④成果展示直观、效果佳，例如问卷结果的实时图表让各种数据一目了然； ⑤截止时间的设置促进课内、外活动展开更高效
功能使用意见和建议	这部分功能很好，但是教师的使用过程很可能还没有完全发挥该节点的学习联结功能。因此，我们需要利用该版块功能充分调动用户即学生主体的积极性来生产学习内容。整体可以参考网络论坛运营管理模式。网络论坛的运营管理即对人的管理。例如，可以在讨论区设置几大版块，根据章节内容设置"文化背景""文体结构""词块学习"，再添加学生关心的"四六级专区"、拓展学生知识面的"媒体观天下"专区等版块，邀请学生轮流当版主，负责版块的运行。这能增强学生之间、学生和学习内容之间的互动，形成小而紧密的学习社区，反过来丰富平台载体的内容，使得相关版块起到更好的辐射作用。在章节内容节点部分无法实现的由学生生成内容以及	活动版块各项活动中学生被允许查看其他学生的作答结果。此外还可以通过教师端把结果投屏以同步展示，有利于个体联结和学习内容。但该版块还可以在如下几个方面进一步增强相关节点联结功能，增加一些更为个性化的设计。 签到部分，可以让教师能自己设计一些问题，这些问题可以是对前一次课关键点的复习，学生答对了则签到成功，可以多次作答。 个人抢答部分也存在一些问题。例如目前只能逐题抢答。抢答也只是抢到了名额，具体回答还要由教师叫抢到名额的学生另行回答，整体抢答效率不高。抢答特别是多题抢答活动可以采用答案实时呈现且同屏显示的方式，即每个学生或每个小组的回答都可以在一个屏幕上显示，增

续表

平台版块	版块三:讨论	版块四:活动
功能使用意见和建议（接上表）	由此带来的相互学习等功能可以在这个版块大部分实现。 除了上述对于该节点功能的意见,还有一个建议。我们在讨论版块直接添加录音对某话题进行回复时,传输会出现延时。如果能够做到像一些社交软件那样即时传递音、视频等信息会更好	强实时性以及主体联结性。具体参考讨论版块的功能改进意见

除了上述章节内容、分组任务、讨论、活动版块,该平台还包括作业、考试、资料、统计、通知、管理等版块。这些版块可以分成三类。资料是直接的信息本体,围绕资料可以发生直接的学习联结。统计、通知、管理等版块和课堂教学信息内容及其学习联结没有直接的关系,但它们会促成信息主体、信息本体、信息载体之间这样或那样的学习联结,属于典型的指令型信号或称操作型指令信号。而作业、考试版块与任务、讨论、活动一样,介于学习型信号和指令型信号之间,或称内容型指令信号,一方面它们是对学习内容的回顾和检测,另一方面也包含使学生复习已学知识,进而推动学习发生的指令。作业和考试版块的节点联结功能类似,创建过程也相似,因此,我们将两者放在一起讨论。

续表

平台版块	版块五:作业　版块六:考试	版块七:资料
节点描述	教师可通过这两个版块布置作业、设置阶段性或终结性考试,学生在此提交作业或根据考试要求应考	教师上传资料,学生可以在此下载、学习资料
节点（联结）功能	教师与学生借助平台一对一地联结,主要完成三个学习步骤:①教师布置作业/设置考试,②学生上传作业/应对考试,③教师批改和反馈作业、测试卷等	教师与学生借助平台一对多地联结,主要完成两个学习步骤:①教师上传各种文字、图片、音频、视频资料;②学生下载资料并自学等。
页面示例		

续表

平台版块	版块五：作业　　版块六：考试	版块七：资料
页面示例		
节点特征	①节点内容形式多样、媒介丰富； ②截止时间的设置使课内、外作业更具时效性； ③发生的是教师和学生之间一对一的个性化学习和联结	①节点内容形式多样，可通过本地、云盘、在线图书、网址、笔记、资源库等各种渠道链接上传或创建资料； ②发生的是教师主导的一对多的学习联结
功能使用意见和建议	如果可以开放作业或考核的查看权限，则会促进学生生成内容以及同伴学习的发生。例如，在师生达成一致、不侵犯学生隐私的前提下，教师可以有权限设置某次作业、考试内容为公开状态，提交时间截止之后即开放，供其他学生查看。或者教师批改某些作业后将其作为匿名或非匿名范例开放给其他学生。目前平台尚无该功能，教师只能将作业或考试相关作品或成果重新搭建到章节内容版块作为示例供学生学习、参考等	如果除了教师，还可以由学生来上传、共享他们自己的一些课内、外的学习资料，这样更能体现学生生成内容的设计原则。学生不但可以从教师那里学习，还可以从其他学生那里学习，整个学习过程会以多个主体更加交错综合的网状状态出现

平台版块	版块八：统计（成绩）
节点描述	统计各版块内容的数据如学生人数、班级数、任务点章节数、非任务点章节数、视频数及其总时长、音频数、文档数、图片数等，题库总数、作业次数、考试次数、课堂活动数、课程资料数、讨论区发表话题数及回复话题数等基础数据；统计汇总每次课堂学习活动等报告；统计各个版块学习情况；统计学生成绩；监控学生任务点、作业、考试、课程学习过程等异常行为并给予干预等
节点(联结)功能	通过统计在线平台各个版块使用情况、进度、学生具体表现等数据服务教师教学

续表

平台版块	版块八:统计(成绩)
页面示例	(页面示意图:基础数据、课堂报告、学情统计、学生成绩、学习监控等数据展示,包括学生人数55人、章节161、题库总数401、作业0、考试0、课堂活动75个、课程资料66、讨论区话题1252等)
节点特征	①数据采集功能强,节点细分非常详尽,采集对象包括各个版块、各个学生、各个时段、每次课堂、每项活动等; ②数据以图、表、文字等形式呈现,非常直观; ③节点数据以面向教师为主,用于辅助教师对课堂教学和行为进行判断和分析。
功能使用意见和建议	这些数据对于教师了解课堂和学生并作出一定反馈具有积极作用。而且数据显示非常直观,方便用于课程评审。该版块最重要的功能之一是统计学生成绩。学生成绩是课程形成性评价的主要依据,也是调整教师教学、指导学生学习的重要指挥棒。但是要充分发挥评价功能的作用,以评价促学习,这对于教师来说是一个挑战。首先,教师要做好对于学习成绩权重的合理设置。例如哪一节点信息量比较大,信息流比较多,就可以适当提高这一节点的权重。具体权重比例可在实际授课中根据实际情况调整。同时教师也可以自定义权重项,列入其他比较重要的课程考核点。教师和学生对权重的设置与调整等要达成一致。此外,教师要做到保证学生平时成绩在一定程度上呈正态分布,因此,教师每次打分也要合理。 另外,教师可以决定是否允许学生查看个人成绩。允许学生查看成绩的目的是保持学生良好的学习状态,提升学生个人的知识储备和能力。对于线上的慕课课程,教师与学生、学生与学生之间的关系相对比较简单,学习全部发生于网络环境,没有更多复杂的情绪、情感认知等不同信息主体之间情感维系的因素影响。因此教师可以允许学生查看成绩,并以成绩作为指令更好地进行线上监督、调动学生线上学习的积极性。而对于混合式教学课程,它融合了线上和线下教学,如果教师只是简单地把学生成绩在线上公示而没有在线下给予学生情感支持和引导,则可能会影响学生线下学习的状态,以及师生之间、学生之间的情感维系等。同时,如果该成绩只侧重学生线上学习的表现,则无法全面客观地体现学生线下学习和线下课堂的表现,且还会产生线上考核结果与学生线下课堂学习的自我认知不一致引起的自我冲突。因此,混合式教学的学生成绩管理对教师来说更具挑战性。

续表

平台版块	版块八：统计（成绩）
功能使用意见和建议（接上表）	故对于混合式教学课程，我们应以线上线下融合式成绩管理和考核的办法对学生成绩进行权重设置和管理。以所授"精读课程"为例，将该课程的成绩权重设置下占比值的各栏目（见下图）分为四类（见下文①②③④），并且围绕"线上/线下"（平台）、"课内/课外"（课堂）、"自动考核/人工考核"（考核）等层面归纳出不同的学习考核管理模式。其中，"线上/线下"是指课程是否主要依靠平台线上开展学习；"课内/课外"是指课程教学形式主要是课堂内面对面交互学习、人机交互学习等（两者统称课内交互）还是课外自主学习、人机交互学习等；"自动考核"是指教师事先在平台设置参数、学生在线参与即生成特定分数的计分方法，"人工考核"是指由教师或同伴的主观打分形成分数的计分方法。不管是自动考核还是人工考核，在该课程中，每次考核结果都会记录保存在平台上，便于教师对学生进行实时的指导和反馈等。"线上/线下""课内/课外"和"自动考核/人工考核"等层面共同组成不同的学习情境下开展学习和考核的模式，即学习考核管理模式。详细说明如下。 ①课外为主的章节内容学习：一般线上章节任务点的学习、章节学习次数、互动测验这几个考核点主要在课外实施，并以翻转课堂的形式由教师在课内引导学生对学习内容进行进一步的练习和复习巩固等。这部分的计分方法为平台根据学生完成任务点的个数（针对章节任务点的学习）、点击学习的频次（针对章节学习次数）、章节视频中插入的所有互动测验的平均分计分（针对互动测验）等自动计分。这种学习和考核管理模式可以大致概括为"线上内容+课外自主学习+线上自动考核"为主型。 ②课内为主的个人学习活动：教师发起的线上签到、投票、问卷、抢答、随堂练习、主题

续表

平台版块	版块八：统计（成绩）
功能使用意见和建议（接上表）	讨论等课堂活动这部分的计分方法是由教师在平台上设置每一次活动的课程积分、同时设置一个总积分实现，当学生每次活动的积分累计达到这个总积分即为满分。在混合式教学中，这部分线上活动一般是在课堂内展开的，学生可互相学习，这种学习和考核管理模式可以大致概括为"线上活动＋课内交互学习＋线上自动考核"为主型。除此之外，课堂内其他个人学习活动如个人学习汇报、课文听写、复述、背诵等主要属于线下活动，除个人学习汇报同时还需要在线上播放PPT及分享笔记等，其他活动主要在线下展开。这些活动由教师打分并且手动汇总、录入到平台成绩权重设置部分的"线下成绩"栏。其中，个人学习汇报是"线上线下活动＋课内交互学习＋线上人工考核"为主型，课文听写、复述、背诵是"线下活动＋课内交互学习＋线上人工考核"为主型的学习考核管理模式。 ③课内为主的小组学习活动：在混合式教学中，分组任务既可以在课内，也可以在课外展开，既可以在线下，也可以结合线上合作展开。所有小组的学习结果统一线上提交，并由教师或学生评分。在精读课程这门课中，我们一般将分组任务及成果展示作为课堂教学环节在课内展开，因此其是"线上线下活动＋课内交互学习＋线上人工考核"为主型的学习考核管理模式。 ④课内外讨论、课外作业或课内外测试等：教师和学生可于课内外在平台讨论版块发起话题、引发讨论，也可在课内回复线上的讨论帖子、开展线下的交流和学习。教师一般要求学生将作业以线上或线下的方式在课外完成并上传平台，同时教师在线上即时点评等。考试也以线上或线下的方式在课内或课外进行（线下考试一般在课内进行，线上考试在课内外均可）。在该门精读课程中，不再额外设置作业或考试，因为每次课的章节练习（practice）已经起到同样的作用。讨论的考核方式也是积分制，学生可通过发表话题、回复话题或点赞获取积分，经成绩权重设置由平台自动生成绩，其考核管理模式可以概括为"线上线下活动＋课内外交互学习＋线上自动考核"为主型。作业或测试的考核方式按照题型（客观或主观）分成平台自动生成或教师手动录入成绩，其中，作业一般是"线上线下活动＋课外自主学习＋线上自动或人工考核"为主型，测试是"线上线下活动＋课内外自主学习＋线上自动或人工考核"为主型的学习考核管理模式。教师若能在课堂上对每次作业、测试的内容进行点评、反馈并引导学生复习巩固，则也会带来课内面对面交互学习。 总之，在混合式教学中没有固定的学习考核管理模式，教师要对"线上/线下""课内/课外""自动考核/人工考核"等进行合理、灵活的结合、重组和设计，形成符合课程特色、内容要求、学生特征的模式，这也是由混合式教学本身性质决定的。 从考核内容来说，它主要包括对学生学习行为、学习测试/成果（包括阶段性测试/成果和终结性测试/成果）的考核。从信息的联结角度，不管学习行为还是成果，反映的都是学生在课内外与各类节点的联结度，包括与教师讲解内容、教师指令的联结，与平台知识内容、平台指令的联结，与自身已有知识的联结，与教师主体以及其他学生主体的联结等方面。对于这种联结度的考量主要表现为如下这几种情况。 ①易于量化的。借助平台统计功能，学生在学习过程中发生的与各类信息节点的各种联结大部分是易于量化的。例如通过平台记录的学生学习次数、完成情况等，以平均计分、按权重比计分或累计计分等方式，形成相关考核数据。平台这种信息载体的计分和评价以一种直观的、非此即彼的二分法逻辑呈现，即只要不人为改变事先的成绩设定，任何情境下只存在一种计分结果，没有其他可能性。 ②不易量化的。学生的线上学习行为可以通过平台设置的计分系统跟踪和量化，但

续表

平台版块	版块八:统计(成绩)				
功能使用意见和建议(接上表)	是线下课堂的各种学习行为包括学生主观态度和参与度等(如学生在课堂的认真程度、小组讨论参与度、回答教师问题的参与度等),更多的是教师的一种主观判断,不易量化。此外,各种测试及学习成果,不管是线上还是线下,阶段性还是终结性的,其中除了客观题平台可以直接根据教师事先设置的答案自动出分,其他需要教师主观判断打分的成果也是不易量化的。对于这些情况,有以下两种处理方法。 A. 不轻易量化不易量化:就学习行为而言,不能把学生课堂学习行为等不易量化的东西简单以课堂活动参与次数、课堂发言次数等轻易量化。因为这样反而会让学生感觉是为了考核而学习,特别是在面对面授课过程中,这与人本主义的情感培育和需求原则相冲突,过分突显了教学的指令性工具作用,脱离教学育人原则。但是可以在线上慕课教学中量化这些行为,因为慕课教学师生间的情感交流会相对简单,课程考核基于数据统计,考核也因此更为简单、直接。而对于课堂线下学习行为,可以采用模糊处理的方法。例如教师可以设置一个综合性的课堂参与度或课堂整体印象分,考核兼顾学生线下学习表现等。 因此,在线下教学或混合式教学中,教师要不人为量化不易量化的,不加重考核指令型信号带来的学习负荷。但是,我们可以通过技术来量化不易量化。随着智能化技术的发展,我们可以把技术引入量化考核中,规避生硬的人为量化带来的认知负荷。这部分将在后文中进一步说明。 B. 量化不易量化:对于需要教师做出主观评价的学习成果,我们可以根据学科标准设立一定的评分细则和原则,将得分点明细化。例如,某量化的主观评价指标如下(周楠和周建设,2021)。				
	一级指标	权重	二级指标		比重
	指标1……	0.3	①……		0.35
				②……	0.65
	指标2……	0.5	①……		0.25
				②……	0.25
				③……	0.5
	指标3……	0.2	①……		0.5
				②……	0.5
	评价结论:>0.85,优秀;0.75~0.85,良好;0.6~0.75,合格;<0.6,不合格				
	以不同英语课程为例。口语的非卷面终结性考核一般由教师与学生面对面完成,教师可以将发音(pronunciation)、准确度(exactness)、流利度(fluency)三个得分点设置不同权重细化考核,然后根据学生具体表现对其分档打分等。又如,对学生作文,教师可以将主题是否切题、文字是否通顺、条理是否清晰,以及语法是否正确四个得分点设置不同权重对其分档打分。 此外,"量化不易量化"还体现在把上述学习行为和学习成果等成绩线上统计并公示,如可在平台的学生成绩管理版块权重设置中设"线下成绩"栏或添加"自定义权重项",将各个学习考核项目统一在线上统计并计算总分等。				

续表

平台版块	版块八：统计（成绩）	
功能使用意见和建议（接上表）	如上所述，在考核时要避免刻意地人为量化不易量化，但可以借助技术将其隐性量化。这种借助技术"量化不易量化"的现象越来越普遍，如各类APPs和人工智能学习平台等对学生听、说、读、写各类技能学习成果或具体课堂学习行为的自动识别和打分。随着人工智能和大数据技术领域的拓展，新的信息载体可对人体的语音、指纹、人脸、虹膜、微表情、姿势等进行识别和分析，对用户使用习惯、在线学习行为进行分析，同时，随着信息符号如文本识别、图片识别、视频识别等人工智能的增强，可利用深度学习算法对学生的整个学习过程进行监测和统计，形成对学生学习效果、学习情况的量化评价分析，实现对课程学习或效果的深度学习评价。 对学生及其所在情境中产生的数据进行记录和分析并为其提供个性化学习服务是教育大数据背景下学习分析研究在促进有效学习方面的内在旨趣，以实现对学生学习状态的评估、预警和干预（武法提和牟智佳，2016）。利用人工智能与教育学习深度融合的智能教育开展学生学习行为分析，主要是依托计算机视觉、深度学习等技术和算法智能识别并统计视频中学生的互动课堂学习行为，再根据学习行为统计和分布情况进行课堂教学效果评价，这种方式能够很好地解决课堂教学效果的评价问题，同时也能有效地推动传统课堂学习向信息化、智能化方向发展（周楠和周建设，2021[102]）。	

教学过程中教师和学生还会用到的两个版块是通知和管理。分别列表说明如下。

平台版块	版块九：通知	版块十：管理
节点描述	主要指消息的推送，消息可以是课程安排、作业、网络资源与链接等。形式包括文档、音频、视频、图片、各种资源链接等	管理版块主要包括班级/学生管理（新建班级，添加、删除、分组管理成员等）、教师团队管理（添加成员）、课程管理（课程基本信息、学生端配置和课程设置等）、操作日志（教师、学生操作日志）等。成绩权重也是管理版块的重要组成部分，这部分我们在统计（成绩）部分已详述。班级管理和课程管理下的学生端配置和课程设置相关部分功能在如下"节点（联结）功能"一栏进行说明，其他部分功能相对简单，不一一说明
节点（联结）功能	教师与学生借助平台一对多联结，该节点提供消息源的同步发散，以及由点到面的信息联结	教师在平台上创建共同体学习情境，这是一个由教师通过平台主动发起联结，学生主动或被动联结的过程。具体包括如下联结功能和步骤。 第一步：教师通过班级管理把学生主体以不同单位大小（班级、小组、个人）聚合到共同的线上学习环境中。学生也可以主

续表

平台版块	版块九:通知	版块十:管理
节点 (联结) 功能 (接上表)		动加入,组成相关课程班级群。 第二步:教师通过课程设置和学生端配置,创建学生联结到信息本体的各种联结通道,包括学生对教学资源的下载、对课程的评价、对课程的试读或试看等入口,各类学习版块(包括任务、章节、讨论、作业、考试、资料、错题集、学习记录、知识点等)的导航,开课时间、作业、考试等的课程通知,学生主体学习过程的监测(包括对视频等任务点实际学习时长的监控,以及通过人脸识别与匹配对是否本人上课等进行鉴别等)
页面 示例		
节点 特征	①节点内容形式多样,媒介丰富、渠道多元; ②联结实时、有效,具有一对多的高效性	①教师可对学生主体按不同单位大小进行分解和联结; ②是教师主导的一对多的学习联结; ③实现本体、主体、载体的联结多样性和多功能性

续表

平台版块	版块九：通知	版块十：管理
功能使用意见和建议	如果学生也可以发起通知，则可以使平台学习内容更加多样。学生可借助通知版块推送各类学习资源，丰富学习的内容。例如学生在制作基于时事新闻的每日报告时，可以在课前把自己的PPT以及新闻原文和链接等以通知的形式推送给其他学生预习	对于学生远程学习监控管理，如果平台能够依据人脸识别、微表情识别、姿势识别、语音识别、用户使用习惯、在线学习行为分析等数据记录直接生成学习分数供教师参考，会更加有利于督促学生完成课外自主学习任务，保证课外线上学习的效果。而在课堂内，同样可借助计算机视觉、深度学习等技术和算法智能识别并统计学生课堂学习行为，统计结果能够辅助教师对课堂学习效果进行评价和反馈，从而更好地确保课内线上或线下学习效果

（二）移动教学资源库的创建与使用

从学生知识体系的成长和发展来说，系统性的知识要优于碎片化的堆积。然而，在各自为营的教学空间或学习空间中，由于时间和空间的限制，相关的交流学习以及资源的整合非常有限。因此，如果有一个平台或空间可以将所有相关的课程、专业知识架构和专业资源整合到一起，那么对于学生以及知识传播者来说那将是非常便捷的学习通道。教师、学生、社会学习者等，不管是什么学习主体，都可以经由某平台搭建的学习通道直接与相关知识联结，与生产相关知识的教师、学者、行业专家等联结，开展学习。这就是教学资源库作为综合性的信息载体带来的学习联结意义。

"十二五"期间提出的"三通两平台"教育信息化建设方针充分体现了网络时代学习的联结本质以及教学开展的新思路——基于公共的信息服务平台或载体开展信息化教学。"三通两平台"建设是指实现"宽带网络校校通、优质资源班班通、网络学习空间人人通"，建设教育资源公共服务平台和教育管理公共服务平台；立足"三通"完善学校教育信息化基础设施、加快优质资源内容建设与共享、促进网络教学方式与学习方式变革，基于"两平台"为教育信息化提供坚实的载体支撑（刘延东，2012）。"三通两平台"的提出具有十分重要的意义。如今，我们的教育资源公共服务平台、教育管理公共服务平台都走上了一个新的台阶。全国性的教育信息载体得到了全面系统的建设，其服务和运作能力显著提高，对学习的内容和方式产生了深远的影响。

我们以职业教育专业教学资源库为例，对集合了平台服务和资源优势的资源库的创建与使用进行说明。国家级职业教育专业教学资源库建设项目于2006年提出、2010年正式启动，经历了做准备、建内容、树机制和抓应用四个阶段（洪国芬和阚宝朋，2019）。2010年教育部启动实施职业教育专业教学资源库，带动了一大批国家级、省级、校级资源库的建设和应用，实现了"互联网＋教育"在职业教育领域的率先落地（方灿林和郭庆志，2019）。根据"职业教育专业教学资源库项目管理与监测系统"的最新数据，在过去十余年中，参与建设国家级职业教育专业教学资源库的院校达1338所，建成8524门标准化课程和463万条素材资源（素材资源类型按占比由多到少包括视频、动画、图形图像、虚拟仿真、文本、微课、音频、课件、PPT等），其注册用户包括2509万学生、101万教师和41万企业用户，总访问量890402万人次[①]。

专业教学资源库是以信息化平台为信息载体，联合各个信息主体包括学校、专业、企业、协会等，通过共建课程的方式，由各类信息本体有机整合而成，它旨在促进专业领域人才培养、职业发展及终身学习，满足各类人才（包括职业院校在校生、进修教师、企业员工、社会自学者等）信息主体不同层次的学习需求。一方面，学生、教师和社会学习者可以通过资源库自主选择课程，进行系统化和个性化的学习，实现学习目标，另一方面，教师可以基于资源库灵活组织教学内容、开展教学活动，双方共同实现资源库的"能学"和"辅教"功能定位，使其既可以为学生所学，又可以为教师所教。

对信息的微型化教学设计及应用是信息联通设计的首要原则，即明确各级各类、各种大小的信息节点单元，由信息不对称引发在各类节点之间的碰撞与动态平衡的建构和运行。这一原则在专业资源库的建设上尤为适用。信息本体的优化和细分是信息生命力得以展现的重要前提，是信息生态得以运行的首要前提和核心动力指标，也是搭建专业各种标准、体系或框架的重要思路。之前在物理空间限制下，各种孤立的专业资源、实习实训条件、教学设备等是松散的、无法聚集的。而专业教学资源库借助于信息平台，将这些分散的元素重组和整合。信息平台作为集散式的大容量信息载体，基于信息的不对称和动态平衡构建机制，把所有的元素信息化，形成不同大小的信息节点，并将它们以各类资源库的形式汇集组成一个超级信息节点，这个超级信息节点实现了由点到面的汇聚和由面到点的分布式拓展，达到信息动态平衡的多重构建。

根据教育部办公厅历年修订的《职业教育专业教学资源库建设工作手册(2019)》（简称《建设手册》），在资源库的建设思路即信息组织上要求遵循"一体化设计、结构化课程、颗粒化资源"的建设逻辑。其中，"一体化"是顶层的设计，即从体系化、整体化的视角，从人才培养的角度出发，进行信息本体（资源）、信息载体（平台）和信息主体（学生、教师、企业、协会等）的统筹构建。在"一体化"的引领下，进行"结构化"的剖析，厘清各个组成部分及其之间的关系，从人才培养方案、课程

[①] 相关数据来自"职业教育专业教学资源库项目管理与监测系统"，http://zyk.ouchn.cn/portal/index，截至2023.7.17。

体系、教学内容等方面搭建专业资源库的框架。最后,以"颗粒化资源"为最终落脚点,以独立的知识点、技能点为最小内容单元进行素材的创建。

专业教学资源库的搭建首先是一个从人才培养和专业体系出发对整个系统颗粒化解构的过程,同时,也是一个对这些颗粒系统化重组的过程(见图6-13)。"一体化设计、结构化课程、颗粒化资源"的建设逻辑本质上就是信息的微型化原则,决定了专业教学资源库的搭建是一个从人本主义角度出发,统筹各类信息本体、配置到不同层级信息载体的过程。具体说来,是一个在专业各种标准、体系和框架引领下,从结构化的系列课程到各课程下具体的学习模块,再到各模块下的知识点(技能点),最后到各个类型的微小的素材资源的解构过程。反过来,同时也是一个由微小的素材资源构成知识点(技能点),然后组成各个模块,进一步形成系列课程,最后构建起专业体系和框架的过程。各种类型的素材资源是最小单位的信息节点,最具灵活性和黏附性,而专业教学资源库则是最大的信息节点,旨在对人的塑造和培养。最大和最小的信息节点之间存在信息的连续体,以课程、模块、知识点等不同等级的信息节点呈现。

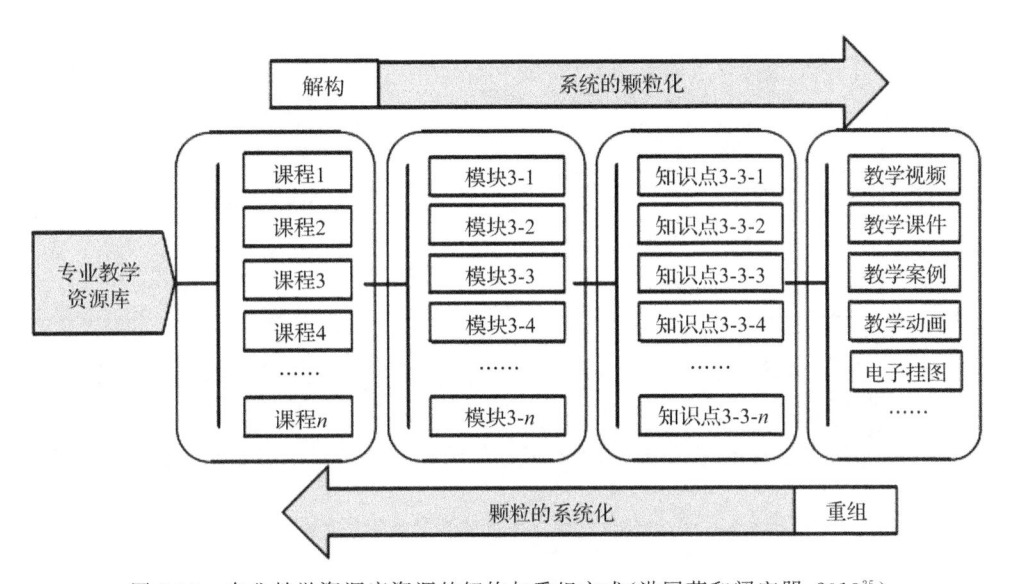

图 6-13 专业教学资源库资源的解构与重组方式(洪国芬和阚宝朋,2019[35])

接下来,我们结合具体的教学平台和实际建设的资源库对信息载体的功能及其应用进行举例说明。

"职业教育数字化学习中心"是由高等教育出版社建设和运营的职业教育数字教学资源共享平台和在线教学服务平台(以下简称"智慧职教"平台或"平台"),是国家"职业教育专业教学资源库"项目建设成果面向全社会共享的指定平台,为广大职业教育教师、学生、企业员工和社会学习者提供优质数字资源和在线应用服务。目前[①]已在"平台"建成国家级专业教学资源库项目160多个,省级项目460多个,院校项目500多个,企业项目16个,学会项目4个。下面我们以职业类院校英语专业教学资源库为例,对专业资源库的建设与使用情况进行说明。

目前"平台"至少已有五门省级和若干门院校级英语专业教学资源库(见表6-11)。下面我们对其中某些资源库的内容进行定性的描述与分析,挖掘基于信息载体(平台)的各类信息节点在英语教学上的具体联结特征,探究基于信息载体及其不同节点的学习的开展过程。

表6-11 "平台"英语相关专业教学资源库

级别	学校	资源库
省级	广东农工商职业技术学院、广东松山职业技术学院、广州市金马国际旅行社有限公司	旅游英语专业教学资源库
省级	江西旅游商贸职业学院	商务英语专业资源库
省级	顺德职业技术学院、广东轻工职业技术学院、广东职业技术学院等	应用英语专业教学资源库
省级	娄底职业技术学院、湘西民族职业技术学院、湖南安全技术职业学院等	应用英语专业(幼少儿英语教学方向)教学资源库
省级	黑龙江农业经济职业学院	高职高专外语类课程教学资源库
院校	广东水利电力职业技术学院	高职公共英语资源库
院校	广西卫生职业技术学院	职业综合英语教学资源库
……	……	……

英语相关教学资源库包括旅游英语、商务英语、应用英语(偏重商务、教育或者两者的综合等)等专业教学资源库,公共英语、职业英语教学资源库等。根据《建设手册》,职业教育专业教学资源库的建设内容具体可以包括表6-12中的几个方面。

表6-12 职业教育专业教学资源库建设内容节点类型表

序号	内容节点类型	具体建设内容
1	专业人才培养方案	对接职业标准、技术标准,贯彻国家专业教学标准,制定适应"互联网+职业教育"发展需求的专业人才培养方案和专业课程体系
2	基本资源	涵盖专业教学标准规定内容、覆盖专业基本知识点和技能点,颗粒化程度较高、表现形式恰当,能够支撑标准化课程的资源

[①]数据来自"职业教育数字化学习中心"职业教育专业教学资源库,https://www.icve.com.cn/portal_new/project/project.html.截至2023.7.17。

续表

序号	内容节点类型	具体建设内容
3	拓展资源	基本资源之外,用于满足产业发展需要和用户个性化需求的特色性、前瞻性资源
4	培训资源	服务于全体社会学习者技术技能培训和获取职业技能等级证书的各级各类专业培训资源
5	资源属性	根据内容和性质全面详细标注库内资源的资源属性以便资源检索和组织
6	资源类型	开发各种资源类型(包括文本、演示稿、图片、音频、视频、动画和虚拟仿真类素材等),提升视频、动画和虚拟仿真类资源的占比并加以优化①
7	分层建设	从颗粒化素材、积件(由多个相关联素材组成的单个知识点或技能点)、模块(由多个知识点或技能点的积件组合而成的某项工作任务或某个技能训练项目)和课程(由多个工作任务、技能训练项目组成的标准化、个性化课程)等不同层次建设
8	资源冗余	素材、积件、模块应在数量和类型上超出标准化课程包含的内容,以更好地支持用户自主搭建课程和拓展学习
9	支持服务	包括但不限于专业介绍、教学文件、职业标准、技术标准、作业及测评系统、习题库(试题库)、企业案例、双师团队、就业与岗位、产品及文化展示、就业创业平台、企业网站链接,以及导学助学系统等

依托"平台"所建的各类别、各层级信息节点,可以促进各个高校英语专业、英语教研群、校内外英语学习者等之间的交流和学习,有利于打破时空限制,以(专业)教学资源库的形式,让各类学习主体直接联结到相应院校的专业人才培养方案、课程、模块、积件和素材等基本课程资源,各类拓展资源,以及培训资源等,开展相关学习、交流和培训等,实现资源互补和人才培养共建。下面我们基于"平台",以外语教学资源库的建设为例,对该信息载体在学习中起到的联结功能及其应用进行说明。信息载体联结功能的发挥离不开依托于它的信息本体即信息内容,而信息内容只有依托或联结于信息载体及其分支的不同层次的各个类型的节点,才能发挥自身联结的功能,联结到更多的主体,形成学习的联通。

因此,我们主要立足于"平台"这个信息载体及其分支的各类信息节点,对不同信息主体应如何基于此开展信息本体的共建共享进行阐释。在"平台",通用的建设节点包括专业首页、专业园地、课程中心、技能训练、素材中心、微课中心、培训中心等节点类别。这些建设节点与《建设手册》要求的建设节点类型及其节点内容与学习联结功能对照见表6-13。

---

① 根据相关数据,动画和虚拟仿真类素材资源在近一年内(2022.8—2023.7)占比得到较大增长,其中,动画类资源成为仅次于视频资源的占比排名第二的资源类型,而虚拟仿真类资源在全部类型资源中的占比由一年前排名靠后变成现在排名第四。这一结果和《建设手册》的资源类型建设目标是一致的,最终提升了资源库的直观性、实践性和应用性。

表 6-13 "平台"建设节点与《建设手册》建设节点类型及其节点内容与学习联结功能对照

《建设手册》建设节点	"平台"对应的建设节点	具体节点内容与学习联结功能
支持服务	Ⅰ.专业首页	①联结到教师、学生、企业、社会等不同类型用户的使用界面;②导航链接到基本资源、拓展资源、培训资源等各级、各类信息节点;③了解资源库或专业的简介
专业人才培养方案	Ⅱ.专业园地	联结到专业教学标准、课程标准和岗位标准等
基本资源	Ⅲ.课程中心	联结到专业系列课程及其教学资源,包括专业基础课程、专业技能课程、行业英语课程等
	Ⅳ.技能训练	联结到专业基础技能模块和旅游英语、商务英语、少儿英语教育等不同的行业技能模块
	Ⅴ.素材中心	以各个知识点和技能点需求为导向,联结到构建资源库各类课程的基础素材或其他素材
	Ⅵ.微课中心	以各个知识点和技能点需求为导向,联结到构建资源库各类课程的教学微课视频或其他微课视频
拓展资源	Ⅶ.各种拓展资源	联结到突显专业特色与地方特色的资源库、语料库、案例库、作品库等
培训资源	Ⅷ.培训中心	联结到专业相关各类专业技能证书和岗位资格证书培训资源、"1+X"技能证书培训资源等

Ⅰ.专业首页

专业首页这一节点除了提供对专业资源库或专业的基本介绍之外,还提供各类信息节点的导学服务,通过相关导航可以链接到课程、微课、素材等不同层次和类型的信息节点。

此外,大部分的专业资源库还对教师、学生、企业和社会等不同类型用户主体提供不同的用户界面和内容节点,这使得学习的联结更加紧密,联结效率和个性化程度更高。

Ⅱ.专业园地

专业园地这一节点主要提供专业教学标准、课程标准和岗位标准等,与《建设手册》中的专业人才培养方案对应。专业人才培养方案是学校、企业、协会等联合,以国家外语类专业教学标准为模板,对接职业标准和技术技能标准,同时参考人才培养需求调研结果等,确立的人才培养框架和课程体系。

例如,和其他专业人才培养方案类似,应用英语专业人才培养方案可以涵盖如下几个方面详细内容。

- 专业名称、专业大类;
- 教育类型及学历层次
- 招生对象及学制;
- 就业面向;

- 职业技能等级证书要求；
- 培养目标及规格（培养目标和素质、知识、能力等方面人才规格）；
- 毕业资格与要求；
- 教学计划时间分配；
- 课程体系（专业课程体系和课程框架、专业实践教学体系等）；
- 教学进程安排；
- 专业核心课程描述；
- 产教融合、校企合作实施的专业技能实训课程；
- 专业办学基本条件和教学建议（包括专业教学团队，校内实训室、校外实训基地等教学设施；
- 教学方法、手段与教学组织形式，教学评价、考核等

这些信息内容可以在专业园地这一节点下面以许多小的内容节点呈现，也可以作为一个整体联结到专业园地下的专业教学标准节点。

课程标准是指在专业教学标准体系下，针对某一门课程提出的教学纲领性文件，又称教学大纲，这一部分内容可以作为一个整体联结到专业园地下的课程标准节点。课程标准可以涵盖包括如下几个方面的具体内容。

- 课程基本信息
- 课程性质和课程设计（课程定位与作用、课程设计基本理念、课程设计思路、课程思政实施途径和教学要求等）
- 课程目标（总目标、知识目标、能力目标、素质目标）
- 课程学习内容
- 单元教学设计与要求（学习任务、知识目标、技能目标、素质目标、重点、难点、教学方法与建议、课外作业等）
- 实施建议（教师基本要求、校内外实践教学条件要求、单设劳动教育实施与说明、教学方法建议、教学评价/考核要求、课程资源开发与利用等）
- 其他

岗位标准是指围绕专业人才培养以及课程建设需要，对学生以后所要从事的岗位规范、服务规范、安全规范、职位说明、职责和工作程序、法律法规等的规定性文件和说明。外语人才从事的岗位既有外语专业类相关岗位，又包括行业英语类相关岗位。例如，针对应用英语专业，在教学时需要将学习主体联结到外贸业务员、跨境电商专员、小学英语教师、双语幼儿教师、翻译等相关岗位规范和职责；针对旅游英语专业，则联结到英语导游员、出国领队、景区英语讲解员等相关岗位规范和职责，还有旅行安全和旅游服务规范等。

而针对行业英语学习，需要联结到行业英语相关的岗位标准及其服务规范等。相关专业的行业英语课程需要与相应的岗位标准、岗位服务规范等对接，与企业要求和行业规范等联结。外语教学时要让学生通达这样的联结，实现"语言＋岗位"的人才

培养模式,基于平台、在多样的联结中培养与社会紧密衔接的技术技能型外语人才。

通过"专业园地"这个节点,各高校外语专业或公共外语教研群就可以相互联结,兄弟院校互相学习。构建专业园地这一节点的专业教学标准、课程标准和岗位标准的过程,是贯彻教育部标准化文件、对接行业调研报告、经由企业专家认定、由各高校联合开发和资源共建的过程,这个过程体现了国家机构、行业、企业、学校、专业、教师、学生等不同信息主体对相关信息的互助共建与互联共享。而在节点建成之后,专业教学标准、课程标准和岗位标准会得到进一步的扩散,与更多的信息主体发生联结,促使学习发生。

Ⅲ. 课程中心

专业由课程体系架构而成,而专业教学资源库最为核心的内容就是课程。换句话说,因其较高的完整度和较强的区分度,课程中心(课程)节点成为专业教学资源库中最为突显的节点,也是用户在使用专业教学资源库过程中最可能首先联结到的节点。信息主体对课程节点的学习联结主要有以下几种情况:教师可以通过智慧职教服务体系的职教云平台自主创建课程,也可以直接联结到资源库、MOOC学院或学校资源库已有课程,可一键导入、调用共享资源、整合自有资源、灵活组建自己的课程,完成教师自身的课程教学任务;同时,学生可以通过自主学习或通过学习教师搭建的学习平台课获取相应的积分、学分和证书等。

智慧职教服务体系(见图 6-14)主要包括职业教育数字化学习中心(教学资源共享平台和在线教学服务平台)、职教云(在线课程构建平台)、云课堂(职教云的课堂互动教学移动端平台)及 MOOC 学院(支持大规模在线开放课程的平台)四个平台(洪国芬和阚宝朋,2019[37])。智慧职教服务体系构建智慧课堂教学流程见图 6-15(洪国芬和阚宝朋,2019[38]),即教师从专业教学资源库出发在职教云建构校本个性化 SPOC 课程(包括实现学习资源智能推送、学习行为记录、学习数据监测评价和学习效果分析等),学生基于该课程开展课前自主学习,然后在课上师生依托 SPOC 课程借助云课堂开展课上教学活动、教学互动、协作学习、学习效果实时检验和评价反馈等,师生共同构建智慧课堂。

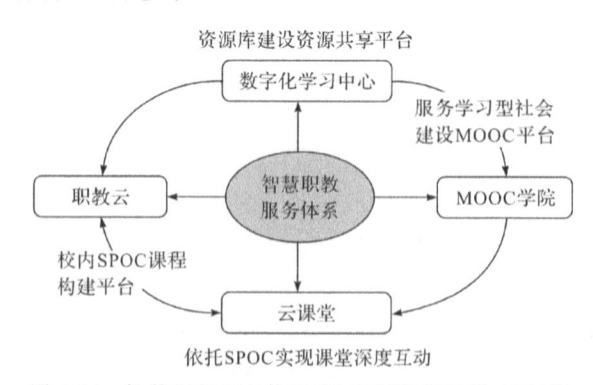

图 6-14 智慧职教服务体系(洪国芬和阚宝朋,2019[37])

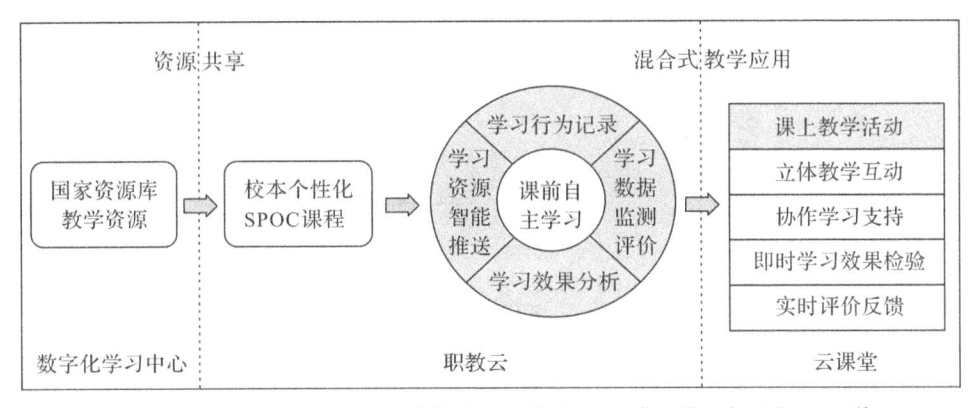

图 6-15　智慧职教服务体系构建智慧课堂教学流程（洪国芬和阚宝朋，2019[38]）

由上可知，课程的构建和课程的学习都是围绕着课程层面展开的。课程作为一个信息内容的节点，是具有核心作用的节点形式，因而它的联结功能也相对更强。如果说单个的素材是最具灵活性和黏附性的颗粒化节点，那么课程是最易被激活的节点，从而形成了出入最为频繁的学习通道。就信息本体而言，一方面，内容生产者生产的素材、知识点或技能点、模块等一般以通向课程这个节点为最终的建设目标，另一方面，内容消费者往往也是从课程这个节点出发通向不同的课程素材、知识点或技能点以及模块的学习等。就信息主体和信息载体而言，课程这个节点提供了各类信息本体与信息载体（在线学习平台）联结、继而与信息主体（学生、教师、学校、企业、行业等）联结，以及使信息载体与信息主体发生联结的主要通道：资源库、在线课程平台及其互动教学端主要基于课程搭建、运行；学生、教师、学校、企业、行业等的学习交流也主要围绕课程的创建或使用进行联结；同时，这些信息主体在课程的学习或课程创建过程中与信息平台发生联结（见图6-16）。

下面我们进一步阐述课程这一核心节点是如何在专业教学资源库平台一步一步创建起来的。根据《建设手册》的建设内容要求，内容节点创建的原则主要有颗粒化资源、明确资源属性、标注媒体类型、进行分层建设等。

首先，对资源进行颗粒化。颗粒化就是对信息本体内容的微型化，是信息本体节点创建的首要原则，因为只有独立的足够微小的信息本体才具有较强的灵活性、自组织性和黏附性，它可以与其他信息本体、信息主体、信息载体节点等灵活地联结。

其次，在颗粒化资源的基础上，全面、详细地标注各个等级的资源内容（包括素材、知识点技能点、模块、课程等）的资源属性，资源形式规格遵循行业通行的网络教育技术标准，便于用户依托信息平台的检索功能与平台上其所需的内容进行有效的联结。

然后，对素材资源的文本、图形、音频、视频、动画和虚拟仿真等媒体类型进行

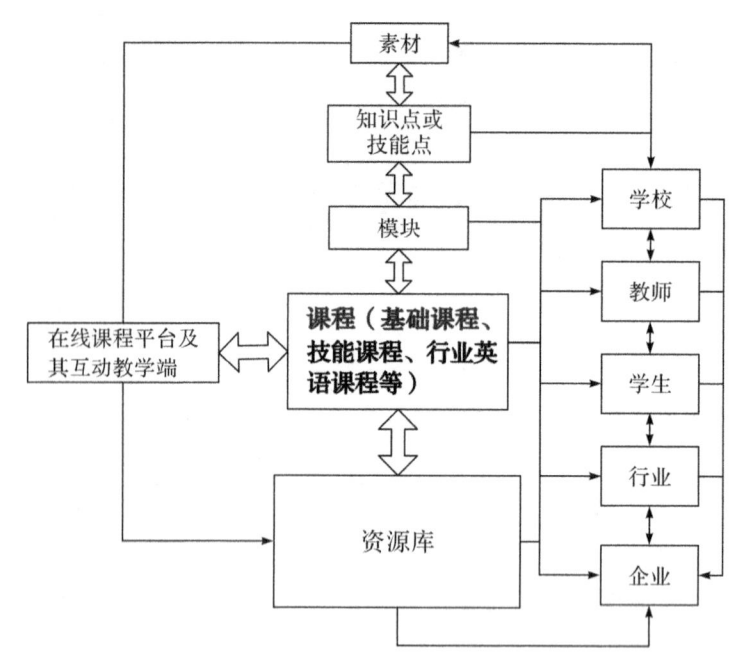

图 6-16　以课程为核心联结点的各级各类信息节点联结关系导图

标识。

最后,以颗粒化的微型素材为基础节点,将其与更多同类的素材节点联结,形成更高层次的节点(知识点、技能点),再将多个知识点或技能点组成某个任务项目或模块,有机整合各模块完成课程的搭建,最终将各门课程汇总成为专业教学资源库。

基于素材对资源进行颗粒化、开展分层建设是对信息本体内容的建设,而明确资源属性、标注媒体类型则是对信息本体形式的建设。不管是对信息本体内容还是形式的建设,最终都是为了加强各类资源在各个层级的联结,更好地发挥不同层级信息本体相关节点的联结功能,使它们起到推进学习的作用。节点之间的联结变得更为即时、高效,一方面可以促成信息本体在不同的层级产生联结,从而发生进一步的构建,从素材、积件(知识点或技能点)、模块、课程到资源库逐步形成和壮大;另一方面可以促成这些不同层级的信息资源与信息主体、信息载体之间产生联结和互动,以信息不对称为运行机制达到不同节点之间信息的动态平衡。

根据"一体化设计、结构化课程、颗粒化资源"的节点建设逻辑,我们在构建课程这个层次信息节点的时候,首先要厘清课程之间的关系,即明确共同的人才培养目标和方向,并基于一体化的人才培养方向,在专业课程体系中做好区隔、定位好自身课程的着力点,最终以颗粒化资源为落脚点搭建课程。我们以某高职院校应用英语专业教学资源库为例,该资源库以课程建设为重点,并结合了专业其他内容和特色资源(见图 6-16)。

该专业教学资源库以课程为中心,涵盖专业基础课程(以四个或更多学期为建设期,通过综合性的语篇或文化学习为学生奠定扎实的语言基础)、专业技能课程(围绕听、说、读、写、译等单项基础能力开课)、行业英语课程(从跨境外贸类和英语教育类两个专业方向分别设置不同的课程,组成专业方向课,供学生定向选择)、行业拓展类课程(分别涉及外贸和教育方向各自的拓展课程)等层面。除课程中心之外,该资源库还包括围绕专业人才培养目标搭建的技能中心、培训中心和特色资源库等。技能中心主要围绕和英语专业相关的各级、各类技能竞赛(包括口语、写作、口译等赛事)的资源、语料等内容展开;培训中心主要包括教师资格证、单证员证书、"1+X"证书、四六级培训和专升本培训等相关的资源;特色资源主要指"产教融合、协同育人"现代学徒制、专业实训实习以及社会服务等方面的资源。

我们选取该资源库中"英语精读与训练""英语教育技术"和"跨境电商实务"为例,就课程资源的节点创建过程做进一步的说明。这三门课程在英语专业教学体系和课程框架中分处于不同的位置。"英语精读与训练"是由专业基础课程"综合英语 2"开发而来的课程,是以语篇精读为主要形式来提升学生英语综合能力的课程;"英语教育技术"是英语教育类方向的核心课程,要求学生掌握教育技术基本理论和现代教学媒体技术等;"跨境电商实务"是跨境外贸类方向的拓展课程,围绕英语专业应用型人才培养目标和跨境电商相关技术领域岗位的任职要求展开。图 6-17 中,专业基础、技能课程是专业方向课的前置课程。专业方向课是在专业基础、技能课程的基础上围绕英语教育类岗位与跨境外贸类岗位两个不同专业方向开展的课程。下面我们以上述三门课程[①]为例,展示说明各课程模块节点内容是如何通过"平台"不同类别下各层级节点得到表征的。

简单来说,表征就是信息呈现的方式,专业教学资源库所能提供的表征是一种网络空间的信息表征,是在计算机技术支持下,以视频、动画、文本、图形、图像、音频等多媒体形式来表示信息,以单节点创建和多节点链接关系,以"超媒体"的方式实现"多媒体信息之间相互叠加、高度融合、自由转换的传播状态(张君昌,2004)"。网络信息表征依存于超媒体网络技术及其建立的节点和链接,相关技术大大加强了对信息的表达能力和交互程度(朱钗,2009)。人们在学习的过程中,网络空间信息化表征兼具命题符号表征和知觉符号表征的特点,网络表征的节点信息刺激人们的神经,以特定的感知觉和概念在人类大脑中得到联结。

分类和表征互相结合。分类包括对资源内容和类型的分类,资源分类是网络教学资源建设的重点。只有网络教学资源分类工作做得详细、科学、系统,后续的表征和检索才可以更好实现(赵立双,2013)。从信息的联通角度,分类体现了不同类型节点的微型化建设原则,是各节点之间不对称联结和信息流动的源泉,信息平

---

① 各课程模块细分表由浙江工商职业技术学院团队教师提供。

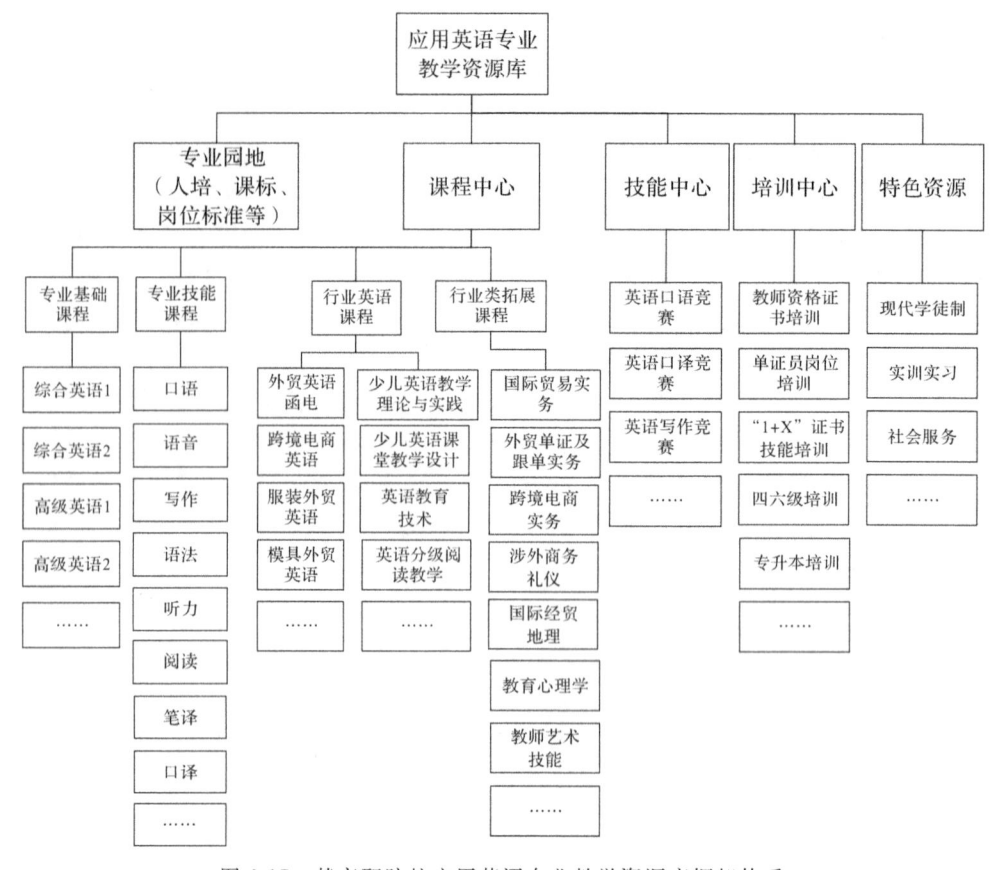

图 6-17　某高职院校应用英语专业教学资源库框架体系

台的分类开发如此,平台上信息内容的细分亦是如此。通过网络空间信息表征,经由细分的信息平台和信息内容相互联结,在这种相互联结中网络空间信息达到动态平衡和整合。

作为一门英语专业基础课,"英语精读与训练"是一门侧重专业基础技能培养的课程,需要结合课程性质从阅读技能提升的角度对该课程进行结构化、一体化的设计。该课程资源主要围绕三大文体(描述文、记叙文、论说文)、四大阅读技能点(词、句、段落和篇章间进阶式阅读,通篇阅读中建立语义关系,阅读中如何抓住关键词,阅读过程中如何英文释义以及相关英语思维模式的形成)这七大模块展开(见表 6-14)。每个模块由一个或多个知识点或技能点组成,可以为一个知识点或技能点对应创建一个或多个素材。例如,针对每个阅读技能点可以分别创建一套相应的视频文本类素材;在描述文、记叙文和论说文模块下面可分别从文化背景知识、文体结构理解以及文本的词块学习这三个知识点或技能点对每个语篇进行分解,针对每个知识点或技能点创建相对应的素材。每个模块的所有知识点或技能点都配套了相关的学习视频、学习文本和专项知识或能力的训练。

表 6-14 《英语精读与训练》课程模块细分表

章节（模块）	主题（组件：知识点或技能点）	素材若干	学时
Skill one: Read between words, sentences, paragraphs and passages in a step-by-step way（技能一：词、句、段落和篇章阅读的进阶式阅读）	Learn how to carry out reading in a hierarchical way（学习如何开展层级阅读） —Know how to read in a way as follows: key words→topic words→topic→topic paragraph→style（知道如何按"关键词→主题词→主题句子→主题段落→文体"这样的方式开展阅读） —Know how to read in a way as follows: topic sentence→topic paragraph→key words（知道如何按"文章主题→主题段落→主题句子→关键词"这样的方式开展阅读）	1. 配套学习视频； 2. 配套学习文本； 3. 配套巩固练习	2
Skill two: Set up semantic relationship in reading throughout the passage（技能二：通篇阅读中建立语义关系）	Learn to set up the relationship between the key words such as repetition, synonymy, antonymy, hyponymy or the taxonomy, etc., in a context（学习在上下文中建立关键词之间的关系，如重复、同义、反义、上下义或分类关系等）	1. 配套学习视频； 2. 配套学习文本； 3. 配套巩固练习	2
Style one: Descriptive writing（文体一：描述文）	Passage one *Little sister of the poor*（篇一——穷人的小修女） ①Cultural background: Learn how to do charity in our daily life, etc（文化背景：学习如何在日常生活等中做慈善） ②Structural analysis: Know how to do the structural analysis of a passage in a chronological order by doing mind-map drawing and retelling（结构分析：通过绘制思维导图和复述，知道如何按时间顺序对一篇文章进行结构分析） ③Lexical chunks: Learn by heart the lexical chunks（词块：记住相关词块）	1. 配套学习视频； 2. 配套学习文本； 3. 配套巩固练习	2
		1. 配套学习视频； 2. 配套学习文本； 3. 配套巩固练习	2
		1. 配套学习视频； 2. 配套学习文本； 3. 配套巩固练习	8

续表

章节（模块）	主题（积件：知识点或技能点）	素材若干	学时
Skill three: How to capture key words while reading（技能三：阅读中如何抓住关键词）	Learn some of the principles to capture the key words（学习一些捕捉关键词的原则） —Always go after what is new while reading（在阅读时，总是追逐新的点） —Clarify **what it is** and **what happened** for what is read（针对所阅读内容，厘清是什么，怎么了） —Always bear in mind the known information so as to further the reading（时时牢记已知的信息，以便进一步阅读） —Identify quickly the topic for every part, such as a title, a sentence, a paragraph or a chapter, big or small, based on the key words（根据关键词快速确定大小不一的每部分的主题，例如标题，句子，段落，章节等）	1. 配套学习视频； 2. 配套学习文本； 3. 配套巩固练习	2
Style two: Narrative writing（文体二：记叙文）	Passage two *Winston Churchill-His other life*（篇二 温斯顿·丘吉尔的另一种生活）		2
	①Cultural background: Learn about the panorama of some English-speaking countries（文化背景：了解一些英语国家的概貌）	1. 配套学习视频； 2. 配套学习文本； 3. 配套巩固练习	2
	②Structural analysis: Know how to do structural analysis of a passage in a cause-course-effect order by doing mind-map drawing and retelling（结构分析：通过绘制思维导图和复述，知道如何按起因—经过—结果顺序对一篇文章进行结构分析）	1. 配套学习视频； 2. 配套学习文本； 3. 配套巩固练习	8
	③Lexical chunks: Learn by heart the lexical chunks（词块：记住相关词块）	1. 配套学习视频； 2. 配套学习文本； 3. 配套巩固练习	2
	Passage three *The tale of a cultural translator*（篇三 一位文化翻译者的故事）		
	①Cultural background: Learn some of the relevant cultural differences and the influences（文化背景：了解其中一些相关文化差异及其影响）	1. 配套学习视频； 2. 配套学习文本； 3. 配套巩固练习	2

续表

章节(模块)	主题(积件:知识点或技能点)	素材若干	学时
Style two: Narrative writing(文体二:记叙文)	②Structural analysis: Know how to do structural analysis of a passage in a cause-course-effect order by doing mind-map drawing and retelling(结构分析:通过绘制思维导图和复述,知道如何按起因—经过—结果顺序对一篇文章进行结构分析)	1. 配套学习视频; 2. 配套学习文本; 3. 配套巩固练习	2
	③Lexical chunks: Learn by heart the lexical chunks(词块:记住相关词块)	1. 配套学习视频; 2. 配套学习文本; 3. 配套巩固练习	8
Skill four: How to do paraphrasing while reading and the formation of relevant English thinking pattern(技能四:阅读中如何英文释义以及相关英语思维模式的形成)	Learn the following tips for doing paraphrasing(学习以下做文释义时的一些技巧) —Paraphrase the difficult words(释义难词) —Paraphrase the simple words with the difficult meaning(释义简单单词的难懂之义) —Paraphrase the set phrase(释义固定词组) —Paraphrase the complex sentence structure(解释复杂句子结构)	1. 配套学习视频; 2. 配套学习文本; 3. 配套巩固练习	2
Style three: Expository-argumentative writing(文体三:论说文)	**Passage four** *Education methods: East and west*(篇四 教学方法:东方和西方) ①Cultural background: Learn some cultural background of different education systems of different countries(文化背景:了解不同国家不同教育制度若干文化背景)	1. 配套学习视频; 2. 配套学习文本; 3. 配套巩固练习	2
	②Structural analysis: Know how to do structural analysis of a passage in a way of raise-the-problem, analyse-the-problem, and solve-the-problem by doing mind-map drawing and retelling(结构分析:通过绘制思维导图和复述,知道如何以提出问题、分析问题和解决问题的方式对文章进行结构分析)	1. 配套学习视频; 2. 配套学习文本; 3. 配套巩固练习	2
	③Lexical chunks: Learn the lexical chunks by heart(词块:记住相关词块)	1. 配套学习视频; 2. 配套学习文本; 3. 配套巩固练习	8

续表

章节(模块)	主题(积件:知识点或技能点)	素材若干	学时
Style three: Expository-argumentative writing (文体三:论说文)	**Passage five** *Why they excel* (篇五 他们为何出类拔萃) ①Cultural background: Learn some cultural background about overseas Chinese students and overseas students in China (文化背景:了解海外中国留学生和外国留学生在中国相关文化背景)	1. 配套学习视频; 2. 配套学习文本; 3. 配套巩固练习	2
	②Structural analysis: Know how to do structural analysis of a passage in a way of raise-the-problem, analyse-the-problem, and solve-the-problem by doing mind-map drawing and retelling (结构分析:通过绘制思维导图和复述,知道如何以提出问题、分析问题和解决问题的方式对文章进行结构分析)	1. 配套学习视频; 2. 配套学习文本; 3. 配套巩固练习	2
	③Lexical chunks: Learn the lexical chunks by heart (词块:记住相关词块)	1. 配套学习视频; 2. 配套学习文本; 3. 配套巩固练习	8
总学时			68

第六章 外语教学信息生态系统及信息联通机制的应用

以上是对专业基础课从知识、技能培养角度进行的信息本体的分解,同步联结到网络平台将不同层级的节点内容进行上架,学习者从而可通过平台开展相关学习。具体说来,分层建设且厘清信息本体不同层级的节点,然后通过在信息载体(平台)上创设相对应的节点,将信息本体内容依托或联结于信息载体上这些不同层级的节点,基于平台上这些创建的节点从而在更多不同类型的节点之间产生更广泛的联结,达到学习的联通。

这种分层建设是一种对信息本体的微型化解构,是信息载体对信息本体的微型化表征,借助平台可以实现课程结构的可视化和实时的呈现,这有利于学生对课程体系以及体系下面各个内容节点的学习和通达。

下面,针对英语教育类方向课程的模块细分,我们以"英语教育技术"这门课程为例进行说明,该课程模块细分见表6-15。

根据专业的一体化人才培养和课程框架体系,相较于专业基础课注重语言技能的培养和语言知识的传授,行业英语课程更加注重行业领域知识的传授与技能的培养,因而我们需要对行业知识和技能进行分层细化。"英语教育技术"可以分成英语教育技术基础、制表能力、课堂技能、视频制作、绘本制作,以及其他常用技能模块。在每一个模块下面又分成若干个知识点和技能点,每个知识点和技能点由不同的素材支撑。

表6-15 "英语教育技术"课程模块细分表

章节(模块)	主题(积件:知识点或技能点)	素材若干	学时
Unit 1:英语教育技术的基础——当老师,你必须知道的那些事儿	当老师,你的语言技能过关了吗?	1.配套视频; 2.配套学习文本; 3.实操练习	2
	当老师,你懂幼儿心理学吗?	1.配套视频; 2.配套学习文本; 3.实操练习	2
Unit 2:巧用表格,了解学生	简单巧妙的表格助你了解学生信息——word文档内表格的巧妙使用	1.配套视频; 2.配套学习文本; 3.实操练习	2
	Excel在手,学生成绩在心	1.配套视频; 2.配套学习文本; 3.实操练习	4
Unit 3:课堂技能,安身立命	英语板书的书写+简笔画	1.配套视频; 2.配套学习文本; 3.实操练习	2
	课堂用语	1.配套视频; 2.配套学习文本; 3.实操练习	2

续表

章节(模块)	主题(积件:知识点或技能点)	素材若干	学时
Unit 3:课堂技能,安身立命	教室的布置	1.配套视频; 2.配套学习文本; 3.实操练习	2
	课堂活动设计	1.配套视频; 2.配套学习文本; 3.实操练习	10
	教具制作	1.配套视频; 2.配套学习文本; 3.实操练习	4
Unit 4:教学视频制作	巧用搜索引擎	1.配套视频; 2.配套学习文本; 3.实操练习	2
	视频拍摄	1.配套视频; 2.配套学习文本; 3.实操练习	2
	剪辑(图片、音乐、视频)	1.配套视频; 2.配套学习文本; 3.实操练习	2
	视频动画处理合成	1.配套视频; 2.配套学习文本; 3.实操练习	2
	添加字幕	1.配套视频; 2.配套学习文本; 3.实操练习	2
Unit 5:绘本的制作	分级阅读简介	1.配套视频; 2.配套学习文本; 3.实操练习	2
	绘本文字撰写	1.配套视频; 2.配套学习文本; 3.实操练习	2
	插画、配图	1.配套视频; 2.配套学习文本; 3.实操练习	2
	绘本动画	1.配套视频; 2.配套学习文本; 3.实操练习	2

续表

章节(模块)	主题(积件:知识点或技能点)	素材若干	学时
Unit 6:其他常用技能	多媒体教室的使用	1.配套视频; 2.配套学习文本; 3.实操练习	2
	公众号的维护和使用	1.配套视频; 2.配套学习文本; 3.实操练习	2
	巧用 Apps,提高课堂	1.配套视频; 2.配套学习文本; 3.实操练习	2
合计			54

"智慧职教"平台资源库中课程的单元细分可以通过在其平台的"项目设置"中构建知识技能树实现。知识技能树就是信息节点树,可以在此创建课程、章节(模块)、知识点技能点等不同层级的节点,明确各个节点之间的联结关系。这样在素材上传时,就可以直接联结到相关的节点,开展有效的分层建设。即我们对信息本体的细分借助平台得到了更好的实现,不同层级的信息本体在创建过程中基于平台知识技能树各个节点得到表征,从而产生更高效的联结。我们以跨境外贸类方向的拓展课程"跨境电商实务"为例,其所在平台上架的节点内容见图6-18。

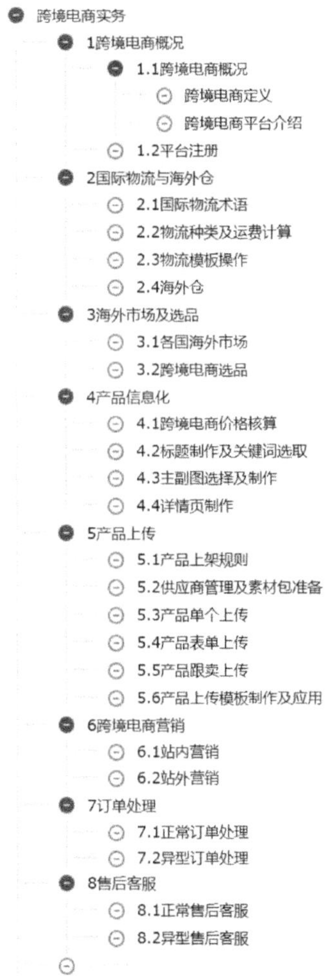

在"平台"资源库的课程建设中,一级节点是资源库,二级节点是课程,三级节点是行业知识、技能模块,四级节点是各个具体的知识点和技能点,四级节点下面再细分出颗粒化的学习视频、学习文本和巩固练习等不同的素材支撑节点。在"跨境电商实务"课程这个二级节点下面,主要有跨境电商概况、国际物流与海外仓、海外市场及选品、产品信息化、产品上传、跨境电商营销、订单处理、售后客服模块作为三级节点,在每个三级节点下面又有不同的知识点和技能点作为四级节点,最后课程内容具体以素

```
● 跨境电商实务
    ⊖ 1跨境电商概况
        ⊖ 1.1跨境电商概况
            ⊖ 跨境电商定义
            ⊖ 跨境电商平台介绍
        ⊖ 1.2平台注册
    ⊖ 2国际物流与海外仓
        ⊖ 2.1国际物流术语
        ⊖ 2.2物流种类及运费计算
        ⊖ 2.3物流模板操作
        ⊖ 2.4海外仓
    ⊖ 3海外市场及选品
        ⊖ 3.1各国海外市场
        ⊖ 3.2跨境电商选品
    ⊖ 4产品信息化
        ⊖ 4.1跨境电商价格核算
        ⊖ 4.2标题制作及关键词选取
        ⊖ 4.3主副图选择及制作
        ⊖ 4.4详情页制作
    ⊖ 5产品上传
        ⊖ 5.1产品上架规则
        ⊖ 5.2供应商管理及素材包准备
        ⊖ 5.3产品单个上传
        ⊖ 5.4产品表单上传
        ⊖ 5.5产品跟卖上传
        ⊖ 5.6产品上传模板制作及应用
    ⊖ 6跨境电商营销
        ⊖ 6.1站内营销
        ⊖ 6.2站外营销
    ⊖ 7订单处理
        ⊖ 7.1正常订单处理
        ⊖ 7.2异常订单处理
    ⊖ 8售后客服
        ⊖ 8.1正常售后客服
        ⊖ 8.2异常售后客服
⊖
```

图6-18 "跨境电商实务"课程节点

材的形式呈现,信息节点树让学生可以快速联结到相关的信息节点开展学习,实现信息主体与各层面不同节点信息之间的动态平衡。

我们知道,不同层级的内容节点在平台上得以实现,其最后的落脚点是颗粒化的资源(即素材)。下面我们以"智慧职教"平台为例,对素材的节点编辑过程及其节点特性进行说明。如前所述,基于平台、对信息本体进行分层建设的过程中,我们需要首先从创建素材开始。在"平台"资源库的建设中,每一门课程的建设均需要从上传素材开始。在上传素材时(见图6-19),首先需要明确素材名称,明确的素材名称有利于提升节点的搜索和使用率。除此之外,还要对素材所属的知识点进行归类。基于事先创建的知识技能树,点击"选择文件"、上传素材后,点击"所属知识点",把上传的素材联结归入资源库某门课程、某个模块下的某一知识点或技能点,然后对上传的素材从关键字、媒体类型、应用类型、适用对象、素材语言、素材来源、作者、所在单位等方面进行标识,保存并上传。所有素材都通过这样的方式上传到"平台"且与对应的课程模块下的知识点发生联结,直到最终形成一门由各个层级节点内容组成的完整的课程。

图6-19 "平台"资源库素材上传界面

Ⅳ.技能训练

通过观察"平台"资源库中的英语专业教学资源库,我们发现,技能训练这个信息载体节点主要联结到英语专业的听、说、读、写、译等基础技能模块,内容包括省级以上各种专业(群)基础技能竞赛的介绍性资料、学习资源等,该节点还可联结到不同专业培养方向的行业技能、岗位技能模块相关的学习资源等。同时,该节点还可以涵盖相应的能力测试库,提供符合本专业能力要求的各项技能测试包等。

Ⅴ.素材中心

素材是创建其他各个层级节点的最小节点单位,我们一般以某个知识点和技能点为导向创建素材。一个知识点或技能点可以对应一个或多个素材。素材在信息节点各种不对称的联结中一般通过两种方式得到联结。一种方式较为常见，是学习主体基于某个知识点或技能点，通过搜索资源库，直接联结到和该知识点或技能点相关的某个或某些素材上开展学习。另一种方式是学习主体基于某个课程、技能模块等，通过搜索资源库联结到搜索的课程或技能模块下面的颗粒化资源，开展素材学习，因而素材是作为课程或模块的一部分被学生联结和学习的。

如前所述，分类对于资源的联结起着至关重要的作用。"平台"资源库的建设围绕专业、课程、培训、技能训练、微课、素材等节点类型展开。因此，上传到平台的内容我们可以通过多个节点搜索得到，即使专业这个节点没有开通渠道，无法通达，我们仍旧可以通过课程、技能、微课、素材等其他节点类型对其进行联结。我们以素材这个层面为例，其在平台分类表征的关系层级见图 6-20。

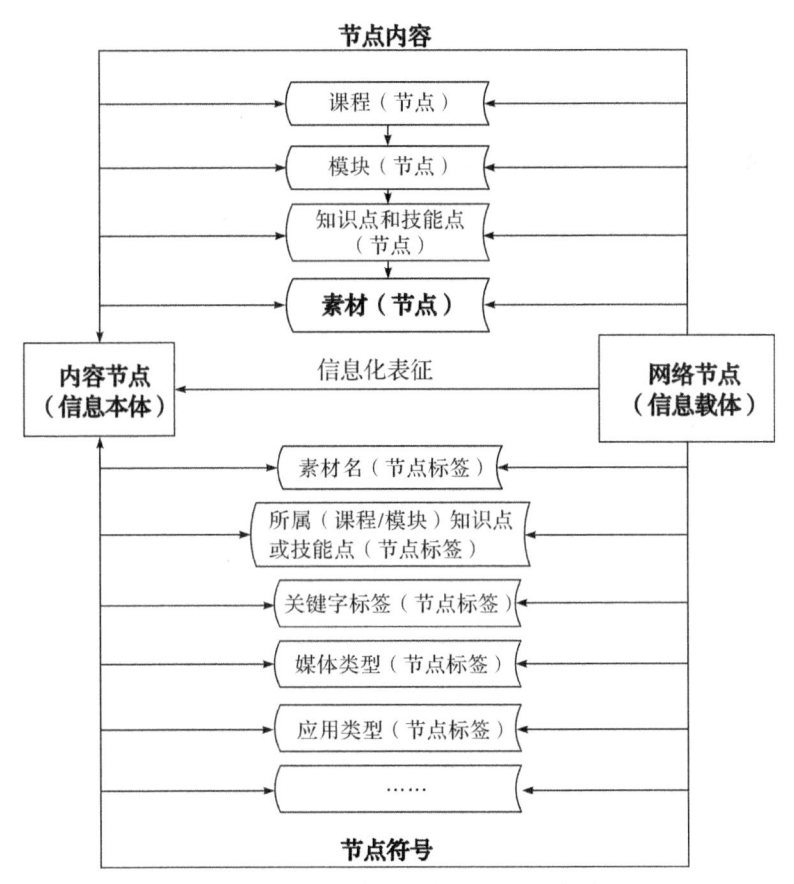

图 6-20　颗粒化资源平台分类表征关系图

从平台语言的逻辑意义上讲，内容节点（信息本体）的微型化细分在网络平台以网络节点的形式得到表征，具体包含节点内容和节点符号两种不同的表征方式。

节点内容侧重对信息本体内容的细分,以某课程、某模块、某知识点(技能点)、某素材等不同大小的网络节点得到表征,是一种对内容的分类,上一级的节点内容由下一级的节点内容组成。节点符号侧重对信息本体属性、类型等的归类和细分,以各种节点标签进行表征,从而可以使学习者通过例如素材名、素材所属(课程/模块)知识点或技能点、关键字标签、媒体类型、课程应用类型、适用对象、素材语言、素材来源、作者、所在单位等直接或间接联结到相关素材。

Ⅵ. 微课中心

微课主要是指视频类的素材,其特点是时间短、主题鲜明。与录播课、直播课不同,微课是一种独立性强,可自由组合的素材。相较于录播课、直播课而言,微课自身具有鲜明的特色,是网络时代慕课教学的主流媒体形式。"平台"在资源库的建设框架中专门开辟了"微课中心"这个主要节点。从信息主体之间的动态联结性而言,如果说直播课是一种强调主体联结性的动态教学,那么微课则是一种弱化主体间联结的、相对静态的教学。微课是慕课平台静态教学的主要课程形态。

尽管教师也可以在微课中设置一些互动的题目,实现人机交互,但是微课对信息主体之间互动的要求总体没有直播课、线下课堂等课程形态来得高。这种相对静态的教学方式可以解除对信息主体时间和空间的限制,使得信息本体与信息主体的联结简单、便捷、直观。此外,若没有网络平台,微课的意义将非常有限,它可能只能联结有限的几个用户,起不到广泛联结的作用。有了网络平台,微课这个内容节点就能以网络节点的形式在不同的平台、不同的时空,与不同的信息主体发生联结。微课经由网络节点和节点联结得到最自然的表征。下面我们基于各种网络学习平台,围绕微课探讨信息主体、信息本体和信息载体等各种类型信息节点的地位和作用,以及节点之间的联结形式和学习联结的意义。

(1)学校及教师:推动内容节点的生产

学校及教师是微课视频制作、视频课程建设的主力军。教师既是慕课平台的主要使用者,也是微课内容的主要创作者。微课的建设本身也是国家教育信息化宏观发展战略的重要组成部分。一方面,在线开放式共享学习平台、专业教学资源库等的建设发展规划以及网络教育技术标准的规范,为教师等资源创作者的资源创作提供了标准化的准入接口。另一方面,在宏观政策推动、学校对在线平台课程建设的任务和要求下,更多的学校教师承担了以微课视频为主要形式的在线平台课程的建设任务。因此,学校及教师是微课视频的主要生产者和提供者,学校学生和教师同时是微课的主要使用者和接受者。

(2)学校、教师及学生:推动内容节点的使用

国家"十二五"规划以来,随着《教育信息化十年发展规划(2011—2020年)》(教技〔2012〕5号)、《教育信息化"十三五"规划》(教技〔2016〕2号)、《教育信息化2.0行动计划》等教育部文件的出台,信息化教学得到了突飞猛进的发展。在信息化教学平台、信息化教学课程等全方位、多角度、跨时空铺开之后,高校学生的学习生态

发生了较大的改变。

目前,高校学生的学习方式变得更加灵活多样,他们除了接受传统的线下授课之外,还要开展线上线下混合式学习、网络慕课学习,以及基于网络平台的自主学习等。我们通过对主修"英语精读与训练"这门课的48名大一英语专业学生以"视频课观感和体验"为主题开展问卷调研,同时结合电话访谈记录和后台使用数据情况等,描绘这些学生该学期视频课整体的学习生态。这里的视频课特指微课。

整体而言,该学期每个学生要学习1~8门不等网络视频相关课程,大部分学生要学习3~5门。例如,学生A该学期一共修读9门课,其中有8门涉及网络视频课。这些网络视频课有的属于选修课,有的是必修课;有的是专业课,有的是公共课;有的课程视频由课程教师自己制作,也有的由其他教师制作课程教师直接拿来用于教学;有的被用来作为线上线下混合式学习的一部分,有的则是以线上慕课/SPOC的形式用于线上学习。根据目前学生的学习现状,网络视频课学习在高校已经常态化。下面,我们对网络视频课这个内容节点带来的不同的学习联结情境作进一步分析。

①混合式学习

视频课促成了线上线下的混合式学习。教师针对所教的课程,自己制作或利用网络上现有的视频课,让学生完成线上部分的学习。视频课在混合式学习中的作用具体体现在两个方面。首先,它实现了翻转课堂,即学生在课外完成视频的学习,教师在课内带领学生针对重点、难点再进行巩固和练习等。其次,它丰富了课外作业方式,即学生直接在课外观看视频,同时完成相关的练习。

我们通过对48名学生发的问卷,对线上视频课、线下课堂混合教学方式的使用意向性进行调查。对于"传统课堂""视频课+传统课堂""纯线上视频课程""传统课堂+线上自主学习(不需要视频)"四种课堂模式,有超出一半的学生(25个,52.08%)偏向第二种课堂模式,即线上线下混合式学习;约四分之一的学生(13个,27.08%)偏向第四种课堂教学模式,即传统课堂+线上自主学习(不须看视频);另有约四分之一的学生(10个,20.83%)偏向第一种课堂模式,即传统课堂教学模式。这与第二章表2-9中学生对线上线下学习方式偏好的研究结果整体一致,即都倾向于线上线下混合式学习,其次是传统课堂学习。这里没有一个学生选"纯线上视频课程",但这并不是说明学生对慕课等课程接受度不高,而是说明如果在同等条件下,另外三种的课堂模式有优于纯线上视频课的地方。但是,在综合考虑时间、条件、利用率等因素的前提下,慕课成为另一种最常见的学习模式。慕课的学习情况会在后文中提到。

通过对48名学生的访谈发现,尽管有学生抱怨线上视频课结合线下课堂的混合式学习模式会增加其课外学习时间和学习负荷,但是他们自己也觉得这种模式是一种主流的学习趋势,良好的视频设计和合理的学习时长有利于学生课外的自主学习,实现课外与课内学习相互补充。现在的学生是一批在计算机辅助学习和移动学习背景下成长起来的网络学习"原住民"。我国十几年的信息技术蓬勃发展刚好契合了他们的成长需求,为他们提供了充足的信息资源。从学生的问卷和访谈结果中可以看出,视频学习、在线学习已经融入了他们的日常学习生活中。

网络信息化时代,国家、社会、学校层面适时的推动,使得学习资源得到极大的丰富、资源的使用灵活多样。信息的生产者和信息的使用者作为不同的信息主体,为着共同的信息本体即资源联结到了一起,由此而发生了基于教师和平台、学生和平台、教师和学生等不同信息节点之间的信息流动。哪里有联结,哪里就有学习。网络让这种联结无时无刻不在发生,学习也无时无刻不在进行。例如,学生们会在教室线下课堂听课,然后选取没有线下课的时间观看线上视频课。无论是对于学习方式、学习对象、学习场所还是学习时间,彼此之间都没有一种固定的模式,学习已经变得更为灵活,这种灵活的学习模式直接带来学习的创造性,拓展了学习的边界。

②慕课(包含 SPOC 形式)学习

学生学习的慕课课程大多是学生的自选课程,即任意选修课。例如某校英语专业要求学生在校期间须修满 6 个任意选修课学分。开放课程共享平台为学生提供了各种广阔的学习空间,他们可以自由选择自己感兴趣的课程,或者和专业、未来职业发展规划等相关的课程。这种任选视频课程以 1 个学分居多,一般不超过 2 个学分,因此学生在校期间要选择 3~6 门慕课,当然学生也可以选修线下的课程以修满任意选修课的学分。有部分学生认为,相比传统的任选课,网络慕课选择灵活、课程多样、资源丰富,学习的压力更小。当然,如果学生缺乏一定的自制力,也容易因为没有及时参与学习等原因,导致其在线选修课成绩不合格,这种现象较线下课程要更为普遍。

关于学生对混合式或慕课学习中的视频微课的学习态度和接受度,和传统课程一样,如果是学生认为比较重要的、有意义的课程,他们一般都会学得比较认真。例如专业基础课、专业核心课,学生一般会比较重视,再加上线上学习考核等因素的影响,大部分学生一般情况下会认真学习。但是对那些学生认为没有意义、自我感觉无所得的视频内容,无论是专业课、公共课还是任意选修课(任选课),都会出现学生无法集中注意力学习的情况。具体原因有几种:对于任修课,选课之前,学生不了解课程的难易度,因此有的课程内容对于学生来说会过于专业、过于简单或过于理论等;而对于那些必修课和限选课,也存在类似的情况;视频课程对学生的学习自主性要求较高,如果学生缺乏合理的时间规划和安排等,当其时间不够用时,他们就会快速刷视频以应付任务。

因此,我们发现,内容大于一切,课程形式不是学生学习接受度的决定性因素。结合问卷中学生对视频课的反馈,我们对视频课的节点创建及其使用做出如下建议。

首先,教师在制作视频时,先要确保内容有意义、具备一定的专业性,让学生学习后感觉到真正有用。视频的有用性主要体现在其具有专业度,可以提高学生的专业知识和能力,同时有利于学生的考试、考级、考证等。另外,视频时长最好控制在10分钟以内,一般单次时长不宜超过15分钟,最多不超过20分钟。此外,视频内容的设计需要从学生的兴趣点出发、尽量生动有趣,教师在视频中的语音语调及其变换也很重要,为了保持学生更多的注意力。

其次,教师在使用视频授课时,要将课堂内容和视频内容融合。对于混合式教学,教师能在课堂上讲的内容可尽量在课堂上讲解,视频可以作为学生学习的自主选择项目而非强制性项目,用于辅助学生巩固和复习课内知识点,或者拓展课内知识。总之,教师在教学设计中要做好课内学习和课外视频学习之间的架构和分层,以满足不同学生以及学生不同层次的学习需求。例如,有的学生认为其对课堂的知识点还理解得不够透彻,则可以通过观看课后视频的方式进行进一步地巩固。而有的学生不太喜欢视频课或没有足够时间,则可以通过选择阅读文本的方式进行学习。对于注重课堂操练型的知识点和技能点,教师可以要求学生在课前观看视频课,课堂上再实战演练巩固等。另外需要注意的一点是,对于有视频课的混合式教学,教师要合理优化教学安排,"视频+课堂"混合式学习的总时长应不超出原先的传统课堂。对于慕课,观看课程视频是学生必须要求完成的项目,教师在教学设计中需要把讲与练结合,在视频中插入适当的题目使学生及时巩固和操练知识点或技能点。

另外,学生在选课时也要对自己的学习过程做好规划:首先要选择自己感兴趣的视频课程;其次要了解课程视频难易度,可以先通过学校或平台观看往期的课程,确定是否适合自己,避免因视频课程不适合自己而无法顺利完成学习等;最后要考虑自己的专业职业发展,所选课程要与自己的专业方向或未来职场规划契合,同时在选课时也要结合自己大学期间每个阶段的学习规划等,做到不贪多、但求精,合理规划时间。

Ⅶ.各种拓展资源

拓展资源节点包括专业发展特色或地方特色资源库、语料库、案例库、作品库等。根据"智慧职教"平台有关数据,旅游英语专业教学资源库相关拓展资源可包括虚拟仿真景点库、旅游英语语料库、企业案例库、学生作品库、跨文化沟通地区与国家库、职业资格考证题库等(以广东农工商职业技术学院旅游英语专业教学资源为例);少儿英语专业教学资源库拓展资源可包括幼教英语馆(包括幼儿英语绘本阅览室、幼儿英语童话剧场、幼儿英语韵律屋、简笔画廊、幼儿英语游戏乐园、中外文化交流展厅等)和小教英语馆(包括少儿英语绘本阅览室、少儿英语戏剧馆、少儿英文歌曲屋、简笔画廊、少儿英语课堂游戏乐园、英文书法苑、中外文化交流展厅等)等(以娄底职业技术学院应用英语专业教学资源库为例);公共英语资源库文化拓展资源可包括英语游戏库、英语电影库、英语歌曲库、英语诗歌库、英语故事库、英文学习网站库、跨文化知识库等(以广东水利电力职业技术学院商职公共英语资源库为例);应用英语专业教学资源库拓展资源可包括行业信息库(如与外语专业相关的各种行业综合资讯、行业政策法规、就业创业资讯、成功企业案例、职业技能赛事等)和特色资源库(如外贸单证集、外贸案例集、职业考证集等)等(以顺德职业技术学院应用英语专业教学资源库为例)。有些特色资源库中也包含职业资格考证库等。

Ⅷ.培训中心

用户通过培训中心节点可以联结到专业相关的各类专业技能证书、岗位资格证书、"1+X"证书等技能培训资源,该节点包含本专业(群)及其所在行业(职业)的技能标准或规范文件、各类考级考证学习性资料、技能培训包等。高职英语专业相关的专业技能等级证书主要包括大学英语四、六级证书等;岗位资格证书包括单证员证书、剑桥商务英语(BEC)证书、跨境电商专员岗位证书、教师资格证书、翻译资格证书等;"1+X"证书包括实用英语交际职业技能等级证书(Vocational English Test System,VETS)等,该证书考试主要考查和认定职业教育在校生、毕业生和社会人员在职场使用英语完成工作的技能水平。

根据教育部专业教学资源库建设标准,我们需充分发挥资源库这个节点的建设与资源集成效应,并在此基础上实现资源的共享。联合建设好资源库二级节点(包括课程中心、技能训练、素材中心、微课中心等)基本资源,对于各种拓展资源以及培训资源等,除了要使其发挥在高校教师和学生等信息主体之间的联结作用,还需要将其进一步推广,实现资源库的社会面联结作用。例如,拓展资源和培训中心应充分考虑企业员工、社会人员的继续教育和技能提升的需求,我们可以与企业联结共同开发相关内容,为企业员工提供开放的继续教育培训、技能培训等,从而发挥资源库服务于学习型社会的建设作用,使更多的社会学习者成为学习主体。

参考文献

【中文文献】

［1］鲍敏,李霄翔,2017.信息化环境下数字化大学英语教材研究［J］.外语电化教学,(3):80-84,96.

［2］波林,1981.实验心理学史［M］.高觉敷译.北京:商务印书馆,740.

［3］波兹曼,2015.娱乐至死［M］.章艳译.北京:中信出版社,17,174.

［4］布拉斯科,哈泽,2020.自我决定学习教育学与数字媒体网络:引领学生踏上终身学习之旅［J］.肖俊洪译.中国远程教育,(3):10-11.

［5］陈坚林,2010.计算机网络与外语课程的整合:一项基于大学英语教学改革的研究［M］.上海:上海外语教育出版社,213.

［6］陈坚林,2011.试论立体式教材与立体式教学方法［J］.外语电化教学,(6):3-7,18.

［7］陈丽,2004.远程学习的教学交互模型和教学交互层次塔［J］.中国远程教育,(5):24-28,78.

［8］陈丽,林世员,赵宏,等,2021.新时期高校网络教育改革创新的方向与着力点［J］.中国远程教育,(6):14.

［9］陈明红,2019.网络信息生态系统信息资源优化配置研究［M］.北京:科学技术文献出版社,26-27,30.

［10］陈曙,1996.信息生态研究［J］.图书与情报,(2):12.

［11］陈悦,陈超美,刘则渊,等,2015.CiteSpace知识图谱的方法论功能［J］.科学学研究,33(2):252.

［12］迪德尼,霍克利,2011.如何用现代信息技术教英语［M］.陈则航,译.北京:人民邮电出版社,1.

［13］董春雨,2007.信息与不变量［C］//马蔼乃,姜璐,苗东升,等.信息科学交叉研究(论文集).杭州:浙江教育出版社:66.

［14］窦菊花,文珊,2015.基于APP的大学英语翻转课堂教学改革探索［J］.黑龙江高教研究,(5):166-167.

［15］方灿林,郭庆志,2019.专业教学资源库:"互联网＋教育"在职业教育领域的率先落地［J］.中国职业技术教育,(19):8.

［16］方兴东,钟祥铭,彭筱军,2019.全球互联网50年:发展阶段与演进逻辑［J］.新闻记者,(7):6-7.

[17] 弗洛里迪,2010.计算与信息哲学导论[M].刘钢,等译.北京:商务印书馆,308,321.

[18] 高峰强,1997.对格式塔学派的几点新思考:一种新的评价和定位[J].长白学刊,(4):50.

[19] 高欣峰,陈丽,徐亚倩,等,2018.基于互联网发展逻辑的网络教育演变[J].远程教育杂志,36(6):84;89.

[20] 宫启生,张新民,郑彦宁,2008.以信息生态学的视角研究现代企业竞争[J].商场现代化,(24):90.

[21] 何克抗,2019.信息技术与课程深层次整合理论:有效实现信息技术与学科教学深度融合(第2版)[M].北京:北京师范大学出版社,2-3,序言1-3.

[22] 赫根汉,奥尔森,2011.学习理论导论(第七版)[M].郭本禹,崔光辉,朱晓红,等译.上海:上海教育出版社,46-47.

[23] 洪国芬,阚宝朋,2019.基于职业教育专业教学资源库的智慧课堂教学模式构建研究[J].深圳职业技术学院学报,18(5):34.

[24] 胡加圣,陈坚林,2013.外语教育技术学论纲[J].外语电化教学,(2):3-4.

[25] 胡杰辉,胡加圣,2020.大学外语教育信息化70年的理论与范式演进[J].外语电化教学,(1):17.

[26] 胡铁生,黄明燕,李民,2013.我国微课发展的三个阶段及其启示[J].远程教育杂志,31(4):36.

[27] 胡艺龄,顾小清,2013.从联通主义到MOOCs:联结知识,共享资源——访国际知名教育学者斯蒂芬·唐斯[J].开放教育研究,19(6):5.

[28] 黄小寒,2007.对信息的提问及讨论[C]//马蔼乃,姜璐,苗东升,等编.信息科学交叉研究(论文集).杭州:浙江教育出版社:45-46.

[29] 姜永志,2013.西方心理学质化研究的人文精神及其发展轨迹[J].心理研究,6(5):12.

[30] 教育部,2004.关于印发《大学英语课程教学要求(试行)》的通知(教高厅〔2004〕1号)[EB/OL].(2004-01-30)[2021-08-28].http://www.moe.gov.cn/s78/A08/tongzhi/201001/t20100129_124828.html.

[31] 教育部,2012.教育部关于印发《教育信息化十年发展规划(2011—2020年)》的通知(教技〔2012〕5号)[EB/OL].(2012-03-13)[2023-09-12].http://www.moe.gov.cn/srcsite/A16/s3342/201203/t20120313_133322.html.

[32] 教育部,2016.巩固成果,开拓创新,以教育信息化全面推动教育现代化——刘延东副总理在第二次全国教育信息化工作电视电话会议上的讲话[EB/OL].(2016-01-21)[2021-07-18].http://www.moe.gov.cn/jyb_xwfb/moe_176/201601/t20160122_228616.html.

[33] 教育部,2016.教育部关于印发《教育信息化"十三五"规划》的通知(教技〔2016〕2号)[EB/OL].(2016-06-07)[2023-09-12].http://www.moe.gov.

cn/srcsite/A16/s3342/201606/t20160622_269367.html.

[34] 教育部,2018.教育部关于印发《教育信息化2.0行动计划》的通知(教技〔2018〕6号)[EB/OL].(2018-04-18)[2022-06-15].http://www.moe.gov.cn/srcsite/A16/s3342/201804/t20180425_334188.html.

[35] 教育部,财政部,国家发展改革委,2018.教育部 财政部 国家发展改革委 印发《关于高等学校加快"双一流"建设的指导意见》的通知(教研〔2018〕5号)[EB/OL].(2018-08-20)[2023-09-12].http://www.moe.gov.cn/srcsite/A22/moe_843/201808/t20180823_345987.html.

[36] 雷朝滋,2018.教育信息化:从1.0走向2.0:新时代我国教育信息化发展的走向与思路[J].华东师范大学学报(教育科学版),36(1):98.

[37] 雷丹,椰华妮,2015.外语教师角色与教师生态位研究[J].外语电化教学,(2):64.

[38] 李炳铁,2007.论信息的自然基础原理[C]//马蔼乃,姜璐,苗东升,等编.信息科学交叉研究(论文集).杭州:浙江教育出版社:54-55.

[39] 李晨,陈坚林,2017.大学英语教学生态系统中学生生态位研究[J].外语电化教学,(5):15-16.

[40] 李杰,陈超美,2017.CiteSpace:科技文本挖掘及可视化(第二版)[M].北京:首都经济贸易大学出版社,32.

[41] 李芒,孔维宏,李子运,2017.问"乔布斯之问":以什么衡量教育信息化作用[J].现代远程教育研究,(3):6.

[42] 李青,王涛,2012.MOOC:一种基于连通主义的巨型开放课程模式[J].中国远程教育,(3):32.

[43] 李晓东,曹红晖,2017.依托VR的无缝式翻转课堂研究:重塑"新闻英语视听说"课堂[J].现代教育技术,27(12):71.

[44] 李鑫,2012.环境法中人本主义与生态主义的对立及解决:以个案为例的分析[J].重庆工商大学学报(社会科学版),29(5):97.

[45] 李艳平,2012.利用播客技术构建大学英语听力教学新模式:一项基于移动语言学习理论的实证研究[J].现代教育技术,22(5):68-72.

[46] 刘琼,任树怀,2011.论Web3.0下的信息共享空间[J].图书馆,(2):83.

[47] 刘亭亭,吕大,2020.信息生态视域下高校英语教学中信息化移动学习创新路径研究[J].情报科学,38(12):134-139.

[48] 刘延东,2012.刘延东国务委员在全国教育信息化工作电视电话会议上的讲话:把握机遇,加快推进开创教育信息化工作新局面[R/OL].(2012-11-02)[2022-06-17].http://www.moe.gov.cn/srcsite/A16/s3342/201211/t20121102_144240.html.

[49] 刘永权,2012."大学英语B"移动学习实证研究:基于FRAME模型的设计与开发[J].开放教育研究,18(3):76-82.

[50] 娄策群,桂晓苗,杨小溪,2013.我国信息生态学学科建设构想[J].情报科学,

31(2):15.
[51] 娄策群等,2014.信息生态系统理论及其应用研究[M].北京:中国社会科学出版社,13.
[52] 鲁忠义,杜建政,2005.记忆心理学[M].北京:人民教育出版社,147-148.
[53] 吕公礼,2016.语言信息学[M].北京:中国社会科学出版社,导论1.
[54] 秦金亮,2009.论西方心理学研究中现象学方法发展的历史轨迹[C]//中国地方教育史志研究会,《教育史研究》编辑部.纪念《教育史研究》创刊二十周年论文集(1):教育史学理论及史学史研究.太原:山西师范大学教育科学学院:5.
[55] 桑新民,李曙华,谢阳斌,2013."乔布斯之问"的文化战略解读——在线课程新潮流的深层思考[J].开放教育研究,19(3):31.
[56] 申荷永,1996.心理场论[M].北京:中国和平出版社,63.
[57] 施良方,2001.学习论[M].北京:人民教育出版社,5.
[58] 宋尚桂,1993.试析托尔曼的"中介变量"[J].济南大学学报,(1):93.
[59] 王萍,2013.大规模在线开放课程的新发展与应用:从cMOOC到xMOOC[J].现代远程教育研究,(3):13.
[60] 王文静,2005.学生自我评价流程分析[J].中国教育学刊,(3):46.
[61] 王野林,2014.物本主义、人本主义、生态主义:发展观中的三种理念与两个转向[J].现代商业,(35):59.
[62] 王哲,2007.网络时代的信息困境[C]//马蔼乃,姜璐,苗东升,等编.信息科学交叉研究(论文集).杭州:浙江教育出版社:307.
[63] 王志军,2017.联通主义学习教学交互研究新视角:行动者网络理论[J].现代远程教育研究,(6):28-36.
[64] 王志军,陈丽,2014.联通主义学习理论及其最新进展[J].开放教育研究,20(5):12-13.
[65] 王志军,陈丽,2015.联通主义学习的教学交互理论模型建构研究[J].开放教育研究,21(5):27-32.
[66] 王志军,陈丽,2019.联通主义:"互联网+教育"的本体论[J].中国远程教育,(8):1,4,6-7.
[67] 王志军,刘璐,杨阳,2019.联通主义学习行为分析方法体系研究[J].开放教育研究,25(4):25.
[68] 王竹立,2011.新建构主义——网络时代的学习理论[J].远程教育杂志,29(2):14-16.
[69] 王竹立,2014a.微课勿重走"课内整合"老路:对微课应用的再思考[J].远程教育杂志,32(5):34,36-37.
[70] 王竹立,2014b.新建构主义教学法初探[J].现代教育技术,24(5):6-7.
[71] 文秋芳,常小玲,2021.中国共产党百年外语教育与中华民族伟大复兴[J].外语教育研究前沿,4(2):10.

[72] 翁光明,1985.物质结构理论与结构主义[J].浙江学刊,(6):74.

[73] 翁晓梅,2016.基于微信公众平台的英语移动课堂实时教学设计与应用[J].职教通讯,(21):1-8.

[74] 翁晓梅,2020.移动语言学习在重构语言课堂中的研究与应用:基于国内移动语言学习实证研究的综述与分析(2009—2019)[J].浙江工商职业技术学院学报,19(3):58.

[75] 吴鼎民,刘长江,2008.近30年大学英语教育的发展历程[C]//王守仁等编.高校大学外语教育发展报告(1978—2008).上海:上海外语教育出版社,28.

[76] 武法提,牟智佳,2016.基于学习者个性行为分析的学习结果预测框架设计研究[J].中国电化教育,(1):41.

[77] 武丽娜,刘永权,2016.成人学位英语APP移动学习教学设计与效能分析[J].中国远程教育,(7):21,22.

[78] 新华网,2017.读懂新时代!新华社九论党的十九大精神[EB/OL].(2017-11-05)[2023-09-12]http://www.xinhuanet.com/nzzt/40/.

[79] 新华网,2019.中共中央、国务院印发《中国教育现代化2035》[EB/OL].(2019-02-23)[2023-09-12].http://www.xinhuanet.com/Palitics/2019-02/23/c_//24154392.htm.

[80] 许国彬,孙银苹,2014.论存在主义与人本主义心理学的相互作用[J].山东高等教育,2(6):26.

[81] 薛纪珊,2001.信息生态与信息开发[J].学会,(12):53.

[82] 闫守轩,朱宁波,2011.小班化教育实践困境与出路[J].中国教育学刊,(12):6.

[83] 杨文登,2020.认知心理学的开山鼻祖:托尔曼的目的行为主义与符号学习理论[EB/OL].(2020-11-28)[2022-08-28].http://www.360doc.com/content/20/1128/07/1353678_948340987.shtml

[84] 杨现民,赵瑞斌,2021.智能技术生态驱动未来教育发展[J].现代远程教育研究,33(2):14.

[85] 叶浩生,2003.西方心理学研究新进展[M].北京:人民教育出版社,437.

[86] 尹合栋,于泽元,易全勇,2020.智慧教室评价指标体系的构建[J].现代教育技术,30(3):80,81.

[87] 余胜泉,2016.基于情境感知的个性化学习[EB/OL].(2016-09-27)[2024-09-04].https://mt.sohu.com/20160927/n469266503.shtml.

[88] 余胜泉,程罡,董京峰,2009.e-Learning新解:网络教学范式的转换[J].远程教育杂志,17(3):10.

[89] 余胜泉,毛芳,2005.非正式学习:e-Learning研究与实践的新领域[J].电化教育研究,(10):19.

[90] 詹海宝,张立国,2015.大学英语词汇锁屏移动学习软件的设计与应用[J].中国远程教育,(4):43-48.

[91] 张丹,崔光佐,2019."互联网+教育"背景下高校智慧实验室的构建[J].现代教育技术,29(6):122.

[92] 张洁,王以宁,2011.移动技术促进英语听说教学的实证研究[J].现代远程教育研究,(3):75.

[93] 张君昌,2004."超媒体"还是媒体吗? 答友人学术质疑[J].现代传播,(3):84.

[94] 张其云,刘小玲,2009.二语习得的新联结主义认知视角及新的认知取向[J].中国外语,6(2):64.

[95] 赵立双,2013.基于分类表征和检索方法研究下的网络教学资源检索系统设计[D].哈尔滨:哈尔滨师范大学,5.

[96] 周梅,2019.新时代背景下大学生创新创业能力提升策略研究:以南京邮电大学为例[J].市场周刊,(10):145.

[97] 周楠,周建设,2021.基于深度学习的学生行为分析与教学效果评价[J].现代教育技术,31(8):107.

[98] 周晓丰,2002.知识管理时代的呼唤[J].商业时代,(Z1):29.

[99] 朱钗,2009.信息表征的内涵、方式及特征[J].晋图学刊,(4):70-71.

[100] 祝慧敏,吴黄知,2010.商务英语读写教程[M].上海:上海交通大学出版社.

[101] 祝智庭,2011.中国教育信息化十年[J].中国电化教育,(1):25.

[102] 佐斌,1998.论人本主义学习理论[J].教育研究与实验,(2):33,37.

【外文文献】

[1] Ackoff RL,1989. From data to wisdom[J]. Journal of Applied Systems Analysis,16,3-9.

[2] Anders A,2015. Theories and applications of massive online open courses (MOOCs): The case for hybrid design[J]. International Review of Research in Open and Distributed Learning,16(6):44.

[3] Anderson T,Dron J,2011. Three generations of distance education pedagogy[J]. International Review of Research in Open and Distance Learning,12(3):80,92.

[4] Başoğlu E B,Akdemir Ö,2010. A comparison of undergraduate students' English vocabulary learning: Using mobile phones and flash cards[J]. The Turkish Online Journal of Educational Technology,9(3):1.

[5] Bell F,2011. Connectivism: Its place in theory-informed research and innovation in technology-enabled learning[J]. International Review of Research in Open and Distance Learning,12(3):98.

[6] Bozkurt A,Keefer J,2018. Participatory learning culture and community formation in connectivist MOOCs[J]. Interactive Learning Environments,26(6):777.

[7] Capurro R,Fleissner P,Hofkirchner W,2017. Is a unified theory of information feasible? [EB/OL].(2017-08-19)[2022-09-25]. http://www.capurro.de/trialog.htm.

[8] Chen CM, Chung CJ, 2008. Personalized mobile English vocabulary learning system based on item response theory and learning memory cycle[J]. Computers & Education,51(2):624.

[9] Chen CM, Li YL, 2010. Personalised context-aware ubiquitous learning system for supporting effective English vocabulary learning [J]. Interactive Learning Environments,18(4):341.

[10] Chen TC, 2017. Examining EFL instructors' and students' perceptions and acceptance toward M-learning in higher education[J]. Universal Access in the Information Society,16(4):967.

[11] Chinnery GM, 2006. Going to the MALL: Mobile assisted language learning [J]. Language Learning & Technology. 10(1):9.

[12] Clarà M, Barberà E, 2013. Learning online: massive open online courses (MOOCs), connectivism, and cultural psychology[J]. Distance Education, 34(1):129.

[13] Clarà M, Barberà E, 2014. Three problems with the connectivist conception of learning[J]. Journal of Computer Assisted Learning,30(3):197.

[14] Colas JF, Sloep PB, Garreta-Domingo M, 2016. The effect of multilingual facilitation on active participation in MOOCs[J]. International Review of Research in Open and Distributed Learning,17(4):280.

[15] Crompton H, Burke D, 2018. The use of mobile learning in higher education: A systematic review[J]. Computers & Education,123:53.

[16] Downes S, 2005. An introduction to connective knowledge[EB/OL]. (2005-12-22)[2021-10-10]. https://www.researchgate.net/publication/248290359.

[17] Downes S, 2007. Learning networks in practice[J]. Emerging Technologies for Learning,2:23.

[18] Downes S, 2008. Places to go: Connectivism & Connective knowledge[J]. Innovate: Journal of Online Education,5(1).

[19] Downes S, 2019. Recent work in connectivism[J]. European Journal of Open, Distance and e-Learning,22(2):114-115.

[20] Drexler W, 2010. The networked student model for construction of personal learning environments: Balancing teacher control and student autonomy[J]. Australasian Journal of Educational Technology,26(3):369-370.

[21] Dron J, Ostashewski N, 2015. Seeking connectivist freedom and instructivist safety in a MOOC[J]. Educación XX1,18(2):69.

[22] Ebben M, Murphy JS, 2014. Unpacking MOOC scholarly discourse: A review of nascent MOOC scholarship[J]. Learning, Media and Technology,39(3):332,335.

[23] EDUCAUSE, 2021. EDUCAUSE Horizon Report (Teaching and Learning

Edition)[R/OL]. (2021-04-26)[2021-07-13]. https://library.educause.edu/resources/2021/4/2021-educause-horizon-report-teaching-and-learning-edition.

[24] Fidalgo-Blanco Á, Sein-Echaluce ML, García-Peñalvo FJ, 2015. Methodological approach and technological framework to break the current limitations of MOOC model[J]. Journal of Universal Computer Science,21(5):716.

[25] Fini A, 2009. The technological dimension of a massive open online course: The case of the CCK08 course tools[J]. International Review of Research in Open and Distance Learning,10(5):1.

[26] García-Peñalvo FJ, Fidalgo-Blanco Á, Sein-Echaluce ML, 2018. An adaptive hybrid MOOC model: Disrupting the MOOC concept in higher education[J]. Telematics and Informatics,35(4):1018.

[27] Gaver, WW. Technology affordances[EB/OL]. (1991-01-01)[2024-09-12]. https://dl.acm.org/doi/pdf/10.1145/108844.108856.

[28] Hsu CK, Hwang GJ, Chang CK, 2013. A personalized recommendation-based mobile learning approach to improving the reading performance of EFL students[J]. Computers & Education,63:327.

[29] Huang YM[a], Huang YM[b], Huang SH, et al, 2012. A ubiquitous English vocabulary learning system: Evidence of active/passive attitudes vs. usefulness/ease-of-use[J]. Computers & Education,58(1):273.

[30] Hwang WY, Shih TK, Ma ZH, et al, 2016. Evaluating listening and speaking skills in a mobile game-based learning environment with situational contexts[J]. Computer Assisted Language Learning,29(4):639.

[31] Kaplan AM, Haenlein M, 2016. Higher education and the digital revolution: About MOOCs, SPOCs, social media, and the Cookie Monster[J]. Business Horizons,59(4):448.

[32] Kop R, 2011. The challenges to connectivist learning on open online networks: Learning experiences during a massive open online course[J]. International Review of Research in Open and Distance Learning,12(3):19,21-24.

[33] Kop R, Fournier H, Mak JSF, 2011. A pedagogy of abundance or a pedagogy to support human beings? Participant support on massive open online courses[J]. The International Review of Research in Open and Distance Learning,12(7):74.

[34] Kukulska-Hulme A, Shield L, 2008. An overview of mobile assisted language learning: From content delivery to supported collaboration and interaction[J]. ReCALL,20(3):271-289.

[35] Lai C, Zheng DP, 2018. Self-directed use of mobile devices for language learning beyond the classroom[J]. ReCALL,30(3):299.

[36] Lane LM, 2012. Three kinds of MOOCs[EB/OL]. (2012-8-15)[2022-01-

04]. http://www.lisahistory.net/wordpress/2012/08/three-kinds-of-moocs/.

[37] Lee H, Lee JH, 2013. Implementing glossing in mobile-assisted language learning environments: Directions and outlook[J]. Language Learning & Technology,17(3):6.

[38] Leung CM, 2012. From connectivity to next-generation learning[A]// Coiffait & Hill. Blue Skies: New thinking about the future of higher education[C]. London: Pearson Press, 45-48.

[39] Liu TY, Chu YL, 2010. Using ubiquitous games in an English listening and speaking course: Impact on learning outcomes and motivation[J]. Computers & Education,55(2):630.

[40] Lu M, 2008. Effectiveness of vocabulary learning via mobile phone[J]. Journal of Computer Assisted Learning,24(6):515-525.

[41] Mahdi HS, 2018. Effectiveness of mobile devices on vocabulary learning: A meta-analysis[J]. Journal of Educational Computing Research,56(1):134.

[42] McAuley A, Stewart B, Siemens G, et al, 2010. The MOOC model for digital practice[R]. Charlottetown: University of Prince Edward Island:12,14.

[43] Olson MH, Ramirez JJ, 2020. An Introduction to Theories of Learning (10th ed.)[M]. New York: Routledge, 8.

[44] Pritchard A. 2009. Ways of learning: Learning theories and learning styles in the classroom (2nd ed.)[M]. New York: Routledge.

[45] Raffaghelli J, Cucchiara S, Persico D, 2015. Methodological approaches in MOOC research: Retracing the myth of Proteus[J]. British Journal of Educational Technologies,46(3):488-509.

[46] Roberts G, Waite M, Lovegrove E J, et al, 2013. Hybridity in, through and about MOOCs[C]//In Creating a Virtuous Circle: Proceedings of OER13. Milton Keynes: The Open University, Support Centre for Open Resources in Education, 3.

[47] Rodriguez CO, 2012. MOOCs and the AI-Stanford like courses: Two successful and distinct course formats for massive open online courses[J/OL]. European Journal of Open, Distance and E-Learning. (2012-07-05)[2022-01-20]. https://eric.ed.gov/?id=EJ982976.

[48] Rodriguez CO, 2013. The concept of openness behind c and x-MOOCs[J]. OpenPraxis,5(1):67-73.

[49] Schunk DH, 2016. Learning Theories: An Educational Perspective (7th ed.)[M]. Boston: Pearson Education, Inc.,3.

[50] Siemens G, 2005a. Connectivism: A learning theory for the digital age[EB/OL]. (2005-01-05)[2021-09-23]. http://www.itdl.org/Journal/Jan_05/article01.htm.

[51] Siemens G, 2005b. Connectivism: Learning as network-creation[EB/OL].

(2005-08-10)[2021-09-29]. http://www.360doc.com/content/07/0518/23/18017_507942.shtml.

[52] Siemens G, 2006. Knowing knowledge[EB/OL]. (2006-01-01)[2021-07-06]. http:www.knowledge.com.

[53] Siemens G, 2011. Orientation: Sensemaking and wayfinding in complex distributed online information environments[D]. Aberdeen: University of Aberdeen Doctoral dissertation: 82.

[54] Siemens G. I was wrong about networks[EB/OL]. (2019-03-26)[2022-12-07]. https://www.linkedin.com/pulse/i-wrong-networks-george-siemens/.

[55] Stockwell G, 2007. Vocabulary on the move: Investigating an intelligent mobile phone-based vocabulary tutor[J]. Computer Assisted Language Learning, 20(4): 365-383.

[56] Thornton P, Houser C, 2005. Using mobile phones in English education in Japan[J]. Journal of Computer Assisted Learning, 21(3): 217.

[57] Tingir S, Cavlazoglu B, Caliskan O, et al, 2017. Effects of mobile devices on K-12 students' achievement: a meta-analysis[J]. Journal of Computer Assisted Learning, 33: 355.

[58] Tschofen C, Mackness J, 2012. Connectivism and dimensions of individual experience[J]. The International Review of Research in Open and Distance Learning, 13(1): 124.

[59] Viberg O, Grönlund Å, 2013. Cross-cultural analysis of users' attitudes toward the use of mobile devices in second and foreign language learning in higher education: A case from Sweden and China[J]. Computers & Education, 69: 169.

[60] Wang SD, Smith S, 2013. Reading and grammar learning through mobile phones[J]. Language Learning & Technology, 17(3): 117.

[61] Wang Z, Anderson T, Chen L, 2018. How learners participate in connectivist learning: An analysis of the interaction traces from a cMOOC[J]. International Review of Research in Open and Distributed Learning, 19(1): 51.

[62] Wang Z, Anderson T, Chen L, et al, 2017. Interaction pattern analysis in c MOOCs based on the connectivist interaction and engagement framework[J]. British Journal of Educational Technology, 48(2): 683-699.

[63] Wang Z, Chen L, Anderson T, 2014. A framework for interaction and cognitive engagement in connectivist learning contexts[J]. The International Review of Research in Open and Distance Learning, 15(2): 121-141.

[64] Williams R, Karousou, R, Mackness J, 2011. Emergent Learning and Learning Ecologies in Web 2.0[J]. International Review of Research in Open and Distance Learning, 12(3): 39.